ISAAC ASIMOV

OS GREGOS

OS GREGOS

Tradução do espanhol
Luis Reyes Gil

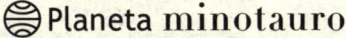

Copyright © Asimov Holdings LLC. World rights reserved and controlled by Asimov Holdings LLC.
Copyright © Editora Planeta do Brasil, 2022
Copyright da tradução © Luis Reyes Gil
Todos os direitos reservados.
Título original: *Los Griegos: Una Gran Aventura*

Preparação: Renato Ritto
Revisão: Fernanda Guerriero Antunes e Carmen T. S. Costa
Projeto Gráfico: Marcela Badolatto
Diagramação: Nine Editorial
Capa e ilustração de capa: Paula Cruz

Dados Internacionais de Catalogação na Publicação (CIP)
Angélica Ilacqua CRB-8/7057

Asimov, Isaac
  Os gregos / Isaac Asimov; tradução de Luis Reyes Gil. – São Paulo: Planeta do Brasil, 2022.
  368 p.

  ISBN 978-65-5535-643-4
  Título original: Los griegos: Una gran aventura

  1. Grécia – História 2. História antiga I. Título II. Gil, Luis Reyes

  22-0937   CDD 938

Índice para catálogo sistemático:
1. Grécia - História

Ao escolher este livro, você está apoiando o manejo responsável das florestas do mundo

2022
Todos os direitos desta edição reservados à
Editora Planeta do Brasil Ltda.
Rua Bela Cintra, 986, 4º andar – Consolação
São Paulo – SP – 01415-002
www.planetadelivros.com.br
faleconosco@editoraplaneta.com.br

SUMÁRIO

1. A ERA MICÊNICA 6
2. A ERA DO FERRO 18
3. EXPANSÃO COLONIAL 36
4. A ASCENSÃO DE ESPARTA 54
5. A ERA DOS TIRANOS 66
6. O SURGIMENTO DE ATENAS 80
7. ÁSIA MENOR 98
8. A GUERRA COM A PÉRSIA 110
9. A ERA DE OURO 138
10. A GUERRA DO PELOPONESO 158
11. A HEGEMONIA DE ESPARTA 180
12. A DECADÊNCIA 200
13. MACEDÔNIA 218
14. OS SUCESSORES DE ALEXANDRE 244
15. O CREPÚSCULO DA LIBERDADE 264
16. AS MONARQUIAS HELENÍSTICAS 278
17. ROMA E CONSTANTINOPLA 294
18. O IMPÉRIO OTOMANO 312
    CRONOLOGIA 330
    ÍNDICE ONOMÁSTICO 344

1.

A ERA MICÊNICA

Na borda sul oriental da Europa, adentrando o mar Mediterrâneo, há uma pequena península que chamamos de Grécia. É montanhosa e árida, com uma linha costeira denteada e pequenos cursos d'água.

Ao longo de toda a sua história, a Grécia sempre foi rodeada por Estados maiores, mais ricos e mais poderosos. Quando consultamos um mapa para compará-la com seus vizinhos, parece pequena e sem importância.

No entanto, não há terra mais famosa do que a Grécia; nenhum povo deixou na história uma marca tão profunda quanto os gregos.

Esse povo, que viveu há vinte e cinco séculos, escreveu relatos fascinantes sobre os próprios deuses e heróis, e relatos ainda mais incríveis sobre si mesmos. Construíram belos templos, esculpiram estátuas maravilhosas e escreveram peças de teatro magníficas. Produziram alguns dos maiores pensadores que o mundo já teve.

As modernas ideias que temos de política, medicina, arte, teatro, história e ciência remontam a eles. Ainda lemos os escritos, estudamos a matemática, refletimos a respeito da filosofia e contemplamos, assombrados, ruínas e fragmentos dos belos edifícios e estátuas dos gregos.

Toda a civilização ocidental descende diretamente da obra deles, e a história de seus triunfos e desastres nunca perdeu o fascínio.

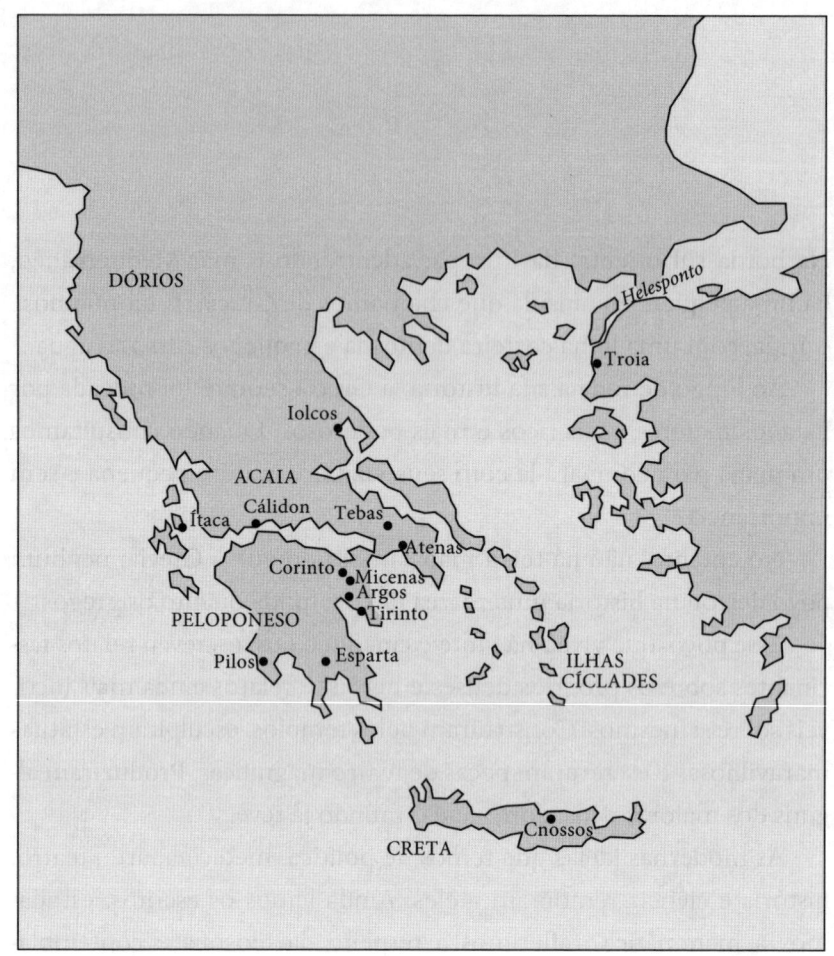

Figura 1: A Grécia micênica.

CNOSSOS

Já bem antes de 2000 a.C., tribos de povos de fala grega começaram a se deslocar para o sul a partir do noroeste da península Balcânica, ocupando a terra que mais tarde seria a atual Grécia. Naquele tempo, as tribos gregas ainda elaboravam ferramentas de pedra, pois o uso do metal não havia se desenvolvido. Mas ao sul da península ficava a ilha de Creta.

Creta, com uma superfície de mais ou menos 8.300 quilômetros quadrados, era muito mais importante naqueles tempos remotos do que se poderia supor por seu tamanho. Por volta de 3000 a.C., seu povo usava o cobre e havia começado a construir bons navios.

Rodeadas pelo mar, as cidades cretenses precisaram desenvolver a navegação para conseguir estabelecer um mercado com os povos das costas continentais do sul e do leste. Como era necessário proteger os navios que realizavam esse comércio, construíram também uma frota de guerra, o que transformou Creta na primeira potência naval da história.

Por volta de 2000 a.C., a ilha se uniu em uma monarquia forte. Durante séculos, a frota naval armada protegeu-a contra possíveis invasões. As cidades da ilha prosperaram e não foi preciso erguer muralhas para defesa delas. Os governantes construíram luxuosos palácios, organizaram grandes festas com elaborados rituais – entre os quais, os combates taurinos – e criaram belas obras de arte, que ainda podemos ver e admirar nos museus.

Os gregos de épocas posteriores guardaram uma recordação obscura dessa antiga terra que dominava os mares ao chegar à Grécia. Em seus mitos, falavam de um poderoso rei Minos, que em tempos passados governara Creta.

Por um longo tempo, os historiadores pensaram que isso não passasse de lenda, mas no início de 1893 o arqueólogo inglês Arthur John Evans realizou uma série de escavações em Creta e descobriu os restos sepultados da grande civilização que existira havia milhares de anos.

Em particular, encontrou os restos de um magnífico palácio no local da antiga cidade de Cnossos, que se supunha ter sido governada pelo rei Minos. Por isso, o período de grandeza de Creta foi chamado de Era Minoica: em homenagem ao maior de seus reis. Essa era se estende do ano 3000 a.C. até cerca de 1400 a.C.

A civilização cretense expandiu-se pelas ilhas do Egeu em direção ao norte, e chegou à terra firme europeia. Quando as tribos gregas aprenderam as lições de civilização dos cretenses, tornaram-se mais poderosas, criaram as próprias cidades, cada vez maiores, e começaram a comerciar com seus vizinhos. Mas os gregos sempre tiveram que estar preparados para enfrentar as invasões de tribos ainda não civilizadas procedentes do norte, e por isso rodearam suas cidades de grandes muralhas.

A parte mais meridional da Grécia é a mais próxima de Creta, e por isso foi a que sofreu maior influência civilizadora. Essa região fica quase toda separada do resto da Grécia por um estreito braço do mar Mediterrâneo, e unida ao resto da Grécia por uma estreita faixa de terra ou istmo de mais ou menos 32 quilômetros de largura e, em alguns pontos, apenas seis quilômetros.

Essa península meridional era chamada, na Antiguidade, de Peloponeso, que significa "a ilha de Pélops" (pois é quase uma ilha), já que se acreditava que em tempos primitivos havia sido governada por um lendário rei chamado Pélops.

No nordeste da península havia três cidades importantes: Micenas, Tirinto e Argos. Mais ou menos 65 quilômetros ao sul dessas três cidades encontra-se Esparta, e trinta quilômetros ao norte, Corinto. Na costa ocidental do Peloponeso ficava a cidade de Pilos. Corinto localizava-se exatamente no extremo sudoeste do istmo, que, por essa razão, recebe o nome de istmo de Corinto. O braço de mar ao norte do Peloponeso é o golfo de Corinto.

A nordeste do istmo ficavam Atenas e Tebas, mas naqueles dias essas cidades próximas ao Peloponeso eram relativamente pequenas e sem importância.

À medida que foram se fortalecendo, cresceu a insatisfação dos gregos continentais com a dominação exercida por Creta, até que eles se rebelaram contra ela. Não conhecemos os detalhes da revolta, mas os gregos de épocas posteriores conservavam a lembrança de um herói ateniense, Teseu, que pôs fim ao tributo que Atenas pagava a Creta.

Os gregos conseguiram derrotar a armada de Creta e puseram fim aos muitos séculos de domínio cretense sobre a terra firme. Receberam a ajuda de um desastre natural, provavelmente um terremoto, que destruiu Cnossos por volta de 1700 a.C. Finalmente, em cerca de 1400 a.C., os gregos atacaram Creta, tomaram Cnossos e destruíram o palácio, que mais tarde foi reconstruído. Creta, no entanto, jamais recuperou seu poder.

A língua cretense ainda não foi decifrada, por isso não podemos ler textos encontrados nela. Há vários tipos de escrita cretense. As mais antigas, usadas antes de 1700 a.C., eram pictográficas. Posteriormente, os cretenses usaram uma escrita essencialmente formada por linhas onduladas irregulares (como nossa escrita manuscrita). A primeira variedade dessa escrita linear recebeu a denominação de "Linear A". A variedade posterior, usada à época da destruição de Cnossos, é a "Linear B".

Em 1953, o arqueólogo inglês Michael Ventris conseguiu decifrar a Linear B e descobriu que se tratava de uma forma do grego. Ou seja, embora os cretenses não usassem o alfabeto grego, as palavras eram gregas.

Os documentos decifrados, escritos em Linear B, consistem em inventários, receitas, instruções para o trabalho etc. Não há grandes obras de arte, ciência ou história. Mas mesmo os memorandos comerciais mais triviais elucidam a vida cotidiana de homens e mulheres, e são muito bem-vindos pelos historiadores. Os detalhes da sociedade minoica ficaram um pouco mais claros graças ao trabalho de Ventris.

Além disso, mostram que a influência dos gregos continentais se difundiu quando Cnossos era ainda uma potência. Os comerciantes gregos provavelmente já tinham se estabelecido em terra, de modo que os navios gregos acabaram assumindo aos poucos o comércio, até os cretenses perderem o domínio da própria ilha. A destruição de Cnossos pôs fim, portanto, a algo que já estava em decadência.

MICENAS E TROIA

A influência dos gregos continentais continuou crescendo. A cidade mais poderosa da época era Micenas, e por isso o período da história grega compreendido entre 1400 e 1100 a.C. é chamado de Era Micênica.

As frotas micênicas espalharam-se para comerciar pelo mar Egeu e costumavam levar colonos ou guerreiros para estender a influência que tinham, fosse de forma pacífica, fosse violenta. Apoderaram-se totalmente de Creta no ano de 1250 a.C. e se estabeleceram na ilha de Chipre, a nordeste do Mediterrâneo e a mais ou menos quinhentos quilômetros a leste de Creta. Chegaram até o mar Negro, a nordeste do Egeu.

Os gregos de eras posteriores consideravam a Era Micênica um período heroico, no qual grandes homens (supostamente filhos de deuses) realizaram impressionantes façanhas. A primeira viagem dos gregos no mar Negro está descrita na história de Jasão, que navegou para o nordeste no navio *Argos*, impulsionado por cinquenta "argonautas" remadores. Depois de superar grandes perigos, tal navio chegou ao extremo oriental do mar Negro para arrebatar o "velocino de ouro", que bem poderia ser a forma novelesca que usaram para denominar o que os argonautas procuravam de fato, que não era outra coisa além da riqueza oferecida por uma expedição comercial bem-sucedida.

Para entrar no mar Negro, os navios micênicos precisavam atravessar estreitos apertados. O primeiro deles era o Helesponto, que em tempos modernos recebeu o nome de estreito de Dardanelos. Em alguns lugares, tem apenas 1,5 quilômetro de largura.

O Helesponto dá acesso à Propôntida, pequeno estreito cujo nome significa "antes do mar", pois ao atravessá-lo em qualquer das direções ganha-se acesso a um grande mar. A Propôntida logo se contrai e forma um segundo estreito, o Bósforo, que em alguns pontos tem apenas oitocentos metros de largura. Só depois de se atravessar o Bósforo é que se penetra no mar Negro propriamente dito.

Qualquer povo que dominasse os estreitos do Helesponto e o Bósforo estava em condições de controlar o rico comércio do mar Negro. Poderia cobrar pedágios pela passagem e até impor pesados tributos.

Nos tempos micênicos, essa região era governada pela cidade de Troia, situada na costa asiática, no extremo sudoeste do Helesponto. Os troianos enriqueceram e se tornaram poderosos graças ao comércio do mar Negro, e os gregos micênicos estavam cada vez mais descontentes com tal situação. Por fim, decidiram apoderar-se dos estreitos à força; por volta de 1200 a.C. (1184 a.C. é a data que os gregos costumavam considerar em épocas posteriores), um exército grego sitiou Troia e, por fim, a destruiu.

O exército grego, segundo a tradição, era liderado por Agamenon, rei de Micenas e neto daquele Pélops que dera nome ao Peloponeso.

Alguns episódios desse sítio foram relatados (ou aprimorados) por um poeta que a tradição trata pelo nome de Homero e que viveu e escreveu por volta de 850 a.C. O longo poema épico intitulado *Ilíada* (de Ílion, um outro nome da cidade de Troia) relata a história da disputa entre Agamenon, chefe do exército grego, e Aquiles, o melhor de seus guerreiros.

Outro poema, a *Odisseia*, supostamente também de Homero, narra as aventuras de Odisseu (ou Ulisses), um dos guerreiros gregos, durante os dez anos em que perambulou após o término da guerra.

Tal é a grandeza dos poemas homéricos que sobrevivem até hoje e foram lidos e admirados por todas as gerações posteriores a Homero.

São considerados não só as primeiras produções literárias gregas, mas também as maiores.

O relato de Homero é recheado de acontecimentos sobrenaturais. Os deuses intervêm constantemente no decorrer das batalhas e às vezes até participam dos combates. Até um século atrás, os estudiosos modernos consideravam os poemas homéricos meras fábulas. Tinham certeza de que a cidade de Troia jamais existira de fato e que não houvera sítio algum. O consenso era que tudo aquilo havia sido uma invenção e um mito criado pelos gregos.

No entanto, um jovem alemão chamado Heinrich Schliemann, nascido em 1822, leu os poemas homéricos e ficou fascinado. Tinha certeza de que contavam uma história verdadeira (exceto no que se referia aos deuses, obviamente). O sonho dele era escavar o local em que, segundo a *Ilíada*, havia existido Troia e encontrar a cidade descrita por Homero.

Dedicou-se aos negócios e trabalhou arduamente a fim de reunir os recursos de que precisava para realizar a investigação, além de estudar arqueologia para dominar os conhecimentos necessários. Tudo correu conforme o planejado. Ficou rico, estudou arqueologia e também a língua grega e, em 1870, partiu para a Turquia.

Na região noroeste de tal país havia uma pequena aldeia que era seu objetivo, pois o estudo que fizera da *Ilíada* o convencera de que os montículos próximos a ela cobriam as ruínas espalhadas da antiga cidade.

Começou as escavar e descobriu as ruínas não só de uma cidade, mas de uma série de cidades, uma por cima da outra. Comparou a descrição da *Ilíada* com uma delas e hoje não há dúvidas de que Troia existiu de fato.

Em 1876, Schliemann iniciou escavações similares em Micenas e descobriu vestígios de uma poderosa cidade com grossas muralhas. Graças ao seu trabalho, boa parte do conhecimento sobre a época da guerra de Troia foi resgatada.

ARGIVOS E AQUEUS

Em seus poemas, Homero usa duas palavras para se referir aos gregos: argivos e aqueus. Evidentemente, trata-se de nomes tribais. O governo de Agamenon centralizava-se nas cidades de Micenas, Tirinto e Argos. Nos tempos de Homero, Argos era a mais poderosa das três, portanto era natural que o poeta considerasse Agamenon um argivo.

Embora Agamenon tenha comandado o exército grego, não governava todos os gregos como rei absoluto, pois as outras regiões tinham os próprios monarcas. Os outros reis, entretanto, em particular os do Peloponeso, concediam primazia a Agamenon. A cidade de Esparta era governada por Menelau, irmão de Agamenon. Além disso, foi o próprio Agamenon que forneceu navios às cidades do interior do Peloponeso, que, por não possuírem acesso ao mar, não dispunham de navios próprios. O termo "argivos", portanto, talvez se referisse a todos os habitantes do Peloponeso.

Mas e os aqueus? Cerca de oitenta quilômetros ao norte do golfo de Corinto, há um trecho da costa egeia que forma a parte mais meridional de uma grande planície, habitada antigamente pelos aqueus. Jasão era aqueu, segundo a lenda, e Aquiles também.

Ao que parece, os aqueus não eram tão submissos a Agamenon quanto os argivos do Peloponeso. Aquiles brigou com Agamenon e, altivamente, retirou-se do combate por sentir que seus direitos não estavam sendo respeitados. Agiu, portanto, como se fosse um aliado independente, e não um subordinado.

Os aqueus, instalados bem mais ao norte do que os argivos, haviam sido menos expostos à influência civilizadora de Creta e eram, portanto, mais selvagens. Aquiles é descrito como um homem colérico, que não hesitava em abandonar seus aliados após um ataque de fúria. Mais tarde, quando o inimigo desperta de novo sua ira, lança-se em batalha de maneira ainda mais feroz.

Os membros de uma das tribos aqueias chamavam-se "helenos" porque a região em que viviam era a "Hélade". Embora sejam mencionados apenas casualmente em um verso da *Ilíada*, provavelmente isso já constitui um primeiro indício da florescente importância dos aqueus, que acabaram se difundindo até abranger a Grécia inteira. Ao longo de toda a história, desde a Era Micênica, os gregos chamam a própria terra de Hélade e a si mesmos de helenos (hoje, inclusive, o nome oficial da moderna Grécia é Hélade).

As palavras "Grécia" e "grego", que usamos hoje, foram herdadas dos romanos. O que ocorreu foi que um grupo de helenos emigrou para a Itália algum tempo depois do Período Micênico (a parte mais meridional da Itália é separada da Grécia norte-ocidental por uma extensão de mar de apenas cinquenta quilômetros). Os membros da tribo que emigrou para a Itália autodenominavam-se *graikoi*, que na língua latina dos romanos acabou virando *graeci*. Os romanos aplicaram esse nome a todos os helenos, pertencessem eles ou não à tribo dos *graikoi*. Em português, a palavra virou "gregos".

Os estudiosos da história grega também empregam o termo mais antigo. Assim, por exemplo, o período mais primitivo da história grega, até pouco depois da guerra de Troia, é denominado Período Helá-dico. O que venho chamando aqui de Era Micênica, portanto, pode também ser chamado de Período Heládico Tardio.

2.
A ERA DO FERRO

A LÍNGUA GREGA

Embora os gregos reconhecessem, desde os tempos mais antigos, a existência de tribos separadas, também compreendiam que havia um parentesco entre todas as que falavam a mesma língua. A língua é sempre importante, pois os grupos humanos, por mais diferentes que sejam em alguns aspectos, ainda podem se comunicar quando se utilizam de uma língua comum. Isso lhes dá uma literatura compartilhada e uma compreensão mútua das próprias tradições. Em suma, dividem uma herança similar e sentem um parentesco natural.

Por isso, com o tempo, os gregos tenderam a dividir o mundo em dois grupos: eles próprios, de fala grega, e os estrangeiros, os que não falavam grego. Para os gregos, os estrangeiros pareciam proferir sílabas sem sentido, como se dissessem algo como "barbarbarbar" (pelo menos era assim que os gregos ouviam). Portanto, passaram a chamar todos os que não eram gregos de *barbaroi*, isto é, "gente que fala de maneira estranha". Nossa versão dessa palavra é "bárbaros".

A princípio, essa palavra não tinha o sentido de "não civilizado"; significava apenas "aquele que não é grego". Os sírios e egípcios, civilizações muito mais antigas e evoluídas do que a grega, eram também "bárbaros".

Nos séculos posteriores, porém, a civilização grega alcançou grandes alturas, e foi na língua grega que os mais profundos pensamentos dos filósofos e literatos passaram a ser expressos. Os gregos elaboraram um vocabulário muito complexo e uma maneira flexível de formar novas palavras (para expressar novas ideias) a partir das velhas. É por isso que ainda dizemos "os gregos têm uma palavra para isso", o que significa que, diante de qualquer nova ideia que nos venha à mente, sempre poderemos encontrar uma palavra ou frase em grego para expressá-la. O vocabulário científico moderno emprega muitíssimas palavras do grego para expressar termos e noções que nenhum grego da Antiguidade chegou a conhecer.

Comparadas com a língua grega, outras línguas parecem, às vezes, defeituosas e toscas. Comparados com a civilização grega, outros povos pareciam atrasados. Consequentemente, com a passagem dos séculos, um bárbaro (isto é, alguém que não falava grego) virou sinônimo de um ser totalmente incivilizado. E, como as pessoas incivilizadas tendem a ser cruéis e selvagens, o termo "bárbaro" acabou assumindo esse sentido.

Os gregos, além de reconhecerem a própria língua comum, também sabiam da existência de vários dialetos dessa língua. Nem todos os gregos falavam grego exatamente do mesmo modo.

Na Era Micênica, os dois dialetos gregos mais importantes eram o jônico e o eólico. Parece provável que nos tempos de Agamenon os argivos falassem um grego jônico, enquanto os aqueus falavam uma variante eólica do grego.

Nos tempos micênicos, porém, havia um grupo de gregos que falavam um terceiro dialeto, o dórico. Enquanto Agamenon, o jônio, e Aquiles, o eólio, montavam uma coalizão para destruir a cidade de Troia, os dórios viviam longe, a noroeste. Afastados da influência do sul mais avançado, permaneceram atrasados e incivilizados.

"OS POVOS DO MAR"

Já em pleno florescimento da Era Micênica, começaram a se originar graves conflitos; os povos fora do âmbito civilizado estavam inquietos e se deslocavam.

Isso é algo que ocorre periodicamente na história. Em uma parte da Ásia Central, por exemplo, há uma longa série de anos de boas chuvas, durante os quais as colheitas e rebanhos se multiplicam e a população cresce. Mas esses anos podem ser seguidos por outros de seca, durante os quais a população enfrenta a fome, e então a única saída é partir em busca de pastos para seus rebanhos e uma vida melhor.

As tribos que recebem o primeiro impacto dos invasores precisam fugir, e isso põe em movimento um novo grupo de povos. Com o tempo, as tribos migrantes provocam grandes transtornos em vastas regiões. Foi o que ocorreu na Era Micênica.

Os dórios, povo grego que vivia mais ao norte, foram também os primeiros a sofrer a pressão. Deslocaram-se para o sul, lutando contra as tribos de língua eólica, que, por sua vez, tiveram que se deslocar para o sul.

Os membros de uma das tribos eólicas eram chamados de tessálios. Logo após a guerra de Troia (por volta de 1150 a.C.), deslocaram-se para o sul até a planície onde viviam os aqueus e da qual faz parte a Ftiótida. Ali se estabeleceram de forma permanente, e por isso essa região recebeu o nome de Tessália.

Outra tribo eólia, os beócios, se deslocou mais ainda para o sul por volta de 1120 a.C., em volta da planície um pouco menor que rodeia a cidade de Tebas. Essa região foi chamada de Beócia.

Sob a pressão de seus congêneres eólios, os aqueus viram-se obrigados, por sua vez, a rumar para o sul. Invadiram o Peloponeso e expulsaram a população jônia, encurralando-a na região em volta de Atenas, uma península que sobressai para o sul a partir da Grécia central. (Isso pode ter ocorrido antes da guerra de Troia, e talvez o exército de Agamenon tenha sido obrigado a levar a guerra para a Ásia pela pressão das agitações que ocorriam na própria Grécia.) Ao longo da costa setentrional do Peloponeso, margeando o golfo de Corinto, há uma região que chegou a ser chamada de Acaia, como resultado dessa invasão.

A contínua pressão que sofriam do norte obrigou os jônios e os aqueus a se lançarem ao mar. Expandiram-se então de leste a sul, em direção às ilhas e às costas da Ásia e da África, devastando e transtornando os assentamentos humanos que encontravam.

Desembarcaram, por exemplo, no Egito, onde foram chamados pelos surpreendidos egípcios de "povos do mar". O Egito sobreviveu ao choque, mas a invasão contribuiu para a derrubada de um grande império, que já naquela época encontrava-se em decadência. (Na *Ilíada*, Aquiles fala de modo respeitoso da capital desse império egípcio e se refere a ela como a cidade mais rica do mundo.)

Na Ásia Menor, a chegada dos aqueus migrantes foi mais desastrosa ainda. Ali, o Império Hitita, que já vinha em decadência, foi destruído pela invasão.

E outra parte dos aqueus chegou à costa síria através do Chipre e se estabeleceu ali. Eram os filisteus, tão importantes para história primitiva dos israelitas.

A INVASÃO DÓRICA

Na própria Grécia, as coisas iam de mal a pior, pois depois dos aqueus vieram os dórios, também selvagens. Eles se instalaram por alguns anos em uma parte da Grécia central situada uns 25 quilômetros ao norte do golfo de Corinto. Ali fundaram a cidade de Doris.

O leitor poderia pensar que os rudes bandos de guerreiros dórios não teriam nenhuma possibilidade de vencer os exércitos organizados da Grécia micênica, descritos com tanta admiração por Homero. Mas não foi o que aconteceu, já que, entre outras coisas, os dórios tinham uma arma nova importante.

Durante a Era Micênica, as armas eram fabricadas com bronze, uma liga de cobre e estanho. Os heróis da *Ilíada* arremessavam lanças com pontas de bronze contra escudos de bronze e esgrimiam espadas de bronze, segundo a meticulosa descrição feita por Homero. O bronze era, na época, o metal mais duro de que dispunham os gregos, e o período em que foi usado é chamado de Era do Bronze.

O ferro já era conhecido naquela época e os homens compreenderam que era possível tratá-lo para torná-lo mais duro do que o bronze. Mas não se conhecia nenhum método para obter ferro a partir dos minerais que o continham, de modo que o único ferro disponível vinha do próprio ferro metálico que era ocasionalmente encontrado na forma de meteorito, por exemplo. Por isso, era considerado pelos micênicos um metal precioso.

Durante a Era Micênica, porém, homens dos domínios hititas, 1.200 quilômetros a leste da Grécia, haviam descoberto métodos para fundir minerais de ferro e obtê-lo em quantidades suficientes para fabricar armas. Esse conhecimento deu-lhes o domínio de uma importante arma de guerra nova. As espadas de ferro eram capazes de atravessar facilmente os escudos de bronze, enquanto as lanças com pontas de bronze e as espadas de bronze golpeavam os escudos de ferro e ficavam amassadas e imprestáveis. Foram essas armas, embora disponíveis em quantidade reduzida, que ajudaram os hititas a manter o próprio império.

As notícias sobre novas invenções e técnicas circulavam lentamente naquela época, mas por volta de 1100 a.C. o segredo das armas de ferro já havia chegado aos dórios, embora não ainda aos gregos micênicos. O resultado disso foi que os bandos de guerreiros dórios com armas de ferro derrotaram todos aqueles que lutavam com armas de bronze, obrigando-os a se deslocar ainda mais para o sul. Depois, atravessaram o estreito de Corinto por um ponto estreito e invadiram o Peloponeso por volta de 1100 a.C.

Os dórios se estabeleceram como governantes permanentes no sul e no leste do Peloponeso. Esparta e os velhos domínios de Agamenon caíram em suas mãos. Micenas e Tirinto foram incendiadas e pouco sobrou delas para as épocas posteriores, a não ser obscuras aldeias. Isso selou o fim da Era Micênica.

AS ILHAS E A ÁSIA MENOR

Enquanto os dórios completavam a conquista do Peloponeso, os jônios mantinham o domínio de apenas uma parte da Grécia continental: a Ática, península em forma de triângulo na qual se encontra Atenas. Quanto aos eólios, conservaram não só uma parte do Peloponeso, mas também a maioria das regiões situadas ao norte do golfo de Corinto.

Mas eram tempos duros para todos. Os selvagens dórios haviam destruído ricas cidades e desalojado populações assentadas. O nível da civilização baixou das alturas alcançadas na Era Micênica, e durante três séculos estabeleceu-se uma obscura Era do Ferro, assim chamada pelas novas armas e pela escassez e miséria que se espalharam pela terra.

Muitos jônios e eólios fugiram do continente assolado e migraram para ilhas do mar Egeu. A maioria delas tornou-se jônica quanto à língua, se já não fosse. A mais próxima de terra firme era Eubeia, a maior ilha do Egeu, que se estende de noroeste a sudeste em frente à costa da Beócia e da Ática. Fica muito próxima da terra firme e separa-se de Beócia por um estreito que, em um de seus pontos, tem menos de 1,5 quilômetro de largura. Nesse lugar foi fundada a cidade de Cálcis. O nome deriva da palavra grega para "bronze"; Cálcis provavelmente foi um núcleo de trabalhos em bronze. A outra cidade importante de Eubeia era Erétria, que fica 24 quilômetros a leste de Cálcis.

Por volta de 1000 a.C., os jônios haviam chegado ao litoral oriental do Egeu e começavam a se estabelecer ao longo da costa, expulsando ou absorvendo lentamente as populações nativas.

Os gregos chamavam essa terra oriental de Anatólia, nome derivado do termo grego para "sol nascente", pois, para quem a observa da Grécia, fica na direção de onde nasce o sol.

Também recebeu um nome que talvez derivasse de um termo ainda mais antigo que significava "o leste". Alguns acreditam que as palavras usadas pela primeira vez para descrever as terras situadas a oeste e a leste do mar Egeu provinham de *ereb* ("oeste") e *assu* ("leste"). Essas palavras pertencem à língua semítica falada pelo povo que habitava as costas mais orientais do Mediterrâneo.

Esses semitas comerciavam com Creta, que fica na parte meridional do Egeu. Para os cretenses, as costas continentais estavam realmente a oeste e a leste, e com o tempo tais palavras semíticas acabaram sendo "Europa" e "Ásia". (Existe um mito grego segundo o qual o primeiro ser humano a chegar a Creta foi uma princesa proveniente das costas mais orientais do Mediterrâneo. O nome dela era Europa, e Minos era seu filho.)

A princípio, o termo "Ásia" aplicava-se apenas à terra imediatamente a leste do Egeu. À medida que os gregos foram conhecendo melhor o vasto território que se situa mais a leste ainda, esse termo foi ganhando um sentido mais rico. Hoje é aplicado a todo esse continente, o maior do mundo. A península situada a leste do Egeu foi considerada como separada do grande continente do qual faz parte e chamada de "Ásia Menor".

O termo "Europa" também teve sua abrangência ampliada até se referir a todo o continente do qual a Grécia faz parte. Posteriormente, descobriu-se que, embora a Europa e a Ásia sejam separadas pelo mar Egeu e pelo mar Negro, mais ao norte elas se unem para formar uma longa extensão de terra, às vezes denominada "Eurásia".

Os jônios que desembarcaram nas costas da Ásia Menor, a leste das ilhas Quios e Samos, fundaram doze cidades importantes, e esta parte da costa (mais as ilhas próximas) foi chamada de Jônia.

A mais importante cidade jônica era Mileto. Ela fica em uma baía formada pela foz do rio Meandro, um curso d'água tão famoso por sua sinuosidade que a palavra "meandro" ganhou o sentido de tudo o que tem um movimento irregular, de direção sempre variável.

A CIDADE-ESTADO

As invasões dóricas fragmentaram a estrutura interna dos reinos micênicos. Nessa época, a Grécia era governada por reis, que dominavam uma extensão considerável de território e eram juízes ou sumos sacerdotes.

Nas desordens que se seguiram à invasão dórica, os velhos reinos micênicos foram destruídos. O povo dos pequenos vales da superfície irregular da Grécia se unia para se defender. Ficavam apinhados dentro das muralhas da cidade quando ocorria uma invasão, e, se surgisse a oportunidade, tentavam sair dela e fazer uma incursão a algum vale vizinho.

Aos poucos, os gregos começaram a criar o ideal da *pólis*, uma comunidade autônoma formada por uma cidade principal e uma pequena faixa de terra de cultivo em volta. Para a nossa mentalidade moderna, a pólis nada mais é do que uma cidade independente, e não muito grande, de modo que acabamos dando-lhe a denominação de "cidade-Estado". (A palavra "Estado" alude a toda região não submetida a domínio externo.)

Para as pessoas do mundo moderno, que vivem em nações gigantescas, é importante que tentem imaginar a pequena dimensão da pólis grega. A cidade-Estado média tinha uns oitenta quilômetros quadrados de área.

Cada cidade-Estado considerava-se uma nação à parte e classificava como "estrangeiros" os que eram de outras cidades-Estado. Cada uma tinha festas, tradições e governo próprios, e chegavam a guerrear entre elas. Contemplar a Grécia desse período é como observar um mundo em miniatura.

Mesmo assim, as cidades-Estado de uma região particular às vezes tentavam formar unidades maiores. Na Beócia, por exemplo, Tebas, por ser a maior cidade, queria desempenhar um papel dirigente e tomar as decisões políticas da região. A cidade beócia de Orcômeno, porém, trinta quilômetros a noroeste de Tebas, havia sido poderosa nos tempos micênicos e nunca se esquecera disso. Portanto, disputava incansavelmente com Tebas o domínio da Beócia. A cidade beócia de Plateias, quinze quilômetros ao sul de Tebas, também foi sempre hostil a Tebas.

Apesar de Tebas ter conseguido dominar a Beócia, sua força se exauriu nessas lutas internas, e todo exército que ameaçasse Tebas podia contar sempre com a ajuda das cidades-Estado beócias rivais. Em razão disso, Tebas nunca pôde exercer, de fato, sua força sobre a Grécia, exceto por um breve período, do qual trataremos no Capítulo 11.

O mesmo pode ser dito de outras regiões. Em grande medida, o poder de cada cidade-Estado era neutralizado pelas cidades vizinhas, e no final ficavam todas enfraquecidas. As duas únicas cidades que conseguiram dominar regiões consideráveis foram Esparta e Atenas, as "grandes potências" do mundo grego.

No entanto, também eram pequenas, de população igualmente reduzida. Atenas, no momento de seu esplendor, tinha aproximadamente 43 mil cidadãos adultos do sexo masculino, cifra enorme para uma pólis grega. Obviamente, havia também mulheres, crianças, estrangeiros e escravos em Atenas, e mesmo assim a população total não deve ter superado os 250 mil habitantes.

Esta cifra, no entanto, pareceu grande demais para os gregos de épocas posteriores, que tentaram elaborar teorias a respeito de como se deveria administrar uma cidade-Estado. Achavam que o ideal talvez fosse contar com dez mil cidadãos; e, de fato, a maioria das cidade--Estado tinha apenas cinco mil habitantes ou menos. Entre elas estava a "gigantesca" Esparta, que admitia poucos de seus habitantes como cidadãos.

No entanto, essas diminutas cidades-Estado elaboraram sistemas de governo tão úteis que se mostraram mais adequados aos tempos modernos que as simples monarquias autoritárias dos grandes impérios orientais em volta da Grécia. Ainda nos dias de hoje chamamos a técnica de governar de "política", que vem da pólis grega, e uma pessoa dedicada à tarefa de governar é chamada de "político". (Mais óbvio ainda é chamarmos o corpo de protetores armados de uma cidade de "polícia".)

A palavra pólis também é usada até hoje ocasionalmente como um sufixo para nomear cidades mesmo fora da Grécia. Nos Estados Unidos, três exemplos destacados são Anápolis, Indianápolis e Mineápolis.

Os gregos sempre conservaram seu ideal da pólis autônoma, e era nisso que consistia, para eles, a liberdade, mesmo que ela fosse governada, na realidade, por poucos homens, e apesar de a metade da população ser formada por escravos.

Os gregos lutavam até a morte por sua liberdade: foram o único povo de sua época a fazer isso. E embora a ideia deles de liberdade não seja vista por nós como suficientemente ampla, foi expandindo-se ao longo dos séculos, e o ideal de liberdade, tão importante para o mundo moderno, nada mais é do que a liberdade grega ampliada e aprimorada.

Naquela época, também, com centenas de cidades-Estado diferentes e cada uma seguindo o próprio caminho, a cultura grega conseguiu alcançar uma cor e uma variedade surpreendentes. Atenas levou essa cultura a seu apogeu, e em alguns aspectos a cidade é mais valiosa do que o restante da Grécia. É muito provável, porém, que Atenas não tivesse alcançado toda a importância que alcançou se não tivesse sido estimulada por centenas de culturas diferentes, todas elas próximas.

À medida que a pólis se desenvolveu, o cargo de rei foi perdendo importância. Em um reino de porte médio, há riqueza suficiente para proporcionar ao monarca um luxo e um cerimonial consideráveis, e é possível criar uma corte de boas dimensões. Isso separa o rei das outras pessoas, mesmo dos proprietários de terras comuns (e geralmente os donos de terras são os "nobres", já que o "povo" não tem terras). Esse luxo e esse cerimonial são do agrado da população, que sempre vê neles um reflexo do poderio da nação e, por extensão, de seu próprio poder.

Mas, em uma pólis, a riqueza é tão pouca que o rei não chega a ser muito mais rico do que os nobres. Não pode constituir uma figura separada dos demais nem esperar que os nobres o tratem com uma estima especial.

Portanto, a necessidade de haver um rei fica diluída na pólis. Em um grande estado, é útil que haja um homem capaz de tomar decisões rápidas que envolvam todo o reino. Mas uma pólis é tão pequena que os indivíduos podem facilmente se reunir e tomar decisões, ou pelo menos falar sobre as próprias preferências. Podem eleger um governante que esteja de acordo com as próprias decisões e derrubá-lo se não as cumprir. Ou podem eleger outro governante a cada certo tempo, simplesmente para manter esse princípio e impedir que um velho governante adquira poder demais.

A palavra grega para designar um governante era *arkhos*, derivada de outra que significava "primeiro", já que um governante é o primeiro homem do estado. Havendo um governante apenas, seria então um "monarca". Ao longo da maior parte da história, sempre que houve apenas um governante, costumava ser um rei, de modo que "monarca" acabou virando sinônimo de "rei", embora um presidente eleito também governe sozinho. Um reino, portanto, pode ser chamado de "monarquia".

Entretanto, se o poder real está nas mãos de poucos nobres, em geral chefes das famílias proprietárias de terras mais importantes, então temos uma "oligarquia" (grupo de governantes). Assim, embora a Grécia tenha entrado no período das invasões dóricas como um pequeno número de monarquias relativamente grandes, emergiu dele um grupo grande de pequenas oligarquias. Mesmo as cidades-Estado que conservaram seus reis (como Esparta, por exemplo) limitaram o poder deles drasticamente e, na realidade, eram governadas por uma oligarquia.

A maioria das pessoas que não fazem parte da oligarquia tende a pensar que aqueles poucos governantes agem principalmente para se manter no poder, mesmo que não ignorem as necessidades e desejos de indivíduos comuns. Por isso, para nós o termo "oligarquia" acabou tendo uma conotação negativa.

Mas os oligarcas sem dúvida estavam satisfeitos com a situação. Pensavam que o poder estava em suas mãos porque eram os homens mais capazes, os melhores. Em outras palavras, consideravam-se "aristocratas" ("os melhores no poder"), e o governo deles era, portanto, uma "aristocracia".

Homero escreveu a *Ilíada* para um público de oligarcas. Não se sabe quase nada sobre Homero; as coisas que foram ditas a seu respeito mais tarde eram tradições inventadas muito tempo depois da sua época. Uma delas afirmava que Homero era cego. Muitas cidades diferentes alegavam ser o local de nascimento dele, mas o consenso predominante situa-o na ilha egeia de Quios. As suposições a respeito da época em que viveu variam em nada menos do que cinco séculos, mas a conjectura mais provável é que tenha vivido por volta de 850 a.C. (Na realidade, não há prova alguma de que Homero tenha sequer existido; no entanto, "alguém" escreveu a *Ilíada* e a *Odisseia*.)

A *Ilíada* reflete os preconceitos do ano de 850 a.C. Os heróis são todos nobres. São reis, é claro, mas do tipo de monarca que surgiu nos séculos posteriores à invasão dórica, e não reis micênicos. Ou seja, eram "pais do povo", que viviam de maneira simples, aravam a própria terra, consultavam os nobres antes de tomar decisões e evidentemente eram "um deles".

Por outro lado, o povo comum não aparece com tanta clareza assim. A *Ilíada* contém apenas uma breve cena na qual um homem comum fala. Trata-se de Tersites, que eleva a voz para fazer uma objeção à política de Agamenon. O que diz é sensato, mas Homero descreve-o como um homem disforme e grosseiro, e faz o nobre Odisseu derrubá-lo altivamente (com um golpe apenas), provocando risadas no exército. Sem dúvida, a plateia oligárquica também devia rir da cena.

Na *Odisseia*, poema posterior e mais ameno, temos Eumeu, um escravo e humilde criador de porcos, que, no entanto, é um dos personagens mais dignos e encantadores do poema. E os pretendentes de Penélope (esposa de Odisseu), vilões repugnantes, são todos nobres.

O partido das pessoas comuns foi assumido também por outra grande figura literária da época, Hesíodo, que viveu por volta de 750 a.C. Os pais dele emigraram da Eólia, na Ásia Menor, para a Beócia, o que fazia de Hesíodo beócio de nascimento. Era um camponês que trabalhava muito, e sua principal obra literária tem por título *Os trabalhos e os dias*. Nela, ensina como administrar bem uma granja, embora a moral mais importante do livro seja o valor e a dignidade do trabalho.

Outra obra importante também atribuída a Hesíodo é a *Teogonia*, palavra que significa "o nascimento dos deuses". É uma tentativa de organizar os mitos que circulavam entre os gregos de então. Os relatos de Hesíodo sobre Zeus e os demais deuses (junto com os relatos menos sistemáticos sobre os deuses que constam da obra de Homero) foram a base da religião oficial dos gregos de épocas posteriores.

OS LAÇOS DE UNIÃO

Mesmo com o desenvolvimento da pólis e as constantes guerras entre as cidades-Estado, os gregos não esqueceram sua origem comum. Sempre houve alguns fatores para mantê-los unidos, mesmo em meio às mais inflamadas batalhas.

Uma das razões é que todos falavam grego, de modo que sempre se sentiam helenos, em contraposição aos bárbaros, que falavam outra língua. Outra razão é a preservação da memória da guerra de Troia, momento em que os gregos formaram um só exército; também havia os magníficos poemas de Homero para lembrá-los disso.

Além de tudo, tinham um conjunto comum de deuses. Os detalhes das festividades religiosas variavam conforme a pólis, mas todas reconheciam Zeus como deus principal e prestavam homenagem, também, aos demais deuses.

Havia santuários considerados propriedades comuns a todo o mundo grego. O mais importante ficava na Fócida, região a oeste da Beócia. Na época micênica, existiu ali uma cidade chamada Pito, ao pé do monte Parnaso e uns dez quilômetros ao norte do golfo de Corinto. Neste local havia um famoso altar dedicado à deusa da terra, atendido por uma sacerdotisa chamada "Pítia". Acreditava-se que possuía o dom da mediunidade, e que por meio dele era possível conhecer os desejos e a sabedoria dos deuses. Era um "oráculo". O oráculo de Pito é mencionado na *Odisseia*.

Os bandos guerreiros dóricos devastaram a Fócida, e quando atravessaram o Peloponeso, Pito mudou de nome para Delfos, tornando-se uma cidade-Estado independente. Foi dedicada então a Apolo, deus da juventude, da beleza, da poesia e da música, e também às Musas, um grupo de nove deusas que, segundo o mito, inspiravam nos homens o conhecimento das artes e das ciências. (A palavra "música" deriva de "musa".)

Com a passagem dos séculos, a reputação do oráculo de Delfos se estendeu. Todas as cidades-Estado gregas, e até alguns governantes não gregos, de vez em quando enviavam delegações para receber o conselho de Apolo. E como cada delegação levava donativos (pois Apolo não era imune ao suborno), o templo enriqueceu. Além disso, por se tratar de território sagrado, que os homens não ousavam atacar ou roubar, as cidades e os indivíduos depositavam ali tesouros para que fossem guardados por ele.

As outras cidades da Fócida se ressentiram da perda de Delfos, especialmente porque se revelara uma magnífica fonte de renda, e durante séculos tentaram recuperar o domínio sobre o oráculo. Essas tentativas provocaram, nos séculos posteriores, uma série de confrontos (as chamadas Guerras Sagradas, pois envolviam o santuário), mas todas acabaram fracassando.

Isso acontecia porque Delfos podia chamar outras cidades-Estado em sua defesa. De fato, acabou se convertendo em uma espécie de território internacional, sob a proteção de uma dezena de regiões vizinhas (inclusive da Fócida).

Outras atividades que conseguiam unir todos os gregos eram as festas que acompanhavam certos rituais religiosos. Às vezes, eram animadas por corridas e outros eventos atléticos. Também eram realizados torneios musicais e literários, pois os gregos valorizavam as realizações do espírito.

Os Jogos Olímpicos, promovidos a cada quatro anos, eram o principal evento dessa série de celebrações. A tradição fazia-os remontar a uma corrida a pé na qual houvera a intervenção de Pélops (o avô de Agamenon) para conquistar a mão de uma princesa. É provável que se tratasse originalmente de uma festa micênica. No entanto, a lista oficial dos ganhadores de torneios começa no ano 776 a.C., que geralmente é considerada a data de início dos Jogos Olímpicos.

Esses jogos chegaram a ser tão importantes para os gregos que eles contavam o tempo por intervalos de quatro anos, chamados Olimpíadas. Por esse sistema, por exemplo, o ano de 465 a.C. seria o terceiro da Olímpiada LXXVIII.

Os Jogos Olímpicos eram realizados na cidade de Olímpia, situada no centro da parte oeste do Peloponeso. Os jogos, entretanto, não receberam tal nome por causa da cidade: tanto eles quanto a cidade eram assim chamados em homenagem a Zeus Olímpico, o deus principal dos gregos, a quem se atribuía como morada o monte Olimpo.

A montanha, com quase 3.200 metros de altura, é a mais alta da Grécia. Fica no limite norte da Tessália, a cerca de dezesseis quilômetros do mar Egeu. Por causa de sua altura (e porque talvez as tribos gregas primitivas tivessem santuários nas proximidades antes de se deslocarem para o sul), a montanha foi considerada a morada particular dos deuses. Por essa razão, a religião baseada nos relatos de Homero e Hesíodo é chamada de "religião olímpica".

Olímpia era sagrada pelos jogos e rituais religiosos associados a eles, portanto os tesouros podiam ser depositados tanto ali como em Delfos. Os representantes de diferentes cidades-Estado podiam reunir-se em Olímpia mesmo que suas cidades estivessem em guerra, e por isso ela servia como uma espécie de território neutro internacional. Durante os Jogos Olímpicos e por um tempo a mais, antes e depois, as guerras ficavam suspensas e os gregos podiam viajar até Olímpia e voltar em paz.

Os Jogos Olímpicos eram abertos a todos os gregos, que vinham de todas as partes para presenciá-los e participar deles. Na verdade, autorizar uma cidade a participar dos jogos equivalia a considerá-la oficialmente grega.

Quando os Jogos Olímpicos ganharam importância e se tornaram populares, o que fez Olímpia se encher de tesouros, uma grande competição, naturalmente, surgiu entre as cidades vizinhas pelo direito de organizar e dirigir os jogos. Em 700 a.C., essa honra coube a Élide, cidade situada quarenta quilômetros a noroeste de Olímpia. Ela deu seu nome a toda uma região, mas ao longo de toda a história grega a única importância que teve foi ser encarregada da organização dos Jogos Olímpicos. Com breves interrupções, desempenhou essa tarefa enquanto os jogos duraram.

Havia também outros jogos importantes, dos quais participavam todos os gregos, mas foram criados dois séculos após os primeiros Jogos Olímpicos. Entre eles estavam os Jogos Píticos, realizados em Delfos a cada quatro anos, intercalados pelas Olímpiadas; os Jogos

Ístmicos, celebrados no golfo de Corinto; e os Jogos Nemeus, que tinham lugar em Nemeia, a dezesseis quilômetros a sudoeste do istmo. Tanto os Jogos Ístmicos quanto os Nemeus eram realizados a cada dois anos.

Os vencedores desses jogos não recebiam dinheiro nem qualquer prêmio valioso, mas a vitória lhes concedia muita honra e fama. Um símbolo dessa honra era a coroa de folhas laureada ao vencedor.

Os vencedores dos Jogos Olímpicos recebiam uma coroa de folhas de oliveira, e os dos Jogos Píticos, uma coroa de louros. O louro era consagrado a Apolo, e essas coroas pareciam uma recompensa particularmente adequada a quem se sobressaía em qualquer campo de atividade humana. Ainda hoje, quando alguém realiza algo importante ou recebe um prêmio, dizemos que "foi laureado". Se depois a pessoa se mostra indolente e não realiza mais nada de importante, dizemos que "dorme sobre os louros".

3.
EXPANSÃO COLONIAL

O AVANÇO PARA O LESTE

Lentamente, durante os três séculos após a incursão dória, a Grécia foi se recuperando e retomou sua prosperidade. No século VIII a.C., alcançou o nível que desfrutava antes das grandes invasões e estava pronta para adentrar um patamar mais elevado de civilização, algo que os micênicos jamais haviam conseguido.

Os historiadores adotam por conveniência a data do primeiro ano da primeira Olímpiada como o ponto de partida dessa nova ascensão (776 a.C.). Considera-se essa data como o início do Período Helênico da história grega, que inclui os quatro séculos e meio seguintes e abrange a época mais gloriosa da civilização grega.

Quando se iniciou o Período Helênico, a volta da prosperidade também trouxe sérios problemas aos gregos. Com a chegada dos bons tempos, a população cresceu e superou a capacidade de suas pobres terras de fornecer alimento. Nessas condições, a solução natural teria sido uma cidade-Estado entrar em guerra com as cidades vizinhas para conquistar mais território. Mas (como veremos no próximo capítulo) nenhuma delas era forte o suficiente para tanto. Juntas, tinham um poderio muito forte para que fosse proveitoso realizar uma conquista em série. Suas inúmeras guerras costumavam terminar com o esgotamento mútuo ou com uma pequena vitória, que mal podia ser aproveitada, já que uma série de novos inimigos surgiam, dispostos a evitar que o vencedor acumulasse muitos ganhos e se tornasse poderoso demais.

Outra solução, adotada por quase todas as cidades-Estado, foi mandar parte do excesso populacional para além-mar a fim de criar cidades-Estado em costas estrangeiras. Era uma solução prática, porque as costas setentrionais do mar Mediterrâneo eram habitadas naquele tempo por tribos mal organizadas e com baixo nível de civilização. Não teriam, portanto, como rechaçar os gregos, que desfrutavam de vasta experiência na guerra.

Além disso, os gregos interessavam-se apenas pelas linhas costeiras que, como comerciantes experientes, já haviam explorado, e onde já haviam estabelecido relações comerciais com os nativos; nessas regiões costeiras, os colonizadores gregos dedicaram-se ao comércio e à elaboração de artesanato, deixando a agricultura e a mineração para as tribos do interior. Os gregos compravam alimentos, madeiras e minerais, e, em troca, vendiam produtos manufaturados. Era um acordo benéfico para gregos e nativos, por isso as cidades gregas costumavam manter relações pacíficas (pelo menos com os nativos do interior).

No início dos tempos helênicos, as costas orientais do mar Egeu já haviam sido colonizadas e estavam cheias de cidades prósperas. Mas o norte ainda não havia sido alcançado.

Havia, em particular, uma península com três projeções avançando pelo canto noroeste do mar Egeu que parecia especialmente adequada para a colonização. Ficava apenas cem quilômetros ao norte do extremo setentrional de Eubeia, e as cidades de Cálcis e Erétria dessa ilha colonizaram tal península totalmente nos séculos VIII e VII a.C. De fato, Cálcis sozinha fundou nada menos do que trinta cidades na península, de modo que seu nome foi usado para homenageá-la: península Calcídica.

Em 685 a.C., colonizadores gregos atravessaram o Helesponto e a Propôntida e fundaram uma cidade na parte asiática do Bósforo. Deram-lhe o nome de Calcedônia pelas minas de cobre que havia em suas proximidades. Mais tarde, em 660 a.C., outra leva de gregos (a mando de um chefe chamado Bizas, segundo a tradição) fundou uma

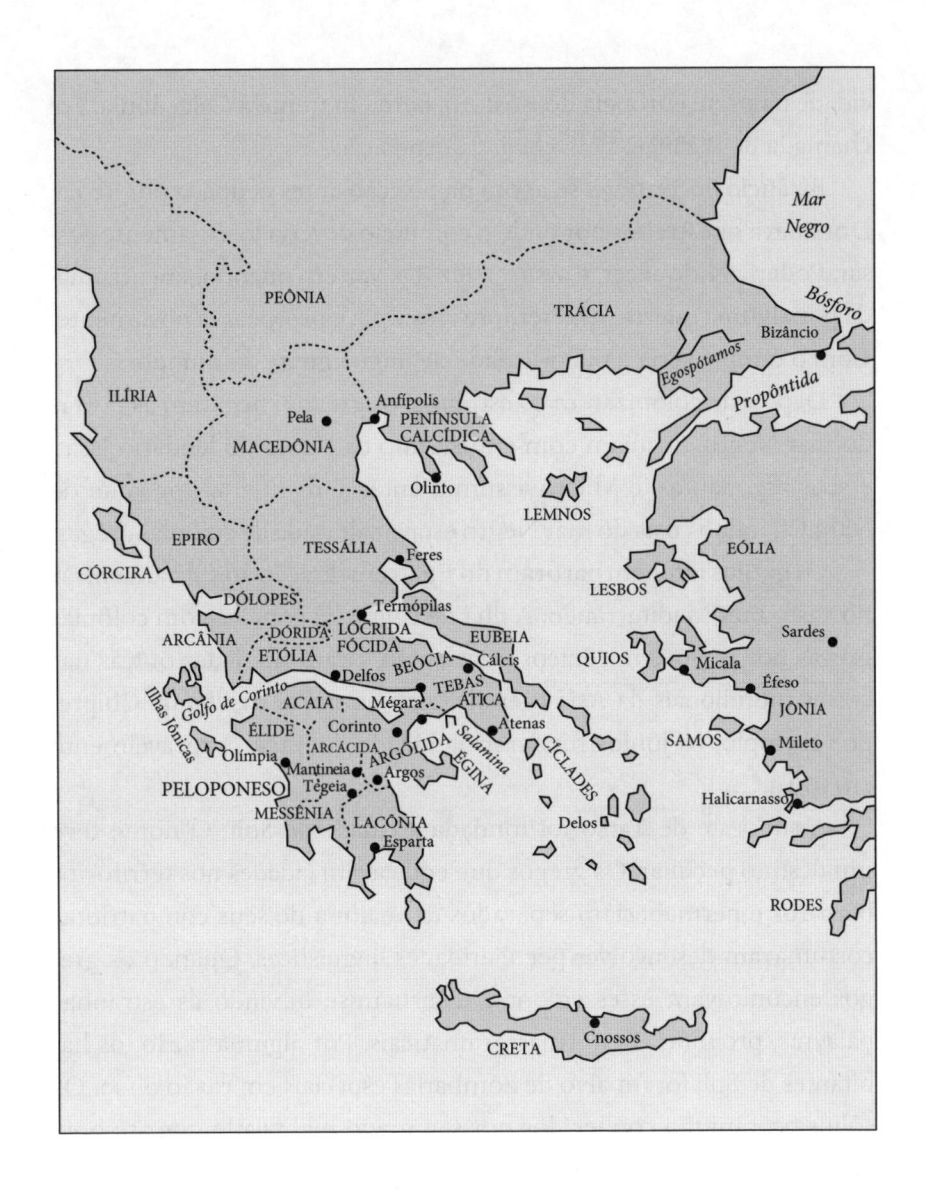

Figura 2: A Grécia clássica.

cidade na parte europeia do Bósforo, bem em frente à Calcedônia. Foi chamada de Bizâncio pelo chefe da expedição.

Bizâncio encontrava-se agora na posição antes ocupada por Troia. Dominava os estreitos por onde o comércio deveria forçosamente passar. Poderia enriquecer, e assim o fez. De vez em quando, era arruinada por alguma guerra, mas sempre ressurgia e prosperava novamente. Com o tempo, seria a maior cidade de língua grega do mundo.

Depois de colonizarem os estreitos, os gregos chegaram às portas do mar Negro. Seguiam com entusiasmo os passos do lendário Jasão e seus argonautas, e Mileto assumiu então a dianteira. Por volta de 600 a.C., toda a costa do mar Negro estava salpicada de colônias gregas.

Os gregos também partiram do Egeu em direção ao sul para entrar no vasto mar Mediterrâneo. A ilha de Chipre já contava com colônias gregas nos tempos micênicos, mas então foram fundadas outras nas costas meridionais da Ásia Menor. Logo ao norte da ilha de Chipre, por exemplo, os jônios fundaram a cidade de Tarso, provavelmente em 850 a.C.

A sudoeste de Tarso foi fundada a cidade de Soli. O nome teve um destino peculiar. Os gregos que edificavam cidades nos territórios bárbaros e permaneciam separados da maioria de seus compatriotas costumavam desenvolver peculiaridades linguísticas. Quando os gregos encontravam esses colonos, divertiam-se ouvindo as estranhas palavras, pronúncias e formas gramaticais. Por alguma razão, os habitantes de Soli foram alvo de zombarias especiais em razão disso. Os sólios ficaram tão conhecidos por seu grego mal falado que até hoje chamamos todo erro gramatical de "solecismo".

O AVANÇO PARA O OESTE

Os gregos foram tão bem-sucedidos em sua colonização para oeste quanto foram para leste.

O mar localizado a ocidente da Grécia é chamado de mar Jônico. A denominação não tem nenhuma conexão com os gregos de fala jônica, e sim com o mito grego sobre a ninfa Ío. As ilhas desse mar, que ficam bem em frente à terra firme grega, a oeste do golfo de Corinto, são as ilhas Jônicas.

O grupo principal dessas ilhas, distribuídas em uma espécie de semicírculo na parte oeste do golfo, já era grego na época micênica. Uma das menores ilhas, Ítaca, era o lendário lar de Ulisses, o herói da *Odisseia*.

A ilha Jônica mais ao norte, a mais ou menos cem quilômetros de Ítaca, é a Córcira. Só se tornou grega por volta de 734 a.C., quando, segundo a tradição, um grupo de colonizadores de Corinto desembarcou ali.

Do outro lado do mar Jônico fica uma península em formato de bota, a Itália. Bem em frente à ponta da bota, que no mapa parece prestes a ser chutada, há uma ilha enorme, triangular. É a maior do mar Mediterrâneo.

Os gregos às vezes chamavam-na de Trinacria, que significa "três pontas", e era habitada por tribos cujos membros autodenominavam-se sicanos e sículos; deles deriva o nome "Sicília".

Na época da colonização, muitos gregos se instalaram na Sicília e no sul da Itália, transformando essas terras em outra Grécia. Na verdade, com o tempo, algumas dessas cidades chegaram a ser mais prósperas que qualquer outra da própria Grécia. Por isso, a parte meridional da Itália era chamada de Magna Grécia.

Os coríntios, ao que parece, foram os primeiros a chegar à Sicília. Em 735 a.C., fundaram a cidade de Siracusa, na costa oriental da Sicília.

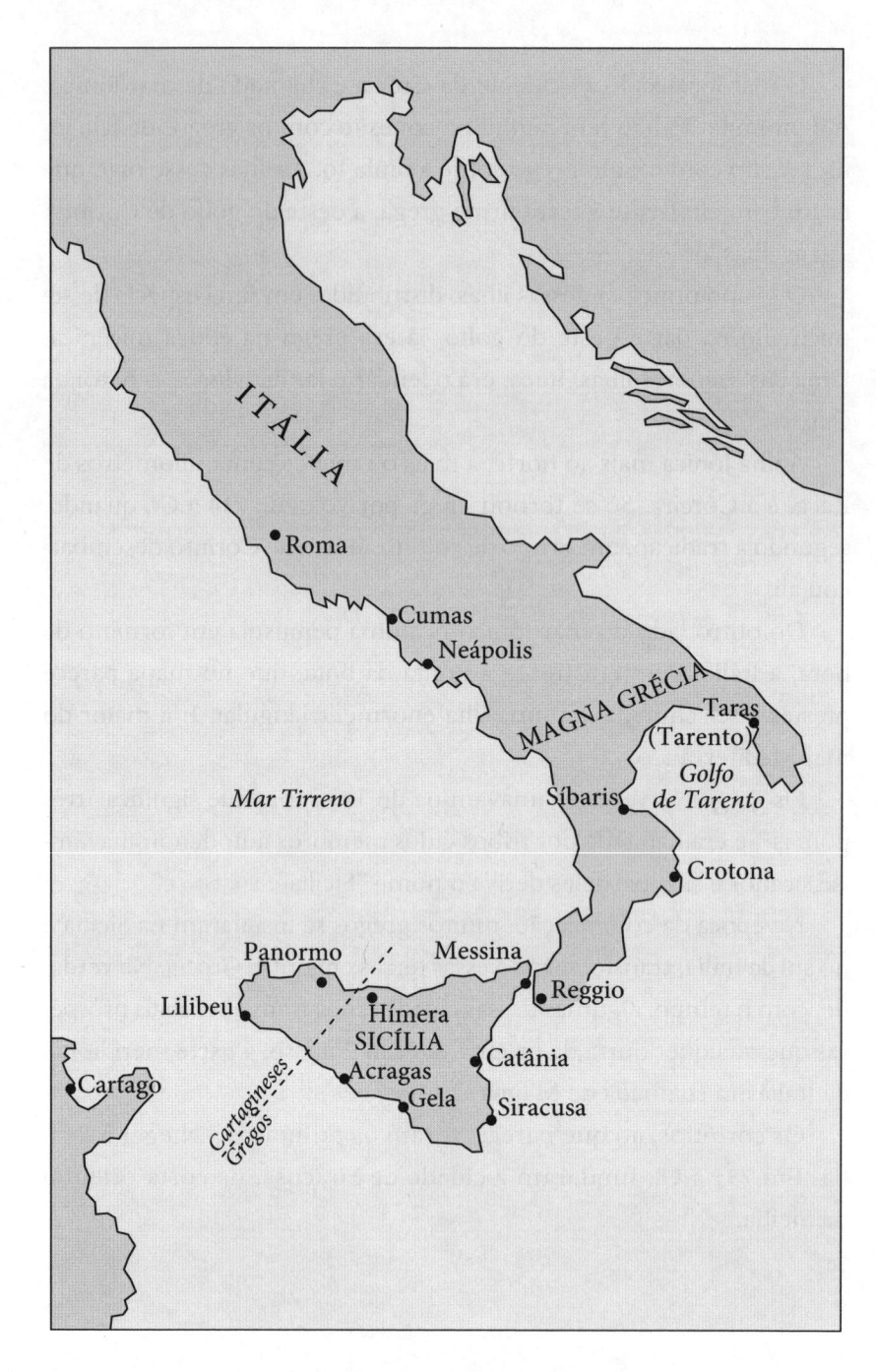

Figura 3: Expansão para o oeste.

Na Itália, a primeira cidade grega fundada foi Kyme, muito mais conhecida pela forma latina de seu nome, Cumae (Cumas). Está a um terço de distância ascendente da costa ocidental da Itália e foi o assentamento mais setentrional dos gregos. Segundo a tradição, foi fundada antes do ano 1000 a.C., o que é totalmente impossível; tal afirmação não passa da pretensão da cidade de ter uma antiguidade maior. Provavelmente foi fundada por colonizadores de Cálcis por volta de 760 a.C.

No peito do pé da bota italiana, colonizadores de Acaia fundaram a cidade de Síbaris em 721 a.C. Seu território chegou a estender-se pelos 480 quilômetros de largura da bota italiana nesse ponto até a costa setentrional. Foi muito rica e próspera, e o luxo de tal cidade ficou famoso entre os gregos. Há uma conhecida história sobre um homem de Síbaris que tinha a cama coberta por pétalas de rosas e mesmo assim insistia em dizer que se sentia desconfortável porque uma das pétalas estava dobrada. Por isso, a palavra "sibarita" é usada hoje como sinônimo de pessoa que ama o luxo de maneira extravagante.

Outro grupo de colonizadores aqueus fundou Crotona, em 710 a.C. Ficava no salto da bota italiana, oitenta quilômetros ao sul de Síbaris, ao longo da costa. Apesar de serem irmãs pela origem grega, Crotona e Síbaris nutriam aquele tipo de inimizade tradicional entre as cidades-Estado gregas vizinhas. Foi uma das poucas vezes em que uma cidade-Estado conseguiu vitória total e devastadora sobre outra. A vencedora foi Crotona, e sua vitória, segundo reza a história, foi obtida à custa do luxo dos sibaritas.

Ao que parece, os sibaritas ensinavam seus cavalos a dançar ao som de música, e com isso conseguiam realizar desfiles impressionantes. No ano de 510 a.C., travaram uma batalha contra os habitantes de Crotona, que, sabedores desse fato, foram à luta levando alguns músicos. Os cavalos sibaritas começaram, então, a dançar, deixando as tropas sibaritas totalmente confusas. Os crotonienses venceram e destruíram Síbaris tão completamente que séculos mais tarde ainda se discutia qual teria sido a exata localização da cidade.

Na parte interna do salto da bota italiana, os espartanos fundaram Taras, em 707 a.C., que chegou a ser a cidade grega mais importante da Itália. É muito mais conhecida por seu nome latino Tarentum (Tarento). Foi a última cidade que os espartanos fundaram além-mar, já que estavam ocupados em uma difícil guerra doméstica (como explicaremos no próximo capítulo).

Por volta de 600 a.C., colonizadores de Cumas fundaram uma nova cidade poucos quilômetros ao sul, ao longo da costa, e deram-lhe o nome de "Cidade Nova", ou seja, Neápolis em grego. Em português, esse nome se transformou em Nápoles.

Os colonizadores gregos foram bem além da Itália. Foceia, a mais setentrional das cidades jônicas da Ásia Menor, enviou colonizadores à costa setentrional do Mediterrâneo, por volta de 650 quilômetros a noroeste de Cumas, e fundaram Massália por volta de 600 a.C. É a atual Marselha.

EGITO

As únicas costas do Mediterrâneo que estavam abertas à colonização grega eram setentrionais. As outras regiões costeiras, por sua vez, não eram ocupadas por tribos atrasadas que se retiravam cautelosamente diante daqueles forasteiros avançados, mas por civilizações mais antigas que a da própria Grécia.

Ao sul da Ásia Menor, a uns 550 quilômetros pelo Mediterrâneo, ficava a fabulosa terra do Egito, já antiga nos tempos micênicos.

Durante a Era Micênica, o Egito possuía grande poder militar e criara um império que abrangia grandes regiões do território asiático próximo. Os gregos tinham vagas lembranças disso e, em séculos posteriores, falavam de um rei conquistador chamado Sesóstris, que teria criado um império mundial. Um exagero, sem dúvida.

Mas, depois de 1200 a.C., bandos piratas de aqueus saquearam as costas egípcias (eram os "povos do mar"). Essas incursões também acabaram ecoando nas lendas gregas, pois contava-se que Menelau de Esparta havia desembarcado no Egito em sua viagem de volta de Troia e permanecido ali durante sete anos.

Esses ataques debilitaram o já enfraquecido império egípcio a tal ponto que ele nunca mais voltou a ser uma potência militar. Isso beneficiou os gregos, pois, durante os obscuros séculos que se seguiram às invasões dóricas, as cidades-Estado gregas puderam se desenvolver livremente, sem a interferência do que poderia ter sido um Egito poderoso e agressivo.

Entretanto, na Ásia, a mais ou menos 1.500 quilômetros a leste do Egito, surgiu um povo guerreiro de crescente poder. Armado com armas de ferro, como os dórios, travaram uma guerra cruel contra os povos circundantes e começaram a criar um império por volta de 900 a.C. Chamavam o próprio país de Ashur, nome de seu deus principal, mas nós o conhecemos pela versão grega desse nome: Assíria.

Os gregos sabiam da existência dessa temível e distante nação apenas por alguns vagos rumores que chegavam até eles. Mais tarde, registraram que o primeiro rei assírio havia sido Nino e que a capital assíria, Nínive, recebera dele seu nome. Também acreditavam que havia sido sucedido por sua bela, despudorada e inteligente esposa, Semíramis, e acreditavam que teria sido ela a conquistadora das terras do império assírio. Na realidade, tais lendas não tinham muito fundamento, baseando-se na crença de que a Assíria havia sido poderosa por um determinado tempo, o que era verdade.

Por volta de 750 a.C., quando os colonizadores gregos começaram a explorar e se estabelecer nas costas mediterrâneas do norte, a Assíria começou a pressionar a costa oriental do mesmo mar, e por volta de 700 a.C. havia chegado ao litoral Mediterrâneo. Esse avanço inspirou temor nos egípcios, que passaram a financiar rebeliões contra a Assíria, as quais foram todas derrotadas. Em 671 a.C., a Assíria decidiu golpear a fonte de suas dificuldades e invadiu o Egito. A resistência foi fraca, e o Egito foi então anexado ao império assírio.

A essa altura, a própria Grécia poderia ter ficado em perigo, mas sua boa sorte a salvou de novo. A Assíria expandira-se até onde lhe havia sido possível. Tratava seus inimigos com horrível crueldade, e o resultado foi que passou a ser odiada por todos os povos que dominava. Houve seguidas rebeliões, aqui e ali, que durante alguns anos foram sufocadas, mas mantiveram a Assíria ocupada, deixando os gregos a salvo.

O próprio Egito rebelou-se várias vezes (nos três séculos seguintes, as rebeliões egípcias contra seus dominadores muitas vezes envolveram os gregos, em algumas ocasiões com resultados desastrosos). Em 652 a.C., os egípcios conquistaram a liberdade e entraram em seu último período de independência. A capital egípcia foi então estabelecida em Sais, perto de uma das desembocaduras do rio Nilo; esse período de sua história é denominado Período Saíta.

O Egito saíta foi amistoso com os gregos, considerando-os possíveis aliados caso surgissem novos perigos vindos do leste. As grandes monarquias orientais da época tinham exércitos muito numerosos, mas mal treinados. Dependiam do número de combatentes mais que de manobras cuidadosamente planejadas, assim como da cavalaria, isto é, de homens a cavalo ou em carros de guerra. As perdas de soldados de infantaria não importavam tanto porque eles podiam ser facilmente substituídos; por isso, estavam equipados com armas leves.

Os gregos, ao contrário, dividiam-se em pequenas cidades-Estado, sempre em guerra entre elas, dotadas de exércitos pequenos que (na montanhosa terra grega) eram formados quase totalmente por soldados de infantaria. A vitória para eles dependia muito das qualidades guerreiras individuais.

Praticamente todo grego era treinado nas armas desde a infância e, para aproveitar ao máximo os poucos soldados valiosos disponíveis, cada um deles carregava armamento pesado. Os soldados de infantaria portavam lanças e espadas de boa qualidade, um elmo resistente para proteger a cabeça, metal em todas as partes do corpo, incluindo as pernas, e um pesado escudo para proteção geral. Esses soldados tão fortemente armados eram chamados de *hoplitas*, termo derivado de uma palavra grega que significava "arma".

Um grupo de hoplitas conseguia derrotar um bando consideravelmente maior de tropas asiáticas mal disciplinadas e com armamento leve (como ficou demonstrado várias vezes na história posterior), o que tornou os gregos muito cobiçados como mercenários, isto é, soldados que prestavam serviços a governos estrangeiros mediante uma paga.

Era comum haver gregos disponíveis para esses serviços, pois, quando uma cidade-Estado era derrotada por outra, os homens da cidade vencida procuravam emprego no exterior, em vez de suportar os maus tempos na própria pátria. Além disso, o envio de tropas mercenárias ao exterior era outro modo de resolver o problema do excesso populacional. Durante cinco séculos, os mercenários gregos teriam papel importante nas guerras das costas mediterrâneas.

Durante o período saíta, os egípcios utilizaram os serviços dos hoplitas gregos. Também estimularam o comércio com os gregos e até permitiram que criassem um posto comercial na desembocadura do Nilo. Esse posto, fundado em 635 a.C. por colonizadores de Mileto, converteu-se na cidade de Náucratis, nome que significa "soberano do mar".

Assim começou a dominação grega no Egito, que chegaria ao auge três séculos mais tarde. Os gregos davam seus próprios nomes a tudo aquilo que viam, e como mais tarde o grego passou a ser compreendido, ao contrário da língua egípcia original, foram os nomes gregos que sobreviveram, e isso deu à história egípcia um sabor curiosamente grego.

A capital do Império Egípcio dos tempos micênicos era chamada de No pelos egípcios, mas os gregos, por alguma razão, denominaram-na Tebas, apesar de ela não ter nenhum vínculo com a cidade beócia. Nos séculos posteriores, Tebas passou a se chamar Dióspolis, ou "cidade dos deuses", em razão dos muitos templos que abrigava.

A Tebas egípcia ficava 650 quilômetros acima do Nilo. Muito mais perto da desembocadura, quase no ponto em que o rio forma um delta, havia uma importante cidade com um nome egípcio que os gregos transformaram em Mênfis. Talvez de outra versão desse nome os gregos tenham derivado *Aigyptos* (isto é, Egito), nome que aplicaram à nação inteira. A cidade próxima de On converteu-se mais tarde em Heliópolis, ou "cidade do sol", em razão dos templos ao deus Sol que havia nela.

Os gigantescos túmulos construídos pelos primeiros monarcas egípcios foram chamados de *pimar* pelos egípcios, mas os gregos trocaram a palavra por "pirâmides", de sonoridade mais grega. Os gregos, com toda razão, nutriam a mais profunda admiração por aquelas gigantescas estruturas, e mais tarde elegeram-nas como a primeira das sete estruturas mais maravilhosas construídas pelo homem (que costumam ser chamadas de "as Sete Maravilhas do Mundo").

Perto das pirâmides há uma enorme estrutura com corpo de leão e cabeça humana. Os gregos tinham, entre seus monstros míticos, leões com cabeça de mulher que denominaram "esfinge". Aplicaram o nome a essa construção egípcia, que desde então tem sido chamada de a Grande Esfinge.

Os egípcios também erguiam altas e esbeltas estruturas, preenchidas com inscrições em homenagem a seus monarcas vitoriosos. As mais importantes foram erguidas por volta de 1450 a.C., quando o Império Egípcio estava no auge. Os gregos as chamavam jocosamente de "pequenos espetos para assar" (*obeliskós*). Ainda hoje são chamadas de "obeliscos".

As inscrições dos obeliscos e de outros monumentos foram gravadas na antiga escrita pictográfica egípcia. Para os gregos, que não sabiam lê-la, seus sinais tinham uma significação religiosa, misteriosa e cheia de poder. Deram-lhe o nome de escrita "hieroglífica" (escritura sagrada), denominação usada até hoje.

FENÍCIA

Os egípcios nunca foram um povo navegante. Defendiam suas terras, mas não competiam com os gregos no mar, nem enviavam colonizadores ao exterior.

O mesmo, porém, não acontecia com outro povo mediterrâneo. As terras banhadas pela parte mais oriental do mar eram habitadas por descendentes do povo que a Bíblia chama de cananeus. Tinham uma experiência muito antiga em navegação e os navios deles se lançavam ao desconhecido com maior audácia ainda do que as embarcações gregas.

Naquela época, a principal cidade dessas costas orientais era chamada de Sul ("rocha") por seus habitantes, pois fora construída, por volta de 1450 a.C., em uma ilha rochosa próxima à costa. A forma grega desse nome nos chegou como Tiro.

A maior fonte de prosperidade de Tiro eram suas tinturas. Conseguiam obter uma tintura roxo-púrpura de um marisco daquele litoral por meio de um procedimento que mantinham em segredo. Naquele tempo, eram escassas as boas tinturas, que não desbotavam, e essa "púrpura de Tiro", como ainda é chamada, era muito cobiçada. Os mercadores de Tiro pediam alto preço por ela e desse modo prosperavam.

Quando os gregos depararam pela primeira vez com os mercadores e navegantes de Tiro, ficaram impressionados com as roupas coloridas deles. Por isso, deram-lhes o nome de "fenícios", termo derivado de uma palavra que significava "vermelho-sangue", e chamaram a terra deles de "Fenícia".

Os fenícios aparecem nas lendas gregas. Segundo elas, o antigo rei de Creta, Minos, era filho da princesa fenícia Europa (ver página 25). Acreditava-se que o irmão de Europa, Cadmo, chegara às terras continentais da Grécia e fundara a cidade de Tebas.

Isso podia muito bem ser reflexo de incursões fenícias nos tempos micênicos. Os fenícios estabeleceram-se na ilha de Chipre, que fica 320 quilômetros a noroeste de Tiro, durante o agitado período que se seguiu às invasões dóricas. Os gregos já haviam se estabelecido ali na época micênica, e durante todo o período helênico Chipre teve cidades gregas e fenícias (muitas vezes em conflito).

Os fenícios não impediram a colonização grega apenas do extremo oriental do Mediterrâneo, mas também do extremo ocidental.

Mesmo antes do início da grande onda de colonização grega, os colonizadores fenícios haviam desembarcado na costa sul do Mediterrâneo, a mais ou menos 1.500 quilômetros a oeste do Nilo. Fundaram duas cidades: a primeira ficaria conhecida pelos romanos de séculos posteriores como Útica, e a segunda, fundada em 814 a.C., como Cartago.

Cartago prosperou. Apoderou-se de toda a costa e, na verdade, chegou a ser muito mais poderosa do que Tiro. Por um longo período, foi a maior e mais rica cidade do Mediterrâneo ocidental, e nenhum navio podia entrar nessa parte do mar sem permissão de Cartago.

Além de tudo, começou a estabelecer zonas de domínio, concorrendo diretamente com os gregos. A cidade fica a apenas 150 quilômetros de mar do extremo ocidental da Sicília. Não é nenhuma surpresa, portanto, que os cartagineses tenham se deslocado até a Sicília ocidental enquanto os gregos ocupavam a parte oriental da ilha.

Ao longo de todo o período helênico, cartagineses e gregos se confrontaram até o esgotamento. Nenhum dos dois povos conseguiu expulsar o outro totalmente da ilha, apesar de algumas vezes terem chegado perto.

A expansão grega a noroeste da península Itálica também foi detida e não prosseguiu além de Cumas, a primeira colônia que havia sido fundada ali. A noroeste de Cumas estavam estabelecidos os etruscos.

Sabe-se pouco sobre os etruscos. Talvez tenham chegado à Itália vindo da Ásia Menor, mas isso não está confirmado. Não compreendemos a língua deles, e sua cultura nos deixou poucos vestígios a serem estudados. Mais tarde, foram absorvidos tão completamente pelos romanos que quase não resta nada deles.

Mas, na época em que os gregos ainda estavam se assentando na Itália, os etruscos eram poderosos, e resistiram quando tentaram tomar-lhes as grandes ilhas da Sardenha e da Córsega, situadas entre a Itália e o assentamento grego de Massália.

Os focenses, que haviam se estabelecido em Massália, foram os primeiros a tentar colonizar as ilhas por volta de 550 a.C., mas em 540 a.C. os etruscos, aliados aos cartagineses, derrotaram a frota focense em uma batalha naval travada perto da Sardenha. Foi desastroso para os colonizadores gregos, que ou morreram, ou foram expulsos da ilha. Cartago tomou posse da Sardenha, enquanto a Córsega caía nas mãos dos etruscos.

Essa batalha marcou o fim do período colonizador grego. As áreas disponíveis para estabelecer colônias já estavam todas ocupadas, e os gregos não puderam continuar sua expansão.

Apesar de os fenícios e seus colonizadores terem frustrado os gregos nesse aspecto, em outro prestaram-lhes – e ao resto do mundo – um grande favor. Trata-se da idealização por eles de um sistema de escrita de palavras mediante o uso de alguns poucos símbolos diferentes.

As civilizações anteriores, como a dos egípcios, já possuíam escrita, mas usavam centenas ou mesmo milhares de símbolos distintos, um para cada palavra ou para cada sílaba. (Algo que os chineses fazem até hoje.)

Os fenícios foram os primeiros a perceber que era perfeitamente possível que um símbolo representasse apenas uma consoante, e que duas dezenas de "letras" seriam suficientes. Cada palavra consistiria na combinação de várias letras.

Essa invenção fenícia talvez tenha sido exclusiva, já que todos os demais grupos humanos que aprenderam a escrever dessa maneira parecem ter partido das letras fenícias, mesmo que de modo indireto.

Os gregos se apropriaram das letras dos fenícios para o próprio alfabeto, e admitiram isso em suas lendas: foi Cadmo, o príncipe fenício fundador de Tebas, que, segundo a lenda, ensinou aos gregos o sistema de escrita com letras.

Os gregos, entretanto, introduziram uma mudança. Fizeram com que algumas das letras representassem vogais, deixando o sistema mais simples e claro, pois permitia fazer distinções entre, por exemplo, "mata", "meta", "moto", "mito" e "mete".

4.

A ASCENSÃO DE ESPARTA

LACÔNIA

A maior parte do esforço grego de colonização coube aos povos jônios das ilhas do Egeu e da Ásia Menor. Das cidades dórias, apenas Corinto participou intensamente da colonização.

Mas Corinto estava situada no istmo, tendo a Ásia Menor a leste e a Sicília a oeste; era um bom lugar para o comércio, e durante os tempos helênicos, e mesmo depois, foi uma cidade próspera, equipada com uma grande frota.

Já nas demais cidades dóricas do Peloponeso, a situação era diferente. Conservavam a tradição da conquista territorial e não sentiam o impulso de se lançar ao mar. De todas elas, a que tinha maior propensão a combater bem em terra e mal no mar era Esparta.

Esparta, também chamada de Lacedemônia por causa do nome de um fundador mítico, ficava às margens do rio Eurotas, a quarenta quilômetros do mar. Era, portanto, uma cidade do interior.

Nos tempos micênicos, havia sido uma cidade importante, mas depois de dominada pelos dórios, por volta de 1100 a.C., caiu na obscuridade por um tempo. Nos três séculos seguintes, foi se recuperando aos poucos e até estendeu a própria influência sobre cidades vizinhas; por volta de 800 a.C., Esparta era a soberana de todo o vale do Eurotas, uma região chamada Lacônia.

Os conquistadores dórios eram os únicos cidadãos de Esparta e das regiões que ela dominava; eram, também, os únicos a participar do governo. Os espartanos propriamente ditos formavam uma classe dominante, e quando aqui falamos de espartanos, quase sempre estamos nos referindo a eles. Foram sempre uma minoria na população total das regiões dominadas por Esparta, e em épocas posteriores nunca chegaram a constituir mais de cinco por cento da população, talvez menos.

As únicas atividades que os espartanos consideravam honrosas eram a guerra e o governo. Mas como alguém precisava cuidar do comércio e da indústria, tais atividades ficavam nas mãos de outro pequeno grupo, o dos *periecos*. Eram homens livres, mas não tinham nenhum direito político. É provável que descendessem dos habitantes nativos que assistiram à chegada dos dórios em Esparta e que tenham se aliado, de forma prudente, aos invasores.

Mas a massa da população dos territórios espartanos era formada por povos conquistados que haviam cometido o erro de resistir; uma vez derrotados, foram, depois, brutalmente escravizados. Uma das primeiras cidades a sofrer esse destino foi Helo, cujos malfadados habitantes foram escravizados em massa.

Com o tempo, o termo *hilota* passou a designar qualquer escravo espartano, fosse ou não descendente do povo de Helo. Ocasionalmente, um hilota podia conseguir alforria pelos bons préstimos a Esparta, e tinha permissão de se incorporar às fileiras dos periecos. No geral, porém, os hilotas eram tratados como seres sem direitos e submetidos a um tratamento mais cruel do que o dispensado a outros escravos do mundo grego.

Os espartanos, os mais conservadores entre os gregos e os menos inclinados a aceitar mudanças, mantiveram seus reis durante o tempo em que a cidade desfrutou de certa autonomia. Mas sua realeza era incomum, pois Esparta, diferentemente da maioria dos governos, gregos ou não, tinha dois reis. Em outras palavras, era uma "diarquia".

Essa peculiaridade parece ter se iniciado quando duas tribos separadas dos dórios se uniram para conquistar e ocupar Esparta, e combinaram que as famílias de cada chefe teriam ascendência conjunta sobre as forças aliadas. Os próprios espartanos explicavam tal fato dizendo que os reis descendiam dos irmãos gêmeos de um de seus mais antigos monarcas.

Com o tempo, porém, o poder dos reis espartanos foi ficando severamente limitado. Sua função principal era conduzir os exércitos. Eram, acima de tudo, generais, e só tinham poder fora das fronteiras de Esparta.

Internamente, o governo ficava sob o férreo controle de uma oligarquia de trinta homens. Os dois reis faziam parte dela, mas só representavam dois votos daqueles trinta. Os 28 restantes eram eleitos entre os espartanos que haviam chegado aos 60 anos de idade, que formavam a *gerúsia*, termo derivado de uma palavra grega que significa "velho".

Havia também cinco éforos, que tinham a função de magistrados. Eram os encarregados de garantir que fossem cumpridas as decisões da gerúsia. Internamente e em tempos de paz, os éforos tinham maior poder do que os reis, e podiam multá-los ou castigá-los por qualquer infração à lei.

Em conjunto, esse modo ineficaz de governar a cidade por meio de dois reis e de um grupo de oligarcas contribuiu para manter Esparta como um estado tradicionalmente imobilista; até seu final, nunca fez nenhuma tentativa de modernizar seu governo.

ARGOS E MESSÊNIA

Durante os séculos de obscuridade, enquanto Esparta se apoderava do vale do Eurotas, a cidade mais poderosa do Peloponeso era Argos. Essa hegemonia era forte o suficiente para que Homero chamasse de "argivos" todos os gregos do Peloponeso.

Argos era similar a Esparta, mas menos rígida. Tinha reis, que, entretanto, suprimiu em uma época em que Esparta ainda os conservava.

Também contava com um sistema de castas, mas não tão rigoroso quanto o de Esparta.

Argos alcançou o auge de seu poder sob Fidão, que governou por volta de 750 a.C. Sob seu reinado, Argos chegou a dominar a Argólida, além das costas orientais do Peloponeso e da ilha de Citera, em frente ao extremo sul-oriental do Peloponeso. Conseguiu até exercer uma importante influência sobre o Peloponeso ocidental; e assim, em 748 a.C., arrebatou de Élide o controle dos Jogos Olímpicos, assumindo a presidência deles.

Élide pediu ajuda a Esparta, o que deu origem a uma longa e acirrada rivalidade entre Esparta e Argos que perdurou por séculos. Sabe-se pouco do que ocorreu em seguida, mas Esparta deve ter saído vitoriosa, pois os elidianos recuperaram a primazia dos Jogos Olímpicos e eliminaram dos registros os que haviam sido presididos por Fidão.

Após a morte de Fidão, Argos entrou em declínio e Esparta conseguiu se apoderar de Citera e da costa oriental do Peloponeso. Argos ficou limitada à Argólida e ali vegetou. Os argivos jamais esqueceram que haviam tido a supremacia no Peloponeso, e tampouco perdoaram os espartanos por tê-los derrotado. Durante séculos, alimentaram uma única meta: derrotar Esparta. Com esse fim, uniram-se a todos os possíveis inimigos dos espartanos e jamais participaram de nenhuma atividade liderada por ela.

Esparta foi se expandindo para leste, em direção ao mar, mas também para oeste, talvez pelo estímulo da sua ajuda a Élide.

A oeste dos territórios espartanos, na região sul-oriental do Peloponeso, ficava a Messênia. Na época micênica, a principal cidade da região era Pilos, com destaque para seu excelente porto. Durante a guerra de Troia, segundo Homero, o rei era Nestor, o mais velho e sábio dos heróis gregos.

Os dórios conquistaram Messênia da forma como haviam conquistado Esparta, mas se mesclaram aos povos que lá habitavam. Não mantiveram atividades guerreiras, o que deu aos dórios de Esparta a impressão de que haviam se acomodado.

No entanto, os messênios não devem ter se acomodado tanto assim, pois, segundo a tradição, os espartanos precisaram de duas guerras, de vinte anos de duração cada, para conquistá-los. Não há muitos detalhes dessas duas guerras, pois os historiadores gregos cujas descrições chegaram até nós viveram muito tempo depois, e o que encontramos neles é uma série de relatos que mais parecem encantadoras ficções.

A Primeira Guerra Messênia, por volta de 730 a.C., teve início quando os espartanos invadiram a Messênia de surpresa. Depois de vários anos de lutas, os messênios, comandados pelo rei Aristodemo, retiraram-se para o monte Itome, um pico de oitocentos metros de altura situado no centro do país e que em futuras ocasiões também serviria de fortaleza para os messênios. Ali resistiram por muitos anos, mas finalmente, por volta de 710 a.C., foram obrigados a se render.

Os espartanos, ressentidos por aquela resistência tão prolongada, converteram os messênios em hilotas sem a menor consideração.

Em 685 a.C., os messênios, oprimidos além do que era possível suportar, rebelaram-se sob a liderança de Aristômenes. Relatos posteriores fizeram dele uma espécie de super-homem que, quase sem ajuda, levou os messênios a realizarem proezas de grande audácia. Além disso, graças à grande competência que tinha como general, conseguiu resistir às forças espartanas, muito superiores. Por fim, depois de dezessete anos, após perder uma batalha decisiva pela traição de um de seus aliados, Aristômenes e um pequeno grupo de comandados abandonaram o país e embarcaram para terras livres de além-mar. Em 668 a.C., portanto, a Messênia encontrava-se mais uma vez dominada.

Quanto aos refugiados messênios, supõe-se que rumaram para a região da ilha da Sicília que fica mais perto da península Itálica. Ali, colonizadores de Cálcis haviam fundado uma cidade em 715 a.C. chamada Zancle, que significa "foice", pois a faixa de terra sobre a qual foi erguida se assemelha a uma foice. Os messênios chegaram a dominar a cidade e mudaram o nome dela para Messana "Messina", em homenagem à terra natal escravizada.

O MODO DE VIDA ESPARTANO

As Guerras Messênias também cobraram alto preço de Esparta. Meio século de uma guerra tão duramente travada enraizou profundamente a vida militar na consciência dos espartanos, que passaram a achar que nunca mais poderiam baixar a guarda, principalmente porque havia poucos espartanos e muitos hilotas. Sem dúvida, bastaria um pequeno descuido dos espartanos para que os hilotas se rebelassem.

Além disso, as Guerras Messênias destacaram a figura do hoplita. O treinamento militar tinha que ser especialmente árduo para habituar o soldado ao uso de uma armadura tão pesada e a brandir armas igualmente pesadas. O combate, tal como praticado pelos espartanos, não era tarefa para fracos.

Por isso, os espartanos dedicavam a vida aos assuntos da guerra. Os meninos eram examinados ao nascer e, se não estivessem fisicamente saudáveis, eram abandonados, entregues aos braços da morte. Aos 7 anos, eram afastados das mães e criados em quartéis.

Eram acostumados a suportar frio e fome, não tinham permissão para usar roupas mais elaboradas nem para comer alimentos refinados; eram treinados em todas as artes marciais e aprendiam a superar o cansaço e a dor sem reclamar.

As regras espartanas consistiam em lutar sem esmorecer, cumprir ordens sem discutir e preferir morrer a recuar ou se render. Se decidisse fugir, um soldado precisaria se desfazer de seu pesado escudo; caso contrário, só conseguiria avançar muito lentamente; se morria, era levado de volta para casa condecorado e sobre o próprio escudo. É por isso que as mães espartanas tinham que ensinar os filhos a voltarem da guerra "com seus escudos ou em cima deles".

Os espartanos adultos sentavam-se a uma mesa comum para comer, à qual cada um levava sua parte, e todos contribuíam com o que as próprias terras haviam produzido com o trabalho dos hilotas. Se um espartano, por qualquer razão, perdesse suas terras, não poderia mais ocupar um lugar à mesa, o que constituía uma grande desgraça. Em séculos posteriores, o número de espartanos que podiam ocupar a mesa foi caindo cada vez mais, pois as terras foram se concentrando em menos mãos. Isso foi um fator de enfraquecimento de Esparta, mas só no final de sua história é que tentaram remediar tal situação.

O alimento consumido na mesa comum destinava-se exclusivamente a manter a vida da pessoa, nada além disso. Comentava-se que alguns gregos não espartanos, depois de provar o guisado rústico que costumava ser servido em seus quartéis, não se espantavam mais ao vê-los lutar tão bravamente e sem o menor medo de morrer. Diziam que aquela comida era tão ruim que tornava a morte bem-vinda.

Em séculos posteriores, os espartanos atribuíram esse modo de vida a um homem chamado Licurgo, que segundo a tradição viveu por volta de 850 a.C., muito antes das Guerras Messênias. O mais provável, entretanto, é que não fosse nada disso, e até há dúvidas de que Licurgo tenha realmente existido.

Prova disso é que, até cerca de 650 a.C., Esparta não parece ter sido muito diferente dos demais estados gregos. Tinha a própria arte, música e poesia. No século VII, um músico de Lesbos chamado Terpandro chegou a Esparta e viveu muito bem ali. Conta-se que introduziu aperfeiçoamentos na lira e é considerado o "pai da música grega".

O mais famoso de todos os músicos espartanos foi Tirteu. Conta a tradição que era ateniense, mas pode muito bem ter sido espartano nativo. De qualquer modo, viveu durante a Segunda Guerra Messênia;

dizem que, quando o fervor militar dos espartanos fraquejava, a música dele inspirava-lhes proezas de bravura.

Só depois de tal guerra é que a mão letal do militarismo absoluto sufocou completamente todos os elementos criativos e humanos em Esparta. A arte, a música e a literatura desapareceram. Até a oratória foi suprimida (e os gregos sempre gostaram muito de falar, desde a Antiguidade até os dias atuais), pois os espartanos costumavam se expressar de maneira muito contida e sucinta. A própria palavra "lacônico" (de Lacônia) acabou significando a qualidade de falar de modo conciso.

O PELOPONESO

Quando a época da colonização grega se aproximava do fim, Esparta, que praticamente não participara dela, era a dona absoluta do terço setentrional do Peloponeso. Era de longe a maior das cidades-Estado gregas e, por seu modo de vida, a mais dedicada ao militarismo.

As outras cidades-Estado gregas do Peloponeso – pelo menos as que ainda eram livres – encaravam a situação com muita ansiedade. Argos, sem dúvida, havia tentado ajudar Messênia durante a Segunda Guerra Messênia (e faria qualquer coisa para prejudicar Esparta), mas Corinto estivera do lado espartano (e faria de tudo para prejudicar Argos).

As cidades imediatamente ao norte de Esparta, na região central do Peloponeso chamada Arcádia, ficaram particularmente preocupadas. As principais eram Tegeia, quarenta quilômetros ao norte da cidade de Esparta, e Mantineia, vinte quilômetros mais ao norte.

Como de costume, Tegeia e Mantineia lutavam entre si e com outras cidades da Arcádia, de modo que a região, no todo, estava enfraquecida. No entanto, enfrentaram Esparta, mais ou menos unidas, sob a liderança de Tegeia.

Depois da difícil provação representada pelas guerras Messênias, Esparta não queria se lançar, imprudente, em nenhuma guerra séria, e durante muitas décadas deixou arrefecer sua rivalidade com a Arcádia. Em 560 a.C., entretanto, Quílon foi eleito entre os éforos espartanos. Tinha uma personalidade dominante e ficou famoso pela atitude prudente, tendo sido incluído, mais tarde, entre os Sete Sábios da Grécia. Segundo algumas tradições, fundou o eforado, de modo que talvez tenha sido sob seu mandato que pela primeira vez foram impostos drásticos limites ao poder dos reis.

Quílon adotou uma política forte. Esparta derrotou rapidamente os árcades, que se submeteram sem muita resistência. Permitiu-se que Tegeia conservasse a independência, e seus cidadãos, que temiam ser reduzidos a hilotas, mostraram-se gratos por isso. Os arcadeus foram leais aliados de Esparta durante quase dois séculos, e nenhuma cidade foi mais leal que Tegeia.

Restava, portanto, apenas Argos, que ainda sonhava com sua antiga supremacia. Em 669 a.C., enquanto Esparta estava ocupada com a Segunda Guerra Messênia, Argos derrotou-a em uma batalha. Mas no século seguinte manteve-se inativa, acumulando ressentimento e ódio, sem, no entanto, ousar tomar qualquer iniciativa.

Em 520 a.C., Cleômenes I chegou a ocupar um dos tronos espartanos. Pouco depois de assumir seu posto, marchou sobre a Argólida e, perto de Tirinto, infligiu a Argos nova derrota.

A derrota de Argos deixou evidente algo que já era um fato após a vitória sobre Tegeia: Esparta tinha a supremacia sobre todo o Peloponeso. Possuía um terço dele, e, dos outros dois terços, um era seu aliado e o outro ainda a temia. Em nenhuma parte do Peloponeso era possível mover um soldado sem a permissão de Esparta. Na realidade, Esparta era a potência territorial dominante em toda a Grécia, e durante quase dois séculos foi aceita como a líder do mundo grego.

Mas Esparta não estava, de fato, preparada para ser a condutora da Grécia. Os gregos eram naturalmente voltados ao mar, mas Esparta não. Os gregos tinham interesses de um extremo a outro do Mediterrâneo, enquanto Esparta, no fundo, tinha interesse apenas no

Peloponeso. Os gregos caracterizavam-se por um espírito ágil, artístico e livre; já os espartanos eram lentos, obtusos e viviam escravizados por seu modo militar de levar a vida.

Em anos posteriores, os gregos de outras cidades-Estado diziam admirar o modo de vida espartano, pois viam-no como virtuoso e achavam que era o responsável por ter levado Esparta à glória militar. Mas estavam enganados. Na arte, na música, na literatura e no amor à vida – em tudo o que faz com que valha a pena viver –, Esparta não legou nenhuma contribuição.

A única coisa que podia oferecer era um modo de vida cruel e desumano – dependente da brutal escravidão da maioria de sua população – e uma espécie de cega coragem animal, a única virtude que tinha. Isso tudo logo se mostrou mais aparente do que real; foi a reputação de Esparta que a salvou por um tempo, quando a substância dela já havia deteriorado.

Parecia forte desde que obtivesse vitórias, mas, enquanto outros estados suportavam as derrotas e se recuperavam, Esparta foi perdendo a hegemonia que tinha sobre a Grécia e, como veremos, entrou em decadência depois de uma única derrota. A perda de uma batalha importante iria revelar sua verdade e deitá-la por terra. (E, por estranho que possa parecer, ela foi mais digna de admiração nos dias de fragilidade que se seguiram do que durante o período de seu esplendor.)

5.

A ERA DOS TIRANOS

DA AGRICULTURA AO COMÉRCIO

A colonização grega do Mediterrâneo fez parte de uma grande mudança ocorrida no modo de vida de algumas cidades gregas. A própria colonização acelerou essa mudança.

Nos tempos micênicos, a Grécia desenvolveu muito seu comércio, mas depois das invasões dórias a vida se tornou mais simples e pobre. A população grega dedicou-se à agricultura de subsistência. Isto é, cada região produzia as matérias-primas de que precisava. Cultivava cereais e vegetais, criava gado para obter leite, ovelhas para lã, porcos para carne e assim por diante.

Em tais condições, o comércio pouco se fazia necessário, e as cidades abasteciam a si mesmas. No entanto, em um país pouco fértil como a Grécia, isso significou que o nível de vida decaiu muito. As cidades mal conseguiam ser autossuficientes e não podiam permitir um grande aumento da população. (Se isso ocorresse, seriam obrigadas a promover a colonização.)

Aos poucos, porém, o comércio foi se recuperando, e o processo de colonização apressou esse renascimento. Tornou-se possível importar alimentos de além-mar, da Sicília ou da região setentrional do mar Negro, por exemplo. Essas regiões eram mais férteis do que a própria Grécia, e nelas podia-se obter alimentos em maior quantidade e com menor esforço. Para pagar por essas importações de alimentos, as cidades gregas dedicaram-se à indústria: fabricavam armas, tecidos ou cerâmica e trocavam por cereais. Às vezes, as cidades também se dedicavam à agricultura especializada e trocavam vinhos e azeite de oliva (para os quais a terra grega é adequada) por cereais.

Uma cidade capaz de obter alimento suficiente para manter uma pequena população podia fabricar os bens necessários para comprar grande quantidade de alimentos do exterior e, desse modo, sustentar mais pessoas. Assim, a população cresceu de forma particular nas cidades que eram mais ativas no comércio e na colonização.

A sudoeste de Atenas, entre a Ática e a Argólida, há um golfo chamado Sarônico. No meio dele fica a pequena ilha de Egina. É rochosa e estéril, mas, por causa do comércio, foi uma das cidades que mais prosperou e ganhou poder na Grécia. Na verdade, Egina foi responsável por uma importante inovação.

Nos tempos primitivos, os homens faziam comércio trocando produtos: cada indivíduo cedia uma coisa da qual não tivesse muita necessidade por outra de que precisasse ou desejasse muito. Aos poucos, impôs-se o costume de usar metais como o ouro e a prata nesse comércio. Tais metais não sofriam desgaste nem se esgotavam, além de serem atraentes e relativamente raros, de modo que o uso deles logo se difundiu. Resumindo, passaram a constituir um meio útil de câmbio.

Mas para que o comércio fosse equitativo era preciso que certo peso convencional de ouro fosse trocado, por exemplo, por um par de cabeças de gado ou por uma determinada extensão de terra. Para esse fim, os mercadores tinham que levar balanças para pesar o ouro e a prata, o que gerava muitas discussões sobre a confiabilidade das balanças e a pureza do ouro e da prata.

Em algum momento do século VII a.C., a Lídia, na Ásia Menor, começou a produzir pepitas de ouro e prata com respaldo do governo usando, para isso, metais de pureza garantida e estampando em cada pepita seu peso ou valor. O uso dessas "moedas" facilitou muito as pequenas transações e contribuiu para a prosperidade daqueles que utilizavam a invenção.

Esse foi o novo sistema de moedas adotado na Grécia. Diz a tradição que o rei Fidão de Argos foi o primeiro a usá-las, mas isso não é verdade, pois ele reinou um século antes. Na realidade, foi Egina a primeira a fazer uso, em larga escala, das moedas no comércio. A prosperidade da cidade então aumentou e alcançou o auge por volta de 500 a.C.; outras cidades-Estado logo a imitaram.

Curiosamente, essa crescente prosperidade criou também perturbações. Quando a riqueza entrava em uma cidade, uma nova classe de homens poderosos surgia: os ricos comerciantes. Mas a velha classe de proprietários de terras nem sempre aceitava partilhar o poder político com esses novos ricos, e isso gerava intranquilidade.

Ao mesmo tempo, à medida que entrava dinheiro, os preços naturalmente subiam, e produzia-se a inflação. Com isso, as pessoas que não participavam da nova prosperidade, particularmente os agricultores, acabavam ficando em uma situação pior do que antes, pois se endividavam.

O novo comércio também aumentou o valor dos escravos. Nas fábricas de cerâmicas ou de vestidos era possível empregar um número maior de escravos do que nas fazendas, e os mercadores tinham como fornecer esses escravos. Por isso, a tendência de escravizar agricultores endividados aumentou, como pena pelo não pagamento de suas dívidas. O uso de escravos criou também dificuldades para os artesãos livres, que elaboravam manufaturados em pequena escala para manter a prosperidade.

A introdução da cunhagem de moedas causou uma rápida aceleração em todo esse processo. Além disso, em numerosas ocasiões a velha classe de proprietários de terra entrou em acordo com a nova classe mercantil para ter um forte aliado, enquanto agricultores e artesãos se uniam na oposição.

Apenas Esparta conseguiu evitar as comoções desses deslocamentos provocados pela expansão comercial. Lá, o uso da moeda foi proibido, assim como a importação de artigos de luxo, e Esparta se aferrou à agricultura de subsistência e aos velhos costumes. Isso resultou num baixo nível de vida, mas que era considerado uma virtude espartana, e com isso seu governo mantinha-se estável.

Em outras partes, pelo contrário, a política foi marcada por um rancor e uma violência novos, com os poucos "ricos" confrontados por um número crescente de "pobres" cada vez mais pobres. A situação piorou justamente nas cidades mais dedicadas ao comércio.

OS TIRANOS DA JÔNIA

Para que a insatisfação popular chegasse a ser sentida pelas oligarquias, o povo precisava de líderes. Por isso, com frequência encontrava alguém (às vezes, um dos próprios nobres que tivesse se desentendido com os demais) que mostrava audácia o suficiente para armá-los e liderar uma rebelião contra os governantes. Nesses casos, o líder costumava assumir o governo sozinho. Na realidade, era a ambição que muitas vezes o levava a combater a oligarquia.

Não se tratava de um rei, pois não herdava o cargo, nem tinha qualquer direito legal ou sagrado para tanto. Era simplesmente um "senhor", nada mais. A palavra grega para designá-lo era *tyrannos*, de onde vem a nossa "tirano". (A expressão "tirano" é equivalente ao que hoje chamamos de "ditador". Atualmente, usamos "tirano" num sentido pejorativo para designar um governante cruel e autoritário, mas para os gregos designava apenas um governante que não havia herdado o poder. Podia muito bem ser um líder bom e amável.)

Houve numerosos tiranos na história grega entre 650 e 500 a.C. Por isso, a segunda metade do período colonizador é também chamada de "era dos tiranos". Essa não é uma denominação adequada, na verdade, pois várias cidades da época não tiveram tiranos, e mais tarde muitas outras foram governadas por eles.

Eram frequentemente bons governantes, que traziam prosperidade e paz às cidades. Como haviam recebido o poder pela mudança nos tempos e pelo descontentamento popular, adaptavam o próprio governo aos novos costumes, vendo nisso o método mais sábio de permanecer no poder. Por isso, as condições de vida das pessoas comuns melhoraram sob o governo deles. Os tiranos procuraram se tornar populares embelezando a cidade (e, portanto, empregando artesãos nos trabalhos de construção, o que conquistava apoio), introduzindo novas festas para diversão do povo etc.

Os tiranos chegaram ao poder primeiro na Jônia, onde havia um florescente comércio com o interior da Ásia Menor e onde os novos costumes se fortaleciam. O mais famoso deles foi Trassímbulo, que governou na grande cidade colonizadora de Mileto por volta de 610 a.C. Sob seu governo, Mileto alcançou o auge da fama e do poder, e foi de fato a cidade mais próspera e importante do mundo grego.

Foi também sob o comando de Trassímbulo que um grupo de homens, que com o tempo se tornaria mais importante que todos os tiranos juntos, se formou em Mileto.

O primeiro deles foi Tales, que nasceu em Mileto em cerca de 640 a.C. Supõe-se que sua mãe fosse fenícia e que havia visitado o Egito e a Babilônia. Presume-se que tenha levado para a Grécia o saber e os conhecimentos dessas civilizações muito mais antigas do sul e do leste.

Dos babilônios, por exemplo, aprendeu astronomia o bastante para prever eclipses; a previsão de Tales de um deles, que ocorreu em 585 a.C., causou assombro geral e elevou muito o prestígio do homem.

Dos egípcios, Tales trouxe a geometria, mas realizou dois avanços fundamentais. Primeiro, converteu-a em uma disciplina abstrata e, segundo o que sabemos, foi quem a concebeu como algo que se referia a linhas imaginárias de espessura nula e retidão perfeita, e não a linhas reais, com espessura e irregularidades, marcadas na areia, desenhadas sobre cera ou formadas por cordas esticadas.

Em segundo lugar, Tales demonstrou enunciados matemáticos por meio de uma série regular de argumentos, organizando o que já se sabia e avançando passo a passo até a prova buscada, que se afigurava como consequência inevitável dos argumentos expostos. Isso fez avançar a geometria, que foi a maior realização científica dos gregos.

Nas ciências físicas, Tales foi o primeiro a estudar a maneira pela qual o âmbar atrai objetos leves quando sofre atrito. O nome grego do âmbar é *elektron*, e em séculos posteriores essa atração foi considerada o resultado da "eletricidade".

Tales estudou também uma pedra preta que atraía o ferro. Essa pedra era proveniente de uma cidade próxima, Magnésia, e por isso foi chamada de *he magretis lithos* ("a pedra de Magnésia"), o que deu origem ao termo "magnetismo".

Finalmente, Tales especulou sobre a constituição do Universo, sua natureza e origem. Para isso, partiu de dois pressupostos. Primeiro, afirmou que não havia deuses nem demônios envolvidos, e que o Universo operava por leis imutáveis. Segundo, sustentou que a mente humana, por meio da observação e da reflexão, poderia chegar a conhecer essas leis. Toda a ciência, desde a época de Tales, parte desses dois pressupostos.

Outros seguiram a trilha de Tales, em Mileto e em outras cidades da Jônia, durante o século seguinte, dando origem à chamada "escola jônia". Assim, o discípulo de Tales, Anaximandro, nascido em 611 a.C., e um outro pensador mais jovem, Anaxímenes, também especularam sobre a natureza do Universo. O mesmo se deu com o próprio Heráclito, nascido por volta de 540 a.C. na vizinha cidade de Éfeso.

Nenhum dos escritos desses antigos pensadores sobreviveu. Os conhecimentos deles chegaram até nós por meio de citações casuais em obras de autores posteriores.

O mais famoso desses primeiros cientistas foi Pitágoras, nascido por volta de 582 a.C. na ilha de Samos, em frente à costa jônica. Ele se chamava de *filósofo* ("amante do saber"), e essa designação foi atribuída a todos os pensadores gregos.

Na época de Trassímbulo e de Tales (o tirano e o cientista de Mileto, respectivamente), outro tirano governava a ilha eólia de Lesbos. Tratava-se de Pítaco, que dominou Mitilene, principal cidade da ilha.

Por volta de 611 a.C., ele promoveu uma revolução contra um homem que governava mal e de maneira cruel. Percebeu, então, que a única maneira de ter certeza de que a cidade teria um bom governo seria tornando-se ele mesmo tirano. Finalmente aceitou o cargo em 589 a.C., governando por dez anos. Em 579 a.C., acreditando já ter realizado sua tarefa e que aos 70 anos de idade não teria muito mais a realizar, renunciou.

Pítaco governou tão bem que em séculos posteriores, quando foram elaboradas as listas dos Sete Sábios (ou seja, os sete políticos que conduziram o mundo grego durante o século VI, no qual se produziu a passagem da obscuridade à riqueza e ao poder), os gregos o colocaram ao lado de Quílon de Esparta (ver página 63). O terceiro da lista era Tales de Mileto, não por sua atividade científica, mas por seus sábios conselhos políticos, que exploraremos mais adiante. O quarto "sábio" era Cleóbulo, que governou como tirano em uma cidade da ilha de Rodes por volta de 560 a.C.

Sob o comando de Pítaco, a ilha de Lesbos teve um período de grande desenvolvimento cultural. Por volta de 600 a.C., destacou-se na ilha o poeta lírico grego Alceu. Escreveu canções de amor e também poemas políticos nos quais denunciava os governantes que julgava maus. Pítaco achou prudente exilá-lo durante o período de sua tirania, mas o poeta voltou depois da renúncia do tirano. No entanto, Alceu não era nenhum herói guerreiro, pois o que se diz com maior frequência dele é que, em certa ocasião, durante uma batalha, "lançou fora seu escudo", isto é, fugiu.

Também em Lesbos e na mesma época viveu Safo, poetisa que foi a primeira grande figura literária feminina da história. Talvez pudéssemos considerá-la a maior se conhecêssemos sua obra. Infelizmente, a maior parte dela se perdeu, mas muitos gregos antigos consideravam-na à altura de Homero, e geralmente podemos confiar no bom julgamento deles.

OS TIRANOS DE TERRA FIRME

A Grécia continental teve alguns tiranos notáveis nas cidades comerciais. A cidade de Mégara, situada no istmo, esteve sob a dominação do tirano Teágenes a partir de cerca de 640 a.C. Ele mandou construir um aqueduto que trazia água potável até a cidade, um exemplo de execução de projeto útil que demonstra o modo pelo qual os tiranos se tornavam populares.

Na cidade vizinha de Corinto, situada por volta de cinquenta quilômetros a sudoeste de Mégara, houve um exemplo ainda mais brilhante de tirania: o de Cipselo, que ocupou o cargo em 655 a.C.; trinta anos mais tarde, transmitiu-o a seu filho, Periandro.

Periandro foi mais bem-sucedido ainda e se mostrou mais capacitado do que o pai: levou Corinto ao auge de sua importância e converteu-a na cidade mais culta da Grécia continental. Era também a de maior sucesso comercial.

Sob o comando de Periandro, a cultura floresceu. O poeta Árion foi convidado para a sua corte. Sobre esse poeta foram tecidas muitas lendas, como a que diz que, tendo sido lançado ao mar por piratas, foi levado a terra firme por um golfinho.

Naquela época, também, os gregos começaram a construir templos de pedra, não mais de madeira, e os coríntios elevaram a técnica da construção em pedra a um alto nível.

Em vez de usarem arcos, sustentavam os tetos pesados sobre uma fileira de colunas. Corinto abriu caminho, idealizando colunas robustas e simples com caneluras ou estrias verticais por toda a extensão delas para fazê-las parecer mais altas e graciosas, sem ornamentos na parte superior. Tais colunas pertencem à ordem dórica. Em Jônia eram mais altas e esbeltas, pouco ornamentadas na parte superior. Constituíam a ordem jônica. (Nos séculos posteriores, colunas ainda mais altas, esbeltas e ornamentadas na extremidade constituíram a ordem coríntia, mas surgiram quando a arte grega já começava a declinar.)

Periandro morreu em 586 a.C., depois de reinar com êxito suficiente para ser incluído entre os Sete Sábios. Tinha fama de ter governado com grande crueldade, particularmente no fim da vida, mas os testemunhos provêm em grande parte dos oligarcas que exilou, e que naturalmente eram parciais em relação a ele. Um sobrinho o sucedeu, mas logo foi destronado, e com ele a tirania em Corinto chegou ao fim.

Por volta de 600 a.C., o tirano Clístenes governou a cidade de Sícion, situada quinze quilômetros a noroeste de Corinto. Clístenes obteve um importante triunfo no norte do golfo de Corinto. Isso se deu do seguinte modo: a cidade focense de Crisa, próxima a Delfos, tentou se apoderar do oráculo em 590 a.C., o que deu origem à Primeira Guerra Sagrada, pois os membros do grupo de cidades-Estado que controlavam Delfos se uniram para castigar Crisa.

Clístenes comandou as forças que derrotaram Crisa. A cidade foi destruída completamente e pronunciou-se uma maldição contra quem quer que a reconstruísse ou cultivasse seu território. Para celebrar a vitória, Clístenes criou os Jogos Píticos (ver páginas 34 e 35), por volta de 582 a.C.

SAMOS

Talvez o mais notável dos primeiros tiranos tenha sido Polícrates, que governou a ilha de Samos por volta de 535 a.C. Durante vários anos teve muito sucesso e triunfou em todas as suas iniciativas. Mandou construir uma centena de navios e dirigiu incursões piratas por todo o mar Egeu, do qual se tornou dono.

Como era costume entre os tiranos, Polícrates estimulou a cultura e as obras públicas. Mandou construir um aqueduto, e para isso contratou um homem de Mégara, Eupalino. Os gregos sempre valorizaram o pensamento abstrato e deram pouca atenção às próprias percepções enquanto engenheiros práticos, portanto pouca coisa de homens como Eupalino chegou a nós, o que sem dúvida é lamentável.

Polícrates selou uma aliança com o faraó do Egito saíta Amés II, que governou de 569 a 525 a.C., e é mais conhecido pela forma grega de seu nome, Amósis.

Amósis era um admirador da cultura grega. Montou uma guarda palaciana grega, fez oferendas ao templo de Delfos e permitiu que a estação comercial de Náucratis se tornasse cidade. Estava feliz em se aliar a um governante grego inteligente e poderoso, cuja frota poderia ser-lhe útil.

Mas Amósis sentia uma intranquilidade supersticiosa pela invariável boa sorte de Polícrates. O faraó achava que os deuses estariam preparando algo horrível para o tirano, e que isso restauraria o equilíbrio entre ambos. Por isso, aconselhou Polícrates (segundo uma história que os gregos contaram posteriormente) a jogar fora alguma coisa de valor. Isso seria para ele uma pequena adversidade, mas restauraria o equilíbrio, aquietaria os deuses e impediria que ocorresse algo realmente ruim.

Polícrates aceitou o conselho, pegou um anel valioso e o atirou ao mar. Dias depois, chegou à mesa do tirano um peixe que, ao ser cortado, revelou o anel. Ao saber disso, Amósis compreendeu que Polícrates estava condenado e rompeu o pacto. Por volta de 522 a.C., Polícrates caiu em uma emboscada em território jônio, capturado por um inimigo, e teve uma morte cruel. (Amósis não chegou a saber disso, pois morrera três anos antes.)

O reinado de Polícrates teve uma consequência importante para a história da ciência, pois, quando ele se tornou tirano, o filósofo Pitágoras (segundo uma tradição) sentiu que já não podia mais permanecer em sua ilha natal, já que simpatizava com os oligarcas. Abandonou Samos em 529 a.C. e emigrou à cidade de Crotona, no sul da Itália. Levou consigo a tradição científica dos jônios e ali, no ocidente grego, criou raízes, apesar de romper com a clareza completa e simples de Tales e fundar, em vez disso, um culto caracterizado pelo sigilo, o ascetismo e o misticismo.

Contudo, Pitágoras e seus seguidores conseguiram realizar importantes avanços científicos. Foram os primeiros a estudar a "teoria dos números", investigando as relações entre eles e demonstrando, por exemplo, que a raiz quadrada de dois não pode ser representada por uma fração exata.

Depois passaram ao estudo do som. Demonstraram que quanto mais curtas forem as cordas dos instrumentos musicais, mais agudos são os sons produzidos, e que as notas emitidas por duas cordas vibrantes são particularmente harmoniosas quando os comprimentos delas estão relacionados por proporções expressas por números inteiros.

Também estudaram astronomia e foram os primeiros a sustentar que a Terra é uma esfera. Até especularam que poderia estar se deslocando pelos céus. Também se supõe que Pitágoras tenha descoberto o famoso teorema segundo o qual a soma dos quadrados dos catetos de um triângulo retângulo é igual ao quadrado da hipotenusa.

Mas o movimento pitagórico não se restringiu à ciência e à matemática. Conseguiu também um importante poder político e exerceu influência favorável à oligarquia. Quando os oligarcas foram expulsos de Crotona, Pitágoras foi também para o exílio. O pitagorismo perdurou por mais dois séculos como movimento político, mas aos poucos foi perdendo força.

Nesse período da história grega, as tiranias não duravam muito porque, entre outras razões, enquanto um rei tinha o apoio da lei, da tradição e da religião, o tirano não podia recorrer a nada disso. Por ter chegado ao poder pela força, podia também ser expulso por meio dela. Assim, os tiranos viviam sempre vigilantes e desconfiados, e costumavam governar com grande rigor e crueldade. (É essa a razão pela qual a palavra "tirano" chegou a designar hoje um governante particularmente insensível.)

Por sua vez, Esparta, o estado militarmente mais poderoso da Grécia, se opôs firmemente às tiranias. Sempre fora e continuou sendo oligárquica, e era hostil a todo enfraquecimento das oligarquias em qualquer lugar. Foi a influência espartana que ajudou a acabar com as tiranias em Corinto e Mégara.

Esparta também encerrou uma tirania em Atenas. Esse acontecimento acabou tendo alta relevância na história da Grécia e, na realidade, do mundo. Voltaremos a ele mais adiante.

6.
O SURGIMENTO DE ATENAS

OS PRIMÓRDIOS

Em tempos muito antigos, Atenas, ou a Ática – a península triangular na qual se localiza a cidade –, não tinha nada especial que a distinguisse. É mencionada na *Ilíada*, mas não era uma cidade que se destacasse entre as potências gregas. O líder dela, Menesteu, era de menor importância.

Nos séculos posteriores à guerra de Troia, a Ática conseguiu sobreviver à invasão dória e aos transtornos que se seguiram. Foi a única parte da Grécia continental que continuou sendo jônia.

Aos poucos, ao longo desses remotos séculos, toda a Ática se uniu. Isso não aconteceu, entretanto, porque Atenas tivesse conseguido o domínio absoluto sobre as outras cidades da Ática, como Esparta fez com as demais cidades da Lacônia. Atenas tampouco liderou uma confederação ática, como Tebas encabeçara a confederação beócia. Atenas fez algo único, que lançou os alicerces de sua futura grandeza. Expandiu-se até se tornar uma cidade grande, que abrangia a Ática inteira. Uma pessoa nascida em qualquer parte da Ática era considerada tão ateniense quanto alguém nascido na própria cidade.

Segundo as lendas atenienses, isso foi obra do herói micênico Teseu, pai do Menesteu da guerra troiana. No entanto, é muito improvável que a união da Ática tenha sido obra de um só homem em um momento determinado. Muito mais verossímil é que fosse fruto de uma evolução gradual e ao longo de várias gerações. Seja como for, em 700 a.C. a Ática já estava unificada.

A última parte da Ática incorporada à união foi Elêusis, situada na parte noroeste da península, a 22 quilômetros da cidade de Atenas.

Em Elêusis eram praticados certos rituais religiosos que depois foram transmitidos à Ática e ao mundo grego. Eles foram mais importantes para os gregos do que a religião olímpica de Homero e Hesíodo. Os deuses olímpicos representavam a religião oficial, descrita por poetas e literatos. Na realidade, não era um ritual emotivo nem oferecia qualquer promessa de futuro. Na *Odisseia*, quando Ulisses visita o Hades, a sombra de Aquiles diz lugubremente que é muito melhor ser um escravo na terra do que um príncipe no reino dos mortos. Isso não supunha qualquer consolo para aqueles que levavam uma vida na terra como a dos escravos. Queriam a promessa de algo melhor, pelo menos depois da morte.

Os rituais eleusinos (e outros do gênero) tinham a finalidade de aproximar o crente de certos deuses agrários como Deméter ou Dionísio ou de heróis lendários, como Orfeu. Esses rituais se baseavam nas mudanças das estações; assim, da mesma forma que o grão do trigo morria no outono, deixava uma semente que crescia de novo na primavera. Era um drama de morte e ressurreição; emulando o trigo, Dionísio e Orfeu morriam e renasciam, enquanto a filha de Deméter, Perséfone, descia ao Hades no outono e retornava na primavera.

Originalmente, é possível que tais ritos fizessem parte de uma "magia simpática" destinada a assegurar que o solo fosse fértil e a colheita abundante. Mais tarde passaram a ser aplicados aos seres humanos, que ao participarem deles garantiam a própria passagem pelo mesmo ciclo, isto é, o renascimento no outro mundo após a morte.

Os detalhes dos ritos deviam ser mantidos em segredo sob pena de morte. A palavra grega que significa segredo é *mystes*. Por conseguinte, esses ritos foram chamados de "mistérios", e a religião, "religião de mistérios". Os mistérios eleusinos foram os mais famosos do mundo grego, além dos mais secretos. Embora tenham perdurado por mais de mil anos, os não iniciados nunca descobriram seus detalhes.

As religiões de mistérios deixaram sua marca no mundo moderno. Séculos mais tarde, o cristianismo, em sua expansão pelo mundo ocidental, conservava ainda muitas das características de tais religiões.

Durante os séculos obscuros que se seguiram à invasão dória, Atenas, como a maior parte das outras cidades da Grécia, trocou seus reis por uma oligarquia.

Segundo a tradição ateniense, foi em 1068 a.C. que a realeza chegou ao fim. O último rei, Codro, lutou com todas as forças contra uma invasão dória vinda do Peloponeso. Um oráculo declarara que o vencedor seria o exército cujo rei morresse primeiro. Codro deixou-se matar deliberadamente para que Atenas continuasse sendo jônia. Um rei tão bom, decidiram os atenienses, não deveria ter sucessor, pois nenhum estaria a sua altura. (É quase certeza de que essa história não passa de lenda.)

Os atenienses também diziam que, nos tempos posteriores a Codro, quem detivesse o poder era *arconte* (termo que significa "governante"), e não mais rei. No começo, o arconte era vitalício, e o cargo passava de pai para filho entre os descendentes de Codro, de modo que só diferia do cargo de rei pelo nome.

Mais tarde, o período dos arcontes foi fixado em dez anos, e não passaria mais necessariamente de pai para filho, apesar de ficar limitado aos membros da família real. Mais tarde, passou a ser acessível às demais famílias nobres.

Finalmente, em 683 a.C., Atenas virou uma oligarquia plena. Foi governada por um corpo de nove homens, eleitos anualmente entre os nobres. Um deles era o arconte, mas não tinha poderes especiais além de dar seu nome ao ano. Outro era o *polemarca*, que detinha o comando supremo do exército.

Os nobres também tinham domínio completo sobre o *Areópago*, nome que significava "a colina de Ares" (o deus da guerra), lugar em que se reuniam. Era o conselho que atuava como tribunal supremo em questões políticas, religiosas e legais.

DRÁCON E SÓLON

No entanto, depois de 700 a.C., Atenas participou do renascimento comercial, e a oligarquia tornou-se cada vez mais impopular. Os exemplos dos tiranos de outras cidades estavam diante dos olhos dos atenienses. Mégara, vizinha de Atenas, a sudoeste, prosperou sob Teágenes (ver página 74).

Um nobre ateniense chamado Cílon, casado com a filha de Teágenes, pensou que se agisse com suficiente audácia poderia se tornar tirano de Atenas contando com a ajuda de seu sogro, o tirano megarense. Em certo dia festivo de 632 a.C., enquanto os atenienses faziam suas celebrações, Cílon, com alguns outros nobres e um bando de soldados megarenses, apoderou-se da Acrópole.

A Acrópole ("a colina da cidade") era a fortaleza central de Atenas. Como seu nome indica, estava situada no alto de um monte, e nos tempos primitivos havia sido o primeiro assentamento de Atenas. Isso porque podia ser facilmente defendida por homens decididos, já que qualquer inimigo teria de enfrentar a árdua escalada por suas encostas.

Em geral, quem tivesse o domínio da Acrópole estava em posição de força, mas Cílon viu-se sem partidários. Os soldados megarenses tomaram dele o apoio do povo. A oligarquia era impopular, mas o povo não estava muito disposto a se livrar dela pelo preço de se submeter a domínio estrangeiro.

As forças atenienses rodearam a Acrópole. Não fizeram nenhuma tentativa de tomá-la de assalto; simplesmente esperaram até que o grupo de homens que a ocupava se rendesse, vencido pela fome. Cílon conseguiu fugir, mas os restantes finalmente viram-se obrigados à rendição com a promessa de terem suas vidas poupadas.

Naquele ano, o arconte de Atenas era Mégacles, membro de uma das mais poderosas famílias da cidade, os Alcmeônidas. Mégacles achou mais prudente matar os cativos e livrar-se, assim, dos traidores, apesar da promessa, e convenceu os atenienses a executarem-nos.

Figura 4: Ática.

Os atenienses, depois de fazerem isso, foram tomados por uma crescente preocupação: haviam quebrado uma promessa formulada solenemente perante os deuses. Para evitar que caísse uma maldição sobre a cidade, Mégacles e outros membros de sua família foram julgados por sacrilégio e expulsos de Atenas. Costuma-se chamar esse episódio de "maldição dos Alcmeônidas", e ele teria importantes consequências na história ateniense posterior.

A destruição dos seguidores de Cílon tampouco foi uma vitória definitiva. Arrastou Atenas a uma guerra com Mégara, que, sob a firme liderança de Teágenes, prosperava, ao passo que Atenas enfrentava crescentes dificuldades.

A insatisfação foi aumentando. Um governo que fracassa na guerra não consegue ser popular. Além disso, o povo estava convencido de que os nobres, os únicos que dominavam o Areópago, eram injustos na administração das leis tradicionais. Tais leis não estavam escritas e, enquanto não o fossem, ficava difícil demonstrar que determinada decisão era de fato contrária à tradição. Por isso, surgiu um clamor em prol de um código de leis escrito que oferecesse um fundamento definitivo sobre o qual todos pudessem se basear.

O primeiro código legal de Atenas foi elaborado por um nobre, Drácon, em 621 a.C. O nome dele significa "dragão", e de fato foi adequado, pois o código que redigiu era muito severo e unilateralmente favorável aos oligarcas.

Entre outros temas, Drácon estabeleceu que o credor podia se apoderar do devedor e escravizá-lo caso não pagasse a dívida. Foi estipulada pena de morte para uma série de delitos contra a propriedade, até mesmo para os menores; roubar uma couve, por exemplo, acarretava a morte; uma vez, conta-se, alguém, horrorizado, perguntou a razão disso, e Drácon teria respondido: "Porque não consigo conceber um castigo mais severo".

Afirmava-se que as leis de Drácon haviam sido escritas a sangue, e não à tinta. Essa é a razão pela qual a palavra "draconiano" acabou tendo o sentido de "desumanamente implacável".

Contudo, o mero fato de as leis terem sido redigidas já representou um avanço, pois agora elas podiam ser estudadas e tornavam evidente a severidade e a injustiça. Foi desse modo que nasceu a tendência a modificá-las e aprimorá-las.

À medida que a nova economia comercial transtornava cada vez mais a vida ateniense e aumentava de forma crescente a quantidade de agricultores escravizados, a situação ficou mais perigosa. O exemplo de Corinto estava muito presente, com Periandro tendo acabado de herdar a tirania do pai e estar governando com mão de ferro e destruindo as casas dos nobres.

Os nobres atenienses eram inteligentes o suficiente para compreender que era melhor perder alguns privilégios pacificamente do que perder tudo pela violência.

Entre eles estava Sólon, um nobre da velha família real que enriquecera com o comércio. Era também um hábil poeta. Bem-nascido, rico e talentoso, destacava-se também pela sabedoria, bondade, honestidade e aversão à injustiça.

Em 594 a.C., foi nomeado arconte e recebeu a incumbência de revisar as leis. Fez isso com tão bons resultados que ganhou o direito de ser incluído na posterior lista grega dos Sete Sábios. (E não foi só isso, pois a palavra "Sólon" chegou a ser usada como sinônimo de "legislador", e nos Estados Unidos é usada com frequência para designar um membro do Congresso.)

Sólon começou abolindo todas as dívidas, para que o povo pudesse recomeçar a vida. Acabou com a prática de escravizar pessoas por dívidas e libertou os que haviam sido escravizados. Os que haviam sido vendidos para lugares fora da Ática foram trazidos de volta à própria terra com as despesas pagas pelo tesouro público. Em seguida, acabou com a pena de morte estabelecida por Drácon, exceto em caso de homicídio. Além disso, criou tribunais novos formados por cidadãos comuns. As pessoas que, ao comparecerem perante o Areópago, dominado pelos nobres, sentissem que estavam sendo tratadas de forma injusta podiam apelar aos tribunais populares, nos quais era mais provável que houvesse maior simpatia com o caso.

Sólon também tentou algumas reformas econômicas. Procurou definir preços mais baixos por meio de métodos variados. Desestimulou a exportação de alimentos e incentivou a imigração de trabalhadores qualificados a Atenas vindos de outras cidades gregas.

Além disso, reorganizou o governo ateniense e aumentou a participação do povo. Em vez de poucos oligarcas elegerem todos os funcionários e decidirem todas as questões, agora uma Assembleia, formada por membros de todos os setores da população, elaboraria as leis.

Ao permitir que o povo participasse das reuniões da Assembleia, Sólon deu um passo importante em direção ao "governo pelo povo", isto é, a "democracia".

Não há dúvida, porém, de que Sólon conseguiu um avanço apenas parcial em direção à democracia. O povo ateniense ainda se dividia em quatro classes tendo a riqueza como critério, e os arcontes só podiam ser eleitos entre os membros das duas classes superiores. As inferiores não tinham direitos ainda, exceto o de dispor de assento na Assembleia.

Além do mais, o único tipo de riqueza reconhecido era baseado na posse de terras. Os artesãos hábeis, por mais prósperos que fossem, não eram admitidos no grupo governante.

Mesmo assim, esses primeiros passos em direção à democracia foram extremamente valiosos. As leis de Sólon foram um enorme progresso, considerando a situação anterior. Durante um tempo, o risco de rebeliões violentas não foi sentido, pois Sólon demonstrou que havia uma alternativa à oligarquia que era diferente da tirania.

Atenas ofereceu a democracia como alternativa, e só por isso já merece a eterna gratidão do mundo moderno.

PISÍSTRATO

Mas a guerra contra Mégara prosseguia e já perdurava por meio século. A intensidade dela fora atenuada, principalmente após a morte de Teágenes, mas não havia uma paz completa.

A principal fonte de litígio era a questão de Salamina, uma pequena ilha do golfo Sarônico situada justamente no ponto em que as costas ocidentais da Ática se curvavam e se fundiam às de Mégara. Ficava a apenas 1,5 quilômetro da costa e podia ser vista de Elêusis ou de Mégara. Nos tempos de Drácon e Sólon, pertencia a Mégara.

Os atenienses, entretanto, acreditavam ter direito a ela, e citavam a *Ilíada* em apoio a suas pretensões. Nessa obra, Salamina estava representada pelo herói Ajax, que como guerreiro ficava abaixo apenas de Aquiles. A partir de alguns versos do poema (que Mégara considerava espúrios), Atenas deduzia que havia uma relação especial entre Ajax e os atenienses e que, portanto, Salamina fazia parte da Ática.

Mas os atenienses não foram bem-sucedidos nas tentativas de se apoderar da ilha e pareciam ter desistido dela. Indignado, o ancião Sólon incitou-os a não se esquecerem do assunto. Felizmente, o polemarca era Pisístrato, primo de segundo grau de Sólon. Homem encantador e capaz, conduziu as forças atenienses à conquista de Salamina em 570 a.C., anexando-a permanentemente à Ática. A guerra com Mégara, portanto, terminava de modo triunfal; a partir de então, Mégara passou a ser uma potência secundária e nunca mais foi uma ameaça para Atenas.

Havia, porém, ameaças internas. As reformas de Sólon não haviam sido aceitas como definitivas por todos os atenienses: as famílias nobres ainda se opunham a elas. E, sob a condução de Milcíades, esperavam reconquistar o antigo poder.

Elas enfrentavam a oposição das classes médias, que aceitavam as reformas de Sólon. Tal grupo era liderado por um dos Alcmeônidas. Sólon permitira que a família retornasse, apesar da maldição (ver página 86), mas eles ainda eram vistos como proscritos pelos oligarcas. Por isso, e por gratidão a Sólon, os membros da classe média aderiram à democracia.

Também havia alguns atenienses para os quais Sólon fora longe demais. Pisístrato, o triunfante conquistador de Salamina, colocou-se à frente deles, e muitos outros também se mostraram dispostos a seguir o carismático general.

Pisístrato reuniu uma guarda pessoal alegando que havia planos para assassiná-lo e, em seguida, em 561 a.C., tomou a Acrópole. Mais afortunado que Cílon, Pisístrato conseguiu se firmar como tirano de Atenas pelo menos por um tempo.

Sólon viveu o suficiente para acompanhar esses acontecimentos, pois morreu em 560 a.C., perto dos 70 anos. Provavelmente imaginou que a obra de sua vida havia sido arruinada.

Na realidade, não foi. A dominação de Pisístrato não era forte o suficiente para que ele pudesse impor um governo despótico, embora tenha sido essa a sua tentativa. Na realidade, em duas ocasiões chegou a ser temporariamente despojado do poder. Portanto, precisava agir sempre com muita cautela. No plano doméstico, manteve as leis de Sólon e até deu-lhes um caráter mais progressista. No exterior, manteve, no geral, a paz com seus vizinhos, apesar de ter tentado um golpe militar no norte.

Atenas havia se tornado uma terra de agricultura especializada, com videiras e olivais (os cultivos mais proveitosos), importando cereais do mar Negro. Era fundamental para a cidade proteger as vias de navegação que a separavam do mar Negro, pois tratava-se de seu "cordão umbilical". Precisava, principalmente, controlar (à medida do possível) os estreitos entre o Egeu e o mar Negro.

Algumas décadas antes conseguira fundar um posto em Sigeu, perto de onde ficava a antiga Troia, na parte asiática do Helesponto. Mas era território de Lesbos, e seu tirano, Pítaco, derrotou as forças atenienses, expulsando-as. Agora, sob Pisístrato, Sigeu era reconquistada.

Depois disso, Pisístrato enviou um contingente ateniense ao Quersoneso trácio para ajudar os nativos em uma guerra que vinham travando. O Quersoneso trácio (que significa "península trácia") é uma estreita faixa de terra de cem quilômetros de extensão no lado europeu do Helesponto. (Atualmente é chamado de península de Galípoli.)

Pisístrato nomeou como chefe do contingente militar seu velho inimigo político Milcíades. Sem dúvida, pensava em se livrar dele com essa nomeação. Mas os atenienses conseguiram a vitória, e em 556 a.C. o próprio Milcíades tornou-se tirano de toda a península. Foi assim que Atenas assumiu o controle de ambos os lados do Helesponto e manteve seu cordão umbilical muito mais seguro.

Pisístrato, como era típico dos tiranos, foi um protetor da cultura: mandou copiar zelosamente os livros de Homero na forma em que hoje os conhecemos, construiu templos na Acrópole e iniciou o processo que um século mais tarde a converteria em uma das maravilhas do mundo.

Também introduziu novas festas e deu um caráter mais elaborado às antigas. Estabeleceu, em particular, uma nova festa em homenagem a Dionísio, com procissões de sátiros (seres míticos metade homem, metade bode) que iam cantando *tragoidia* ("canções de bodes") em exaltação a Dionísio.

Essas "canções de bodes" eram, no começo, cantos alegres e movimentados, mas mais tarde os poetas começaram a escrever versos mais sérios e até grandiosos e comoventes. Na forma de poesia solene, relatavam os velhos mitos, usando-os para perscrutar os mistérios do Universo. Ainda hoje sobrevivem essas "canções de bodes", pois esse é o significado daquilo que em português chamamos de "tragédias".

Originalmente, as tragédias consistiam em coros uníssonos ou em vozes harmonizadas. Mas, nos tempos de Pisístrato, um poeta ateniense chamado Téspis teve a ousadia de escrever peças para as festas dionisíacas nas quais, em certos momentos, o coro fazia silêncio para que um único personagem cantasse sozinho, relatando e representando uma história tomada dos velhos mitos. Esse homem foi o primeiro ator, e ainda hoje, humoradamente, nos países de língua inglesa, um ator pode ser chamado de *thespian*.

Pisístrato morreu em 527 a.C. e foi, até os últimos dias, um tirano amável e bondoso.

CLÍSTENES

Após sua morte, Pisístrato foi sucedido na tirania por seus dois filhos, Hípias e Hiparco, que governaram juntos. Durante alguns anos, eles mantiveram a política do pai, e Atenas continuou sendo uma cidade que estimulava as artes. Poetas e dramaturgos de todo o mundo grego vinham a Atenas, onde tinham ajuda e apoio assegurados desses tiranos cultos. Foi esse o caso, por exemplo, do poeta Anacreonte, de Teos, convidado a Atenas por Hiparco após a morte do anterior mecenas do poeta, Polícrates, de Samos.

Mas os anos da tirania moderada de Atenas estavam chegando ao fim. Dois jovens atenienses, Harmódio e Aristógito, tiveram uma disputa privada com Hiparco que, na realidade, nada tinha a ver com a tirania, e em 514 a.C. decidiram assassiná-lo. Teria sido insensato assassinar um tirano e deixar o outro vivo, pois um certamente vingaria a morte do outro, de modo que planejaram assassinar ambos.

As coisas, porém, não correram como planejado. Os conspiradores, acreditando que haviam sido traídos, ficaram em pânico, e deram o golpe prematuramente. Conseguiram matar Hiparco, mas Hípias escapou e, como seria de se esperar, planejou a vingança. Harmódio e Aristógito foram executados.

Esse assassinato deixou Hípias desconsolado. Após treze anos de governo tranquilo, aprendeu um fato desagradável da vida: que os tiranos vivem em constante perigo. Ficou cada vez mais desconfiado de todos e deu início a um reinado de terror.

O ânimo de rebelião dos atenienses cresceu sob a tirania, e isso trouxe uma oportunidade para os Alcmeônidas, que Pisístrato exilara de novo nos últimos anos de seu governo. O chefe da casa real era agora Clístenes, neto de Mégacles (ver página 86).

Clístenes começou a se aproximar das autoridades de Delfos e construiu ali um belo templo, bancado por sua família. Isso induziu o oráculo a aconselhar os espartanos que ajudassem os atenienses a conquistar a própria liberdade, o que demonstraram muita disposição em fazer. Sendo a potência militar suprema da época, haviam acabado com todas as tiranias do Peloponeso e restaurado as oligarquias. Era do interesse deles fazer o mesmo na Ática.

Em 510 a.C., o rei espartano Cleômenes I marchou sobre a Ática, derrotou Hípias e enviou-o ao exílio. Claro que os espartanos não fizeram isso à toa. Antes de ir embora, exigiram que Atenas se incorporasse oficialmente à lista dos aliados de Esparta. Sem dúvida, Cleômenes esperava restabelecer a oligarquia em Atenas.

Mas Clístenes e os Alcmeônidas, em razão da antiga maldição, eram democratas, e não só defenderam a constituição de Sólon como deram novos passos em direção à democracia. Os oligarcas, vendo que a maioria do povo estava ao lado de Clístenes, chamaram de novo os espartanos para ajudá-los, afirmando que o Alcmeônida, por se encontrar sob uma maldição, precisava ser expulso.

Cleômenes voltou em 507 a.C. e os Alcmeônidas tiveram que ir embora. Dessa vez, entretanto, Cleômenes avaliou mal a situação. Talvez se sentisse orgulhoso demais de seus espartanos e desprezasse o que para ele era o rude povo ateniense. O fato é que seu contingente era reduzido demais para a empreitada; houve um levante geral da população e ele foi sitiado na Acrópole. Frustrado, Cleômenes concordou em ir embora e voltar para Esparta.

Clístenes retornou triunfante e conseguiu instaurar um novo sistema político. Dividiu a Ática em um complicado conjunto de grupos que, no geral, ignorava as anteriores divisões em tribos e classes. O propósito dele era impedir que as pessoas se considerassem membros daquelas velhas divisões. Mas esses novos grupos influenciavam muito pouco suas decisões, e não lhes restou outro remédio a não ser considerarem-se simplesmente atenienses.

Clístenes também ampliou a participação das classes mais pobres no governo. (Contudo, apesar da crescente liberdade que reinava em Atenas, ainda existiam escravos na Ática, coisa que já havia nas demais regiões do mundo antigo. Os escravos não tinham nenhum direito e às vezes eram tratados de forma brutal, mesmo nas cidades gregas mais esclarecidas. Essa é uma mancha da civilização grega impossível de se apagar: não o fato de existir escravidão, mas porque foram poucos os gregos que viam nela algo nefasto.)

Em anos posteriores, os atenienses fizeram a derrubada da tirania virar um grande drama. Subtraíram importância (por sentirem vergonha) do papel dos espartanos e, em compensação, transformaram em grandes heróis os assassinos atenienses Harmódio e Aristógito, ainda que a conspiração deles tenha fracassado e sido motivada por razões pessoais indignas. Os atenienses também exageravam a crueldade de Hípias e contribuíram para que a palavra "tirano" adquirisse sentido pejorativo.

Na verdade, parecia que a queda da tirania e o estabelecimento da democracia tinham concedido aos atenienses uma enorme energia e confiança em si mesmos que sobrepujavam tudo. Durante o século seguinte, a sorte pareceu sorrir-lhes em tudo.

Exemplo disso é a ocasião em que prestaram ajuda à pequena cidade beócia de Plateias, situada logo ao norte da fronteira da Ática.

Os cidadãos de Plateias consideravam-se herdeiros dos que haviam vivido ali antes da ocupação da Beócia, seis séculos antes (ver página 27). Por isso, recusavam-se a integrar a confederação beócia e a reconhecer a liderança tebana. Atenas ajudou-os a sustentar essa recusa.

Os tebanos estavam prontos para a guerra e a oportunidade surgiu em 506 a.C. Cleômenes, inconformado com o triste papel que havia desempenhado na Ática no ano anterior, decidiu esmagar totalmente os atenienses. Reuniu seus aliados do Peloponeso e marchou por sobre a Ática vindo do sul, enquanto Tebas atacava a partir do norte. Cálcis, ávida para destruir um rival comercial, juntou-se aos tebanos.

Atenas parecia condenada à destruição, mas Corinto parou para refletir melhor sobre as possibilidades. Sua rival comercial desde os dias de Periandro, um século antes, era Egina, e considerando isso, destruir Atenas seria simplesmente fazer o jogo de Egina, da qual Atenas era velha inimiga.

Pensando nisso, Corinto negou-se a marchar ao lado de Esparta. Para não romper a aliança do Peloponeso, Cleômenes, outra vez frustrado, retornou a sua pátria sem desferir um único golpe.

Os atenienses voltaram-se, então, contra os tebanos, deixados em situação difícil pelos aliados espartanos. Derrotaram-nos e confirmaram a independência de Plateias. Os rudes tebanos não se esqueceriam dessa derrota e manteriam uma aguerrida inimizade com Plateias e Atenas por todo o século seguinte.

Os atenienses derrotaram mais tarde os caldeus de maneira ainda mais categórica e obrigaram Cálcis a ceder-lhes uma faixa de território na ilha de Eubeia, do outro lado do estreito norte da Ática. Essas terras foram ocupadas por atenienses e transformadas em parte da Ática; os colonos tinham os mesmos direitos concedidos aos cidadãos atenienses.

Mas os perigos que Atenas havia superado sob Clístenes eram pequenos quando comparados aos que vinham ameaçando o mundo grego do exterior.

Durante quinhentos anos – desde a invasão dória – os gregos haviam tido a sorte de não precisar enfrentar nenhum império importante. Os egípcios, enfraquecidos, e os assírios, espalhados por um território vasto demais, não representavam nenhuma ameaça, enquanto os fenícios e cartagineses apenas rondavam de longe suas fronteiras.

Mas durante toda a época dos tiranos, grandes acontecimentos se sucediam a Oriente, e nos tempos de Clístenes um reino gigantesco observava fixamente a Grécia; ela inteira parecia estar a sua mercê.

Para ver como isso ocorreu, precisamos nos voltar para o leste.

7.

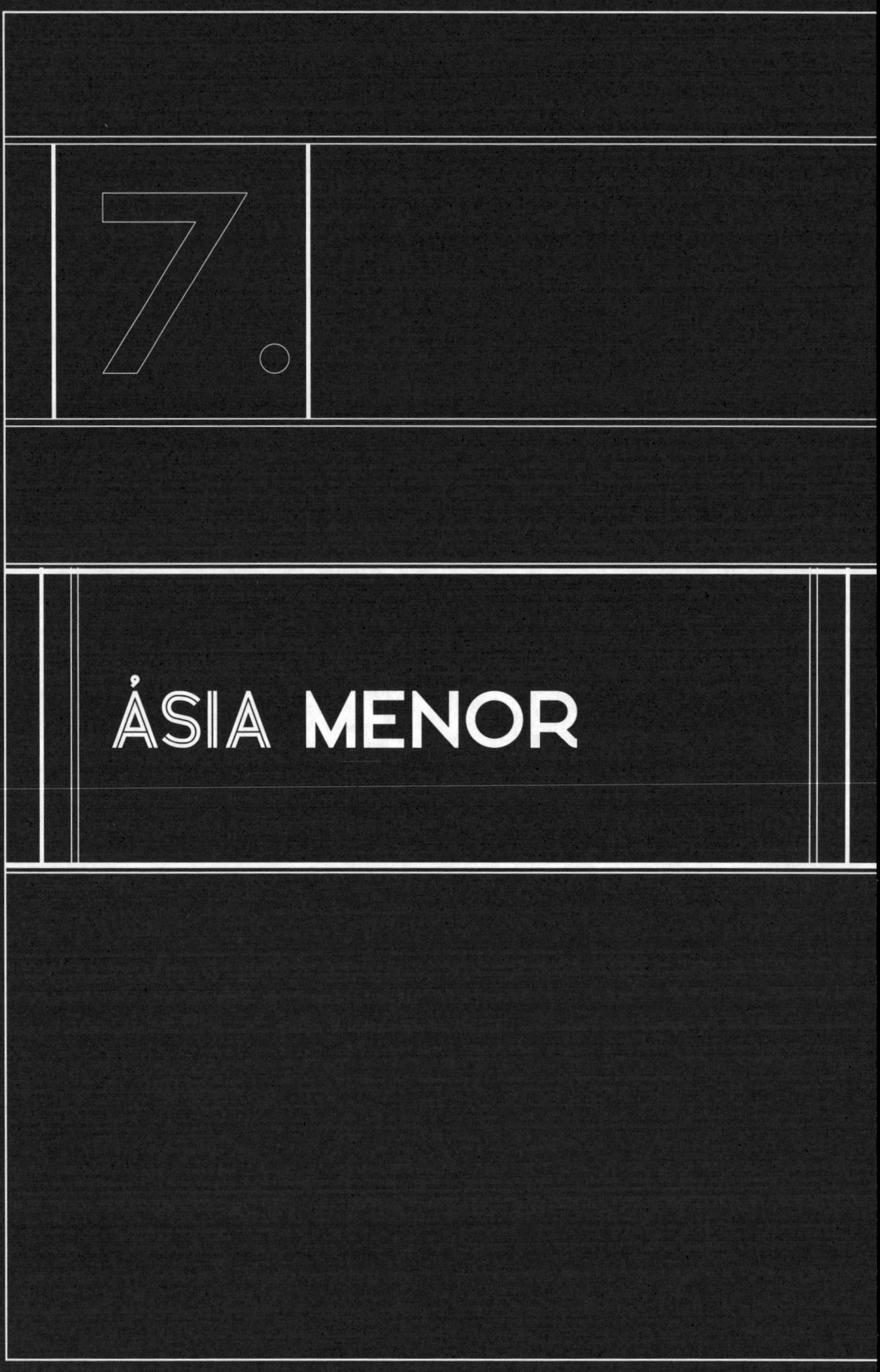

ÀSIA MENOR

FRÍGIA

Já nos tempos micênicos, os frígios haviam se deslocado para a parte noroeste da Ásia Menor. Estavam ali na época do cerco a Troia, pois a *Ilíada* já os menciona como aliados de tal cidade.

O poder deles cresceu durante os tumultos que se seguiram à invasão dória. Na realidade, talvez os frígios fizessem parte dos "povos do mar" e é provável que tivessem sido eles os causadores da destruição do império hitita. Por volta de 1000 a.C., os frígios haviam estendido o próprio domínio sobre quase toda a metade ocidental da Ásia Menor. Mas não foram um obstáculo sério à colonização grega da costa egeia. Ao contrário, pareciam sentir-se atraídos pela cultura grega e cultivavam a amizade dos gregos. Seus reis posteriores chegaram a figurar nas lendas gregas.

Os gregos contavam que um camponês frígio chamado Górdias se surpreendera certa vez ao ver uma águia pousar sobre seu carro de bois. Foi informado que aquilo se tratava de um presságio, significando que ele chegaria a ser rei. Então o velho rei morreu e um oráculo apontou que Górdias seria seu sucessor.

Górdias dedicou seu carro a Zeus e uniu uma parte dele a outra por meio de um nó muito intrincado, que recebeu durante séculos o nome de "nó górdio". Quem o desatasse, segundo a lenda, conquistaria toda a Ásia. (Mais adiante voltaremos a nos referir a esse nó.)

Górdias fundou uma nova capital, Górdio, quinhentos quilômetros terra adentro a partir do mar Egeu, e sob seus descendentes a

Frígia continuou a prosperar. O último rei importante da Frígia era chamado de Midas pelos gregos. Governou de 738 a 695 a.C., e é a figura da conhecida lenda sobre o "toque de ouro". Foi-lhe concedido o poder de converter em ouro tudo o que tocasse, e não demorou a se arrepender quando viu transformados em ouro seus alimentos, a água e até a própria filha (que ele imprudentemente abraçara). É possível que essa lenda reflita a prosperidade da Frígia nos tempos de Midas.

Nos últimos séculos do poder frígio, formou-se o poderoso reino dos assírios a sudeste da Ásia Menor. Mas as garras assírias só chegaram de modo muito tênue à Ásia Menor. A Frígia, mediante o pagamento de um tributo, foi deixada em paz.

Uma tempestade, entretanto, anunciava-se ao norte, do outro lado do mar Negro. Nas planícies do que hoje corresponde à Ucrânia, vivia em tempos micênicos um povo cujos membros eram chamados por Homero de cimérios. O nome perdura até hoje no mapa, pois a atual península da Crimeia certamente deve seu nome a essa antiga tribo.

Os cimérios podiam ter permanecido pacificamente em suas planícies, mas, por volta de 700 a.C., a Ásia Central lançou outra onda humana como a que havia desencadeado cinco séculos antes, quando se produziram as invasões dórias. Dessa vez, tribos de homens montados em cavalos, chamados pelos gregos de citas, avançaram para oeste, até a Ciméria, obrigando os cimérios a fugir. Depois disso, durante séculos a planície ao norte do mar Negro foi chamada de Cítia.

Ao fugirem dos citas, os cimérios se espalharam através e ao redor do mar Negro. Invadiram a Ásia Menor e destruíram para sempre o poder frígio. A lenda diz que Midas suicidou-se após uma desastrosa derrota.

LÍDIA

Para enfrentar a invasão dos cimérios uniram-se membros de uma tribo, os lídios, que até então haviam estado sob a dominação dos frígios.

Comandados por um vigoroso líder, Giges, criaram um reino em 687 a.C. que levou adiante a luta contra os cimérios.

Giges travou uma longa guerra contra eles, e com o tempo precisou buscar ajuda externa. Apelou então para o império assírio.

Em 669 a.C., subiu ao trono o último grande rei da Assíria, Assurbanípal. Na época, o Império Assírio vivia dilacerado por rebeliões constantes, e, em 660 a.C., o Egito saíta conseguiu se libertar de seu jugo (ver página 46). Apesar de tudo, Assurbanípal aceitou o desafio cimério.

Travou-se uma grande batalha na qual os cimérios foram derrotados, e o poder essencial deles, destruído. Mas os conflitos prosseguiram e, em um deles, em 652 a.C., Giges perdeu a vida. Àquela época, o reino lídio estava bem assentado e os descendentes de Giges permaneceram no trono.

O neto de Giges foi Aliates, que assumiu o trono em 617 a.C. Ele acabou com os cimérios, e em 600 a.C. esses nômades desaparecem da história. Na luta contra os cimérios, Aliates chegou a ocupar toda a Ásia Menor a oeste do rio Hális, que corre para o norte e divide a região em duas partes quase iguais. A capital da Lídia foi estabelecida em Sardes, no interior, a oitenta quilômetros do mar Egeu.

O fato de a capital lídia estar mais próxima do mar do que a velha capital frígia era um indício de que a Lídia se interessava mais pela costa do que a Frígia. Na realidade, Giges já tivera algumas atitudes hostis em relação às cidades gregas da Frígia, mas as lutas com os cimérios impediram-no de adotar uma posição mais agressiva. Aliates encontrava-se em situação muito melhor e, portanto, deslocou-se para oeste.

Tales de Mileto (ver páginas 70-72) alertou as cidades jônias de que só poderiam alimentar esperança de resistir aos exércitos lídios se criassem uma confederação para organizar uma defesa unificada. Foi esse conselho que lhe valeu a inclusão na lista dos Sete Sábios.

Mas as cidades jônias não seguiram o conselho de Tales e, como resultado, caíram sob a hegemonia lídia uma a uma. Era a primeira vez que cidades gregas se submetiam a domínio "bárbaro". Uma cidade jônia, Esmirna, foi destruída por Aliates e transformada em um porto lídio. Apenas Mileto conseguiu preservar sua independência.

Com a paz e o tributo que lhe eram pagos pelas cidades gregas, a Lídia, como antes a Frígia, enriqueceu e prosperou. A cunhagem de moedas foi inventada na Lídia (ver páginas 68 e 69).

Felizmente para as cidades gregas, o jugo lídio era leve. Com a morte de Aliates, em 560 a.C., o filho dele, Creso, assumiu o poder, e tinha grande simpatia pelos gregos – a julgar por sua maneira de pensar, podia até ser considerado um deles.

Creso sempre tivera o costume de consultar oráculos, especialmente o de Delfos, para onde enviava ricos presentes; na verdade, eram mais valiosos do que os oferecidos por qualquer outra cidade grega. A fama de sua riqueza se espalhou a tal ponto pela Grécia que até hoje sobrevive a expressão "ser tão rico quanto Creso".

Assim como Midas dois séculos antes, Creso parecia transformar em ouro tudo o que tocava; e, como Midas, estava destinado a não terminar seu reinado em paz. Novas tormentas se anunciavam, mas dessa vez vinham do leste.

MÉDIA E CALDEIA

O esforço que a Assíria precisou fazer para derrotar os cimérios consumiu quase todas as suas forças. A Babilônia, mais rica posse da Assíria, aproveitou a ocasião para se rebelar. Havia sido o centro de grandes impérios e de uma brilhante civilização desde 2000 a.C. e nunca conseguira se resignar à dominação dos rudes assírios do norte. Suas rebeliões, entretanto, haviam sido sempre sufocadas de modo sangrento. Com considerável esforço, Assurbanípal conseguiu dominar a Babilônia pela última vez em 648 a.C.

Assurbanípal manteve a Assíria unida enquanto viveu. Mas morreu em 625 a.C., e seus fracos sucessores não tinham os mesmos recursos. Os medos (tribos que habitavam as regiões montanhosas do leste da Assíria) levantaram-se contra os assírios sob o comando de seu governante nativo Ciaxares, que acabara de assumir o poder.

Também a Babilônia voltou a se rebelar. Estava sob o domínio de uma tribo de origem árabe cujos membros eram os chamados caldeus, e tinham um líder, Nabopolassar.

A Assíria afundava sob os ataques dos invasores citas do norte, e então a rebelião de medos e caldeus, somados, foi para ela o golpe definitivo. Em 612 a.C., Nínive foi tomada e totalmente destruída, e em 605 a.C. desapareceram os últimos restos das forças assírias, de modo que o cruel e odiado império foi apagado para sempre da face da terra.

A Assíria se desmembrou com tamanha rapidez após a morte de Assurbanípal que os remotos gregos, a quem só chegavam confusos rumores a respeito da queda dele, acreditavam que Assurbanípal ainda era rei (talvez o confundissem com um irmão). Os gregos chamavam-no de Sardanápalo e o descreviam como um rei fraco e amante do luxo, que incendiara o próprio palácio e perecera nas chamas enquanto sua cidade era tomada.

Após o desaparecimento da Assíria, Nabopolassar e Ciaxares repartiram o butim entre eles. Nabopolassar ficou com a parte principal do império – Babilônia, Síria e Fenícia –, enquanto Ciaxares apoderou-se das terras maiores, mas relativamente atrasadas, do norte e do leste.

Só depois da criação do Império Caldeu de Nabopolassar é que os gregos chegaram a conhecer a Babilônia. Acredita-se que homens como Tales e Pitágoras visitaram essas terras e trouxeram de volta o saber babilônio em matéria de astronomia. Por essa razão, a palavra "caldeu" chegou a ser sinônima de astrólogo ou mago.

O Império Caldeu alcançou seu maior esplendor sob o filho de Nabopolassar, Nabucodonosor, que o sucedeu no trono em 605 a.C. e governou mais de quarenta anos.

Ficou conhecido principalmente por duas de suas ações. Em primeiro lugar, destruiu o Reino de Judá e levou os judeus ao "cativeiro babilônio". Em segundo lugar, a fim de tentar alegrar sua mulher, uma princesa meda que sentia fortes saudades de seu país (já que estava agora nas planícies da Babilônia), e especialmente das colinas de sua terra natal, construiu para ela uma série de jardins em terraços que criavam a aparência de colinas – os famosos "Jardins Suspensos da Babilônia". Mais tarde, os gregos os incluíram nas Sete Maravilhas do Mundo.

Quanto a Ciaxares, ampliou cautelosamente seu reino para oeste e chegou primeiro ao mar Negro e depois ao rio Hális. Do outro lado do Hális estava a Lídia, onde Aliates era rei naquela época.

A guerra entre os dois reinos pela supremacia na Ásia Menor era inevitável e estendeu-se por vários anos. O ponto culminante chegou uma geração após a queda de Nínive, quando os medos lutaram com os lídios em uma das batalhas mais estranhas da história.

Enquanto os exércitos combatiam, houve um eclipse (o mesmo que Tales previra, ver página 71). Na Antiguidade, poucos astrônomos tinham qualquer ideia da causa natural dos eclipses; para as pessoas comuns, eram sinal da insatisfação dos deuses e um presságio dos mais terríveis desastres.

Os exércitos ficaram tão impressionados com o eclipse que a batalha foi encerrada imediatamente. Fizeram um acordo de paz e os dois exércitos voltaram a seus locais de origem; os lídios e os medos nunca mais voltaram a se enfrentar.

Hoje os astrônomos conhecem os movimentos dos corpos celestes com precisão suficiente para fazer cálculos retrospectivos e determinar exatamente quando ocorreu um eclipse do sol na Ásia Menor à época dessa batalha entre lídios e medos. Assim, estabeleceram que o eclipse aconteceu no dia 28 de maio de 585 a.C. Essa batalha, portanto, é o primeiro acontecimento da história que pode ser datado no dia exato em que se deu, e com total certeza.

Pouco depois da batalha, Ciaxares morreu, e foi sucedido por seu filho Astiages em 584 a.C. Foi uma geração de paz, pois, na mesma época em que reinava Astiages, Pisístrato governava Atenas e Creso assumia o poder na Lídia.

Mas tratava-se de uma paz ilusória. Um novo conquistador entrava em cena.

PÉRSIA

A cerca de oitocentos quilômetros a sudoeste da Média fica a região denominada Fars, que os gregos chamaram de Persis, e nós, de Pérsia. Por sua língua e cultura, os persas eram estreitamente aparentados aos medos.

Por volta de 600 a.C., o chefe de uma tribo persa teve um filho chamado Kurush (que significa "sol"), mas é mais conhecido entre nós como Ciro, derivado da forma latina da versão grega do nome. Uma lenda posterior fez dele neto de Astiages, mas talvez não seja verdade.

Ciro sucedeu seu pai no governo da Pérsia em 558 a.C., e em 550 a.C. iniciou uma rebelião contra o rei medo que foi bem-sucedida. Destronou Astiages e se tornou governante absoluto do que já poderíamos chamar de Império Persa.

Uma vez transformado no senhor absoluto do Império Persa, Ciro se mostrou disposto a retomar a luta da Média contra a Lídia, interrompida uma geração antes pelo eclipse.

A Lídia aceitou o desafio de imediato. Creso imaginou que a agitação suscitada pela troca de reis oferecia uma excelente oportunidade para que estendesse seu poder para o leste. Consultou o oráculo de Delfos, que respondeu: "Se Creso atravessar o Hális, destruirá um poderoso império".

O oráculo absteve-se cautelosamente de dizer qual seria o poderoso império a ser destruído por essa ação, e Creso tampouco perguntou.

Lançou-se para o outro lado do Hális, onde Ciro o enfrentou em batalha. Os cavalos lídios ficaram desconcertados pelo cheiro dos camelos persas e, na confusão, Ciro obteve uma vitória completa. Perseguiu os lídios atravessando o Hális e, em 546 a.C., tomou Sardes. O poderoso império destruído anunciado pelo oráculo era o de Creso mesmo, e a Lídia nunca mais voltou a ser um reino independente.

Este é o mais famoso exemplo de duplo sentido que a afirmação de um oráculo pode ter, pois certas previsões serão sempre verdadeiras, aconteça o que acontecer. Consequentemente, esse tipo de enunciado é às vezes chamado de "oracular" ou "délfico".

Agora, com a Lídia destruída, qual seria o destino das cidades gregas da costa? Elas mais uma vez foram incapazes de se unir. Um jônio, Bias, de Priene, cidade situada do outro lado da baía de Mileto, sugeriu uma política de fuga. Propôs que todos pegassem seus navios e rumassem para oeste até a Sardenha, que havia acabado de ser aberta à colonização grega. (Bias foi depois incluído na lista dos Sete Sábios; com ele, todos foram mencionados.)

No entanto, a maioria dos gregos permaneceu onde estava e as cidades foram tomadas uma após a outra pelos generais de Ciro. De novo, Mileto foi a única que conservou uma aparente independência.

Mas, antes de apoderar-se das cidades gregas, Ciro voltara-se para o sul, atraído por uma caça maior. Nabucodonosor havia morrido em 562 a.C. e o Império Caldeu estava agora em mãos frágeis. Havia tentado ajudar Creso, mas isso não o beneficiara em nada. O vitorioso Ciro destruiu-o facilmente em 538 a.C., e com isso estendeu seu território para o leste, até as fronteiras com a Índia e a China. Morreu em 530 a.C. em avançada idade, mas ainda empenhado em guerras e conquistas.

Foi assim que uma parte do mundo grego passou a integrar um gigantesco império territorial. Os gregos podiam viajar com segurança por milhares de quilômetros de terras continentais. Um grego que aproveitou a situação foi Hecateu de Mileto, nascido por volta de

550 a.C. Viajou muito pelo Império Persa e escreveu livros de geografia e história que, infelizmente, não chegaram até nós. Foi o primeiro, conforme declarações de autores posteriores, a encarar a história como algo além do relato de lendas sobre deuses e heróis. Na realidade, adotou uma atitude cética e francamente zombeteira diante dos mitos, que é o que se caberia esperar de um jônio.

As conquistas persas prosseguiram mesmo após a morte de Ciro. Seu filho Cambises considerou o Egito uma presa apropriada, pois era a única parte do velho Império Assírio que ainda permanecia independente.

A independência do Egito durara por volta de cento e cinquenta anos, e seu rei, Amósis, o amigo dos gregos e em certa época aliado de Polícrates de Samos (ver páginas 75 e 76), observava a ascensão e o crescente poder de Ciro com grande alarme. Morreu em 525 a.C., bem quando Cambises se preparava para lançar seu ataque. A invasão persa teve sucesso total e o Egito passou a fazer parte do Império Persa.

Mas, enquanto Cambises estava no Egito, eclodiu uma rebelião interna. Ele voltou às pressas para tomar as rédeas da situação, mas morreu em 522 a.C.; não se sabe ao certo se foi acidente ou suicídio.

Seguiram-se quatro anos de confusão e guerra civil, durante os quais o Império Persa, criado apenas uma geração antes, correu sério risco de se desmembrar.

Mas a figura mais capacitada da família real persa, Dario I, conseguiu dominar a situação em 521 a.C. Com energia e habilidade, Dario manteve o império unido e esmagou todas as rebeliões, em particular uma muito perigosa que eclodiu na Babilônia.

Compreendeu, então, que havia chegado a hora de deter as ininterruptas conquistas persas a fim de poder organizar o que já fora conquistado. Não era tarefa simples. Uma pólis grega de quinze quilômetros de extensão era fácil de administrar, mas o Império Persa era enorme, mesmo para os padrões atuais, com quatro mil quilômetros de extensão de leste a oeste. Abrangia montanhas e desertos numa época em que os únicos meios de se viajar por terra eram o cavalo ou o camelo.

Dario dividiu o império em vinte províncias, cada uma sob o comando de um *shathrapavan*, ou "protetor do reino". Para os gregos, e portanto para nós, essa palavra se tornou "sátrapa", e cada província persa foi chamada de "satrapia".

Dario também melhorou as estradas do império e construiu outras para manter boa comunicação entre suas diferentes partes; organizou um corpo de cavaleiros para levar mensagens por essas estradas; e adotou a invenção lídia da moeda. Como resultado de tudo isso, sob seu governo o Império Persa obteve uma crescente prosperidade.

Depois de pacificado o império, Dario julgou adequado pensar em expandi-lo de novo. Ciro ocupara vastas regiões da Ásia, e Cambises acrescentara terras da África. A Dario restava a Europa.

Em 512 a.C., o exército persa, liderado por Dario, atravessou os estreitos em direção à Europa e avançou pela Trácia, região situada ao norte do mar Egeu. Os exércitos persas triunfaram uma vez mais, e o Império Persa estendeu-se pela costa ocidental do mar Negro até a foz do Danúbio. (Os historiadores gregos, mais tarde, afirmaram que Dario atravessara o Danúbio numa frustrada perseguição aos citas, mas é quase certeza de que se trata de uma informação incorreta.)

Nessa campanha, outras terras gregas ficaram sob o poder da Pérsia. O Quersoneso trácio, tomado por Milcíades para Atenas meio século antes (ver página 91), ficou sob domínio persa. Até algumas das ilhas egeias do norte, como Lemnos e Imbros, ficaram também em poder dos persas.

Depois de suas conquistas europeias, Dario voltou para a Pérsia na expectativa de terminar seu reinado triunfal em paz. E provavelmente teria conseguido, não fosse a insensata conduta de Mileto e Atenas.

8.
A GUERRA COM A PÉRSIA

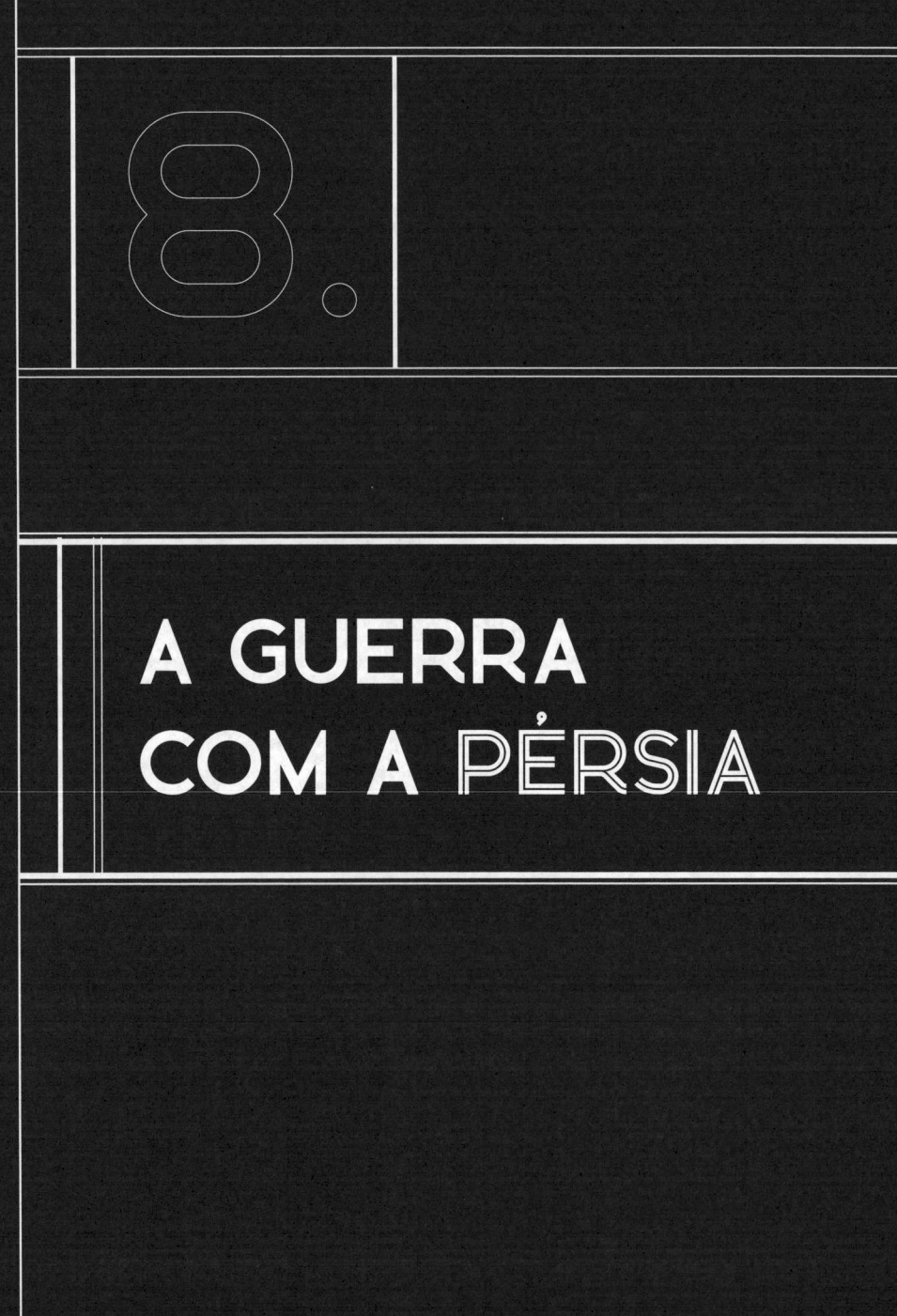

A REVOLTA JÔNIA

Os jônios estavam muito insatisfeitos com a dominação persa. Não viviam escravizados, certamente, mas precisavam pagar um tributo anual, suportar ordens de algum tirano instalado pelos persas e ter um representante da Pérsia por perto, geralmente encarregado de vigiar o tirano e a cidade.

Em alguns aspectos, a situação não era muito pior do que quando haviam estado sob domínio dos lídios. Mas a capital Lídia estava a apenas oitenta quilômetros e os monarcas lídios haviam sido quase como os gregos. Gregos e lídios entendiam-se bem.

Os monarcas persas, ao contrário, tinham sua corte em Susa, a 1.900 quilômetros a leste da Jônia. Dario construíra uma nova capital que os gregos chamavam de Persépolis, ou "cidade dos persas", que ficava a mais quinhentos quilômetros.

Os distantes reis persas não sabiam nada a respeito dos gregos e estavam fora de sua influência. Adotavam os hábitos autocráticos dos monarcas assírios e caldeus que os haviam precedido; com isso, os gregos ficaram muito desconfortáveis com os costumes orientais de seus novos senhores.

Em 499 a.C., portanto, estavam dispostos a se rebelarem assim que surgisse alguém para liderá-los. Encontraram um líder em Aristágoras, que governava Mileto, já que o cunhado dele, o tirano, ficava na corte de Dario. Aristágoras caíra em desgraça diante dos persas, e havia boa probabilidade de que terminasse tendo sérios problemas com eles. Uma maneira de evitar que isso acontecesse seria encabeçar uma revolta e com isso, quem sabe, acabar senhor de uma Jônia independente.

As cidades jônias atenderam prontamente à incitação de Aristágoras e expulsaram seus tiranos, que consideravam meros fantoches dos persas. O passo seguinte foi obter ajuda das cidades gregas independentes do outro lado do Egeu.

Aristágoras visitou primeiro Esparta, a maior potência militar da Grécia, e tentou convencer Cleômenes a enviar-lhes ajuda. Ao considerar que a viagem até a capital persa por terra, a partir da costa, durava três meses, ordenou que Aristágoras fosse embora imediatamente. Nenhum exército espartano se afastaria tanto de sua pátria.

Aristágoras foi então a Atenas, onde teve melhor sorte. Em primeiro lugar, Atenas ainda vivia a euforia de uma democracia recém-conquistada e celebrava seus sucessos na guerra. Em segundo lugar, as cidades rebeldes da Ásia Menor eram jônias e democratas como ela. E, em terceiro, Hípias, o tirano ateniense exilado, estava na Ásia Menor, na corte de um dos sátrapas persas, e especulava-se que os persas poderiam fazer uma tentativa de levá-lo de volta ao poder. Os atenienses não estavam dispostos a tolerar isso, portanto parecia prudente empreender uma guerra preventiva.

Mais ou menos nessa época, Clístenes foi destronado em Atenas. Não se sabe a razão, mas é possível que estivesse se opondo a essa aventura jônia e tivesse se manifestado contra ela. Ele e os Alcmeônidas foram considerados partidários dos persas, e durante o meio século seguinte tiveram escasso poder no governo da cidade.

Aristágoras voltou a Mileto triunfalmente para anunciar que Atenas enviaria navios e homens, e então começaram todos os preparativos para o que ficou conhecido como "a revolta jônia".

Hecateu, o geógrafo (ver páginas 106 e 107), foi o único que não se deixou levar pela excitação geral. Expressou sua oposição ao projeto por achá-lo insensato e sem chance de sucesso. Argumentou que se os jônios estavam de fato decididos a se rebelar, tinham primeiro que construir uma frota para assegurar o domínio do Egeu; essa seria a única esperança que poderiam ter de êxito. Do contrário, os persas simplesmente isolariam tanto uns quanto os outros. Em ocasiões anteriores, os jônios não haviam dado ouvidos nem a Tales (ver página 101) nem a Bias (ver página 106). Tampouco seguiram os conselhos de Hecateu.

Em 498 a.C., chegaram vinte navios de Atenas e outros cinco de Erétria, que se tornara aliada de Atenas desde que esta derrotara Cálcis, vizinha e rival de Erétria, oito anos antes. Quando a revolta eclodiu, levantaram-se também outras cidades gregas na Trácia, em Chipre e na Ásia Menor. Toda a faixa norte-ocidental do Império Persa estava em polvorosa.

A primeira ação executada pareceu uma promessa de sucesso. Aristágoras conduziu os milésios e os atenienses até o leste, surpreendeu os persas em Sardes, apoderou-se da cidade, incendiou-a e voltou rapidamente à Jônia.

Mas qual o resultado prático disso? Qual seria o peso de perder apenas uma cidade para o imenso Império Persa?

Quando o exército retornou à costa jônia, deparou com forças persas à sua espera. Os jônios foram derrotados e os atenienses decidiram que aquela, afinal, não era uma guerra deles, e voltaram a sua pátria. Mas o dano já havia sido feito e teriam de pagar pelas consequências.

Dario ficou furioso. Já era um homem de idade avançada, com mais de 60 anos, mas não alguém que pudesse ser enfrentado sem riscos. Reuniu navios fenícios e conquistou o domínio do mar Egeu, que era justamente o que Hecateu alertara os jônios que aconteceria caso não cuidassem dos preparativos navais. Agora, os jônios estavam isolados da Grécia, e a derrota parecia inevitável. Aristágoras fugiu para a Trácia, onde morreu pouco depois.

A frota persa e fenícia destruiu a resistência grega em Chipre e em seguida se apresentou diante das costas de Mileto. Em 494 a.C., os navios jônios que se aventuraram a sair foram destruídos e a revolta foi sufocada. Os persas entraram em Mileto e incendiaram a cidade, mas trataram as demais cidades gregas com relativa clemência. O poder e a prosperidade de Mileto foram destruídos para sempre; nunca mais se recuperou a antiga posição de tal cidade.

Dario enviou, então, seu genro Mardônio à Trácia para reconquistá-la. A tarefa foi concluída em 492 a.C. A Trácia tornava-se de novo persa. Mardônio poderia ter seguido para o sul, mas uma tempestade danificou sua frota no mar Egeu e por isso achou mais prudente deixar as coisas como estavam e voltar para a Pérsia.

Restava a Grécia continental. Dario não tinha a intenção de poupar castigo a ninguém que o tivesse prejudicado. Ainda havia contas a ajustar com aquelas insignificantes cidades gregas que tinham enviado navios contra seu império e ousado ajudar a incendiar uma de suas cidades. E mesmo que tivesse decidido esquecer, o velho Hípias, antigo tirano de Atenas, instigava Dario, em sua corte, a agir contra a cidade na esperança de retomar o poder.

Atenas e toda a Grécia tremiam diante dessa perspectiva.

Pela primeira vez, um poderoso governante asiático dirigia seu olhar ameaçador ao coração da Grécia. As nuvens que durante um século vinham se aproximando, vindas do leste, agora se juntavam sobre a Grécia continental, e a tempestade estava prestes a desabar.

A BATALHA DE MARATONA

Enquanto Dario preparava o golpe, enviou mensageiros às cidades gregas que ainda eram livres e exigiu-lhes que reconhecessem a soberania persa. Só assim poderiam evitar a perdição. A maioria das ilhas do Egeu, que não podia contar com a ajuda de ninguém contra a frota persa, reconheceu imediatamente.

Uma das ilhas, Egina, sentia tamanha inimizade por Atenas em razão de sua rivalidade comercial (como haviam previsto os coríntios;

ver páginas 94 e 95), que se submeteu a Dario mesmo antes da chegada do mensageiro que iria exigir-lhes a submissão. Atenas não esqueceria essa demonstração de inimizade.

Algumas cidades da Grécia continental também pensaram que a prudência era o mais indicado e se submeteram. Uma cidade que não se submeteu, como seria de se esperar, foi Esparta. Estava mais forte do que nunca. Em 494 a.C., justamente quando a revolta jônia era sufocada, Argos se levantara outra vez contra Esparta, e Cleômenes a derrotara de novo, dessa vez perto da antiga cidade de Tirinto. Cleômenes também triunfou numa rixa privada com Demarato, o outro rei espartano, que em 492 a.C. foi desterrado e se viu forçado a fugir para a corte de Dario. Sentindo uma sequência de vitórias, Cleômenes não iria se submeter às exigências de um bárbaro.

(Conta-se que, quando o mensageiro de Dario chegou para pedir terra e água como sinal de que Esparta aceitava a soberania da Pérsia por terra e por mar, os espartanos o atiraram num poço de água e disseram: "Aí encontrará ambas!".)

A Atenas nada mais restava agora a não ser esperar. Mas havia um ateniense com grande visão: Temístocles. Ele foi arconte de Atenas em 493 a.C. e, assim como Hecateu de Mileto fizera cinco anos antes, considerou que as cidades gregas só poderiam resistir ao gigante persa se dominassem o mar.

Atenas não tinha uma frota poderosa, e para construí-la era necessário dinheiro; talvez os atenienses não estivessem dispostos a aceitar arcar com esse gasto. Atenas sequer era porto marítimo, pois estava a oito quilômetros da costa. Temístocles fez o possível. Fortificou um lugar da costa, onde logo surgiria a cidade de Pireu, que seria a base da frota que, segundo esperava, passaria a existir algum dia. Mas, enquanto isso, Atenas precisaria resistir ao choque da invasão sem a tela de proteção de uma frota adequada.

Em 490 a.C., a força expedicionária de Dario estava pronta. Não era muito grande, mas na opinião de Dario parecia suficiente para a tarefa que precisava realizar. Atravessou diretamente o Egeu, ocupando, pelo caminho, as ilhas que podiam criar problemas. Tomou Naxos, entre outras, e depois seguiu para noroeste, em direção à ilha de Eubeia. Nessa ilha ficava Erétria, que compartilhava com Atenas, no entender de Dario, a culpa por ter ajudado a incendiar Sardes. Erétria foi tomada e incendiada, enquanto Atenas observava sem se atrever a enviar ajuda. Precisava de todos os seus homens para a própria defesa.

Na verdade, enquanto Eubeia era tomada por uma parte do exército persa, outra parte dele desembarcava na Ática. À frente vinha o próprio Hípias, que a guiou até uma pequena planície da costa oriental da Ática, perto da aldeia de Maratona.

Atenas, nesse ínterim, solicitara ajuda à outra cidade que não temia enfrentar os persas: Esparta. Foi enviado um corredor profissional – pois rapidez era essencial – chamado Fidípedes para que percorresse os quilômetros que havia até Esparta.

Por azar, Esparta era a cidade mais aferrada à tradição de toda a Grécia, e tinha por costume não iniciar nenhuma ação antes da lua cheia. Quando Fidípedes chegou, faltavam nove dias para a tal fase da lua, e os espartanos se negaram a agir. Cleômenes poderia ter obrigado os espartanos a se mover se estivesse no poder, mas pouco depois de ele expulsar seu colega rei, os éforos, preocupados com o crescente poder que Cleômenes vinha acumulando, enviaram-no também ao exílio.

Atenas, no entanto, não precisou enfrentar os persas sozinha. Plateias, agradecida pelo apoio ateniense contra Tebas (ver páginas 94 e 95), enviou mil homens para se unirem aos já nove mil atenienses.

O pequeno exército era comandado por um polemarca e dez generais. Um desses generais era Milcíades, sobrinho do homem de mesmo nome que havia conquistado o Quersoneso trácio e governara ali como tirano. O jovem Milcíades sucedera o tio como tirano e se submetera a Dario por ocasião da expedição trácia do rei persa. Mas, durante a revolta jônia, as atitudes dele haviam sido contrárias à Pérsia, de modo que, zelando por sua segurança, fugiu do Quersoneso assim que a revolta foi sufocada e retornou à cidade-mãe, Atenas.

Milcíades foi o coração e a alma da resistência ateniense. Alguns generais achavam que era inútil lutar e que talvez fosse possível negociar uma rendição razoável. Milcíades, entretanto, opôs-se frontalmente a isso. Além de argumentar que era necessário combater, também insistia que era melhor atacar primeiro. Tinha experiência com os exércitos persas e sabia que o hoplita grego era superior ao deles em armamento e em preparo.

A eloquência de Milcíades prevaleceu e, em 12 de setembro de 490 a.C., o exército ateniense, liderado por ele, lançou-se contra os persas em Maratona.

Os persas retrocederam atarantados diante daquela investida. Por alguma razão, haviam cometido o erro de enviar a cavalaria de volta aos navios, portanto naquele momento não tinham cavaleiros para resistir ao ataque grego. Os soldados de infantaria persas morreram em grande quantidade, incapazes de revidar os golpes e de atravessar os pesados escudos dos hoplitas gregos. Na realidade, restou a eles apenas tentar abrir caminho até a própria frota, completamente derrotados. Segundo um informe ateniense posterior (possivelmente exagerado), os atenienses perderam em batalha apenas 192 homens, e os persas, 6.400.

A frota persa ainda poderia ter transportado o que restara do exército, bordejado a Ática e atacado Atenas diretamente. Mas estavam com a moral em baixa e, ainda por cima, receberam notícias de que o exército espartano estava a caminho. Decidiram que já era o bastante e atravessaram o Egeu de volta, levando Hípias com eles. A possibilidade de o velho restabelecer a tirania acabou para sempre, e ele mesmo desapareceu da história.

Entretanto, os atenienses ainda aguardavam notícias da batalha. Talvez esperassem ver a qualquer momento soldados em fuga, acossados pelos persas, ou o incêndio da cidade e sua própria morte ou escravização. O exército ateniense, vitorioso em Maratona, sabia que sua gente estava numa angustiante espera e que era preciso enviar um corredor à cidade com as boas-novas. Segundo a tradição, o mensageiro foi o próprio Fidípides, que havia sido enviado a Esparta em busca de ajuda. Correu de Maratona a Atenas a toda velocidade, chegou à cidade, balbuciou apenas as notícias da vitória e faleceu.

A distância de Maratona a Atenas é de mais ou menos 42 quilômetros. Em homenagem a essa corrida de Fidípedes, as "maratonas" atuais são corridas esportivas com essa mesma distância. Ninguém sabe em quanto tempo Fidípides correu a primeira maratona.

Os espartanos chegaram ao campo de batalha pouco depois que ele a concluiu. Contemplaram o lugar e os mortos persas, fizeram grandes elogios aos atenienses e voltaram à própria pátria. Se tivessem tido o bom senso de ignorar a lua cheia, teriam participado da batalha, recebido os maiores méritos pela vitória e a história posterior da Grécia teria sido diferente.

Na verdade, a batalha de Maratona sempre despertou a imaginação do mundo. Era Davi contra Golias, com o triunfo do pequeno Davi. Além disso, pela primeira vez era travada uma batalha da qual parecia depender todo o nosso moderno modo de vida.

Antes daquele dia de setembro de 490 a.C., muitas grandes batalhas haviam ocorrido; hoje, entretanto, para nós não faria grande diferença os egípcios terem sido derrotados pelos hititas ou o inverso, os assírios serem vencidos pelos babilônios ou o contrário, e o mesmo entre persas e lídios.

Com a batalha de Maratona foi diferente. Se os atenienses tivessem sido derrotados em Maratona, Atenas teria sido destruída e, nesse caso, pelo menos é o que muitos acreditam, a Grécia nunca teria alcançado o esplendor de sua civilização, cujos frutos herdamos. Sem dúvida, Esparta teria combatido, apesar de ter ficado sozinha, e quem sabe teria preservado sua independência. Mas Esparta não tinha nada a oferecer ao mundo, exceto talvez um militarismo pouco atraente.

A batalha de Maratona, portanto, foi crucial, e muitos a consideram a primeira batalha decisiva de verdade da história, ao menos no que diz respeito ao Ocidente moderno.

DEPOIS DE MARATONA

Dario ficou furioso ao receber as notícias de Maratona; não tinha a menor intenção de ceder. Estava decidido a preparar outra expedição bem maior contra Atenas. Mas em 486 a.C., enquanto ainda fazia os preparativos, morreu com a frustração de não ter castigado os atenienses.

A sorte dos inimigos de Dario não foi melhor. Milcíades, sem dúvida, era o herói do momento, mas seu êxito, ao que parece, lhe subiu à cabeça. Acreditou que poderia se tornar um herói conquistador. Convenceu os atenienses a colocar homens e navios sob seu comando, e em 489 a.C. liderou-os no ataque a Paros, ilha situada a oeste de Naxos, perto dela. O pretexto era que a ilha entregara um barco à frota persa.

Infelizmente, o ataque fracassou e ele voltou à pátria com uma perna quebrada. Não há nada pior do que o fracasso. Os indignados atenienses julgaram Milcíades por conduta imprópria durante a campanha e impuseram-lhe uma pesada multa. Pouco depois, ele morreu.

Quanto a Cleômenes I, o rei espartano que havia elevado Esparta ao domínio indiscutível sobre o Peloponeso e à liderança militar da Grécia, seu destino foi ainda pior. Foi chamado do exílio, mas em 489 a.C. enlouqueceu e ficou encarcerado sob custódia. Mesmo assim, arrumou uma maneira de conseguir uma espada e se suicidou.

A disputa entre Grécia e Pérsia, entretanto, não terminou só porque a velha geração havia desaparecido. Novos homens chegaram ao poder e continuaram a luta.

O herdeiro do trono persa e do sonho de vingança contra os atenienses foi o filho de Dario, a quem os gregos chamavam de "Xerxes".

Ele tentou completar logo os planos de seu pai, mas os egípcios se rebelaram em 484 a.C. Xerxes demorou vários anos para sufocar a revolta, e esses anos se mostraram decisivos.

Depois da batalha de Maratona, Atenas deu novos passos em direção à plena consolidação da democracia. Os diversos cargos governamentais aos quais Clístenes dera acesso a todos os atenienses livres agora eram ocupados por sorteio, de modo que todos os homens livres tinham iguais possibilidades de ocupá-los. Os poderes do arconte e do polemarca foram reduzidos e conferiu-se suprema autoridade à assembleia popular. A única arma que restou nas mãos das classes superiores foi o Areópago. Esse "tribunal supremo" permaneceria em suas mãos por mais um quarto de século.

Além disso, os atenienses criaram um sistema novo para impedir o estabelecimento de uma nova tirania. Uma vez por ano, oferecia-se a oportunidade de emitir um tipo especial de voto. Nessa votação, os cidadãos reuniam-se na praça do mercado providos de um pequeno pedaço de cerâmica. (Era um produto barato, possível de ser encontrado em qualquer lugar.) Cada cidadão anotava nele o nome do cidadão que julgasse perigoso para a democracia e depositava-o numa urna. Terminada a votação, as urnas eram esvaziadas, contavam-se os votos e, sempre que houvesse um total de mais de seis mil, o indivíduo cujo nome aparecesse em maior número de cacos era exilado. Ele não era desonrado nem perdia suas propriedades. Depois de dez anos, podia retornar e continuar a vida normal. Desse modo, os atenienses esperavam evitar que se estabelecesse uma tirania e também podiam intervir na decisão final sobre o rumo que a cidade deveria seguir.

A palavra grega que designa um pedaço de cerâmica é *ostrakon*, por isso o voto de desterro é chamado "ostracismo". Os atenienses conservaram esse costume por menos de um século, e ele nunca foi adotado em outras partes.

O ostracismo foi aplicado pela primeira vez em Atenas em 487 a.C., quando um membro da família de Pisístrato foi enviado ao exílio. Mas o ostracismo mais importante da história aconteceu cinco anos mais tarde, e os resultados justificaram plenamente a medida. A votação foi feita em razão de uma disputa em Atenas a respeito do modo mais apropriado de se preparar contra uma nova invasão.

Obviamente, o oráculo de Delfos foi consultado e, segundo relatos posteriores, os resultados foram muito adversos; a previsão era de um desastre completo. Os interrogadores atenienses, horrorizados, perguntaram se não haveria um raio de esperança, e a sacerdotisa do oráculo respondeu que, quando tudo estivesse perdido, "apenas a muralha de madeira não seria conquistada". Uma vez conhecida a resposta, surgiu uma controvérsia a respeito de que muralha de madeira seria essa.

Um dos líderes atenienses mais destacados da época era Aristides, um nobre que desconfiava da nova democracia. No entanto, havia sido colaborador de Clístenes, lutara em Maratona e era famoso por sua absoluta honestidade e integridade. Na realidade, era chamado de Aristides, o Justo, em sua época, e continuou sendo a partir de então.

Aristides defendia que as muralhas de madeira às quais se referia a sacerdotisa eram apenas isto: muralhas de madeira. Afirmava que os atenienses precisavam construir um sólido muro de madeira em volta da Acrópole e resistir ali, mesmo que todo o resto da Ática fosse destruído.

Para Temístocles (ver página 115), isso era algo simplesmente insensato. Achava que o mais essencial era dispor de uma frota, e sustentava que as muralhas de madeira eram uma maneira poética de aludir aos navios de madeira de uma frota. Naqueles dias, começava a ser usado um novo tipo de embarcação, a trirreme. Dispunha de três fileiras de remos, e com isso era possível introduzir mais remadores do que nos tipos de navios mais antigos. As trirremes eram mais velozes e tinham maior capacidade de manobra do que os barcos mais velhos.

"Construam trirremes!", repetia Temístocles. Esses navios seriam invencíveis, e assim, protegidos "pelas muralhas de madeira" dessa frota, os persas seriam destruídos, mesmo que se apoderassem de toda a Ática e até da própria Acrópole.

Se alguém questionasse a necessidade dos navios, a guerra que estava sendo travada com Egina dirimia qualquer dúvida. Atenas se dispusera a castigar Egina por sua pressa em ajudar Dario, mas Egina tinha a frota mais poderosa da Grécia, e nem Atenas nem Esparta juntas conseguiram infligir-lhe uma derrota decisiva.

As trirremes sem dúvida eram custosas, mas novamente interveio a fabulosa sorte de Atenas. No extremo sul-oriental da Ática foram descobertas minas de prata em 483 a.C., enquanto Xerxes encontrava-se retido no Egito. De repente, os atenienses estavam ricos.

Os cidadãos atenienses sentiram a forte tentação de repartir a prata para que cada um ficasse um pouco mais rico. Temístocles ficou horrorizado com essa ideia. Afinal, o que a cidade ganharia se cada cidadão tivesse algumas poucas moedas a mais no bolso? Em compensação, se todo o dinheiro fosse investido na construção de uma frota, poderiam contar com duzentos trirremes.

Aristides se opôs, considerando essa ideia um desperdício, e durante meses a discussão foi se intensificando enquanto a rebelião no Egito era sufocada pelos persas e o perigo se aproximava. Em 482 a.C., Atenas convocou uma votação para decidir quem seria enviado ao exílio: Aristides ou Temístocles.

Aristides perdeu e foi exilado. Temístocles ficou em Atenas, encarregado da defesa. Sob seu comando, foi construída a frota.

Há uma anedota famosa a respeito dessa votação. Um ateniense que não sabia escrever pediu que Aristides (sem reconhecê-lo) redigisse o voto dele.

"Que nome você quer que eu coloque?", perguntou Aristides, o Justo.

"Aristides", respondeu o votante.

"Por quê?", perguntou Aristides. "Que mal lhe fez Aristides?"

"Nenhum!", respondeu o outro. "É que estou cansado de ouvir todo mundo chamá-lo de Aristides, o Justo."

Aristides escreveu seu próprio nome em silêncio e foi embora.

Esse ostracismo salvou Atenas. Hoje não temos dúvidas de que, se Atenas não tivesse construído os navios, teria sido arrasada, qualquer que fosse o tipo de muralha erguido em volta da Acrópole; e com ela se perderia uma brilhante esperança para a humanidade. Aristides era um homem nobre e honesto, mas nessa questão estava simplesmente equivocado, e Temístocles tinha toda a razão.

Se Xerxes não tivesse em hora inoportuna sido obrigado a enfrentar um Egito em rebelião e tivesse atacado a Grécia antes da descoberta das minas de prata e da construção das trirremes atenienses, a história do mundo teria sido muito diferente.

INVASÃO A PARTIR DO LESTE E DO OESTE

Em 480 a.C., Xerxes pacificara o Egito, concluído seus preparativos e iniciado a marcha. Dez anos haviam se passado desde Maratona, e se Xerxes lembrava bem disso. Estava decidido a não cometer o mesmo erro que o pai, de confiar em uma força expedicionária pequena demais.

Posteriormente, os historiadores gregos exageraram as dimensões do exército conduzido por Xerxes e afirmaram que as hostes persas chegavam a um total de 1,7 milhão de homens. Isso parece totalmente impossível, pois na Grécia daqueles tempos teria sido inviável alimentar ou fazer manobras com forças tão numerosas. As verdadeiras dimensões do exército persa não devem ter superado trezentos mil homens e provavelmente não foram além de duzentos mil. Mesmo assim, um exército de tal porte era bastante difícil de se alimentar, prover, controlar e comandar. Xerxes teria conseguido maior sucesso com um exército menor.

O próprio Xerxes acompanhou o exército, o que demonstrava a importância que atribuía à campanha. Também trazia consigo

Demarato, o rei exilado de Esparta. O exército cruzou o Helesponto e atravessou a Trácia para se embrenhar pela Macedônia.

A Macedônia, que nesse momento entra no curso da história grega, dava então poucos indícios de que um século e meio mais tarde seria conhecida no mundo inteiro. Situada ao norte da Tessália e da península Calcídica, a Macedônia era um reino semigrego. Falava um dialeto grego e seus governantes haviam aprendido algumas coisas da cultura grega, mas os próprios gregos costumavam considerar os macedônios como bárbaros.

De fato, a Macedônia, que não participara dos avanços da Grécia desde a invasão dória, continuava sendo uma espécie de reino micênico, e a ideia de cidade-Estado lhe era estranha. Quando Dario invadira a Europa trinta anos antes, a Macedônia fora dominada por ele, apesar de conservar seus reis e as próprias leis. Quando Xerxes passou por ela, o rei macedônio Alexandre I precisou renovar essa submissão. Viu-se obrigado a se juntar às forças persas, apesar de sua simpatia pelos gregos, segundo relatos posteriores.

Depois de atravessar a Macedônia, Xerxes dirigiu-se ao sul e iniciou a marcha sobre a Grécia.

Enquanto Xerxes dava início à invasão, as cidades gregas se uniram contra o inimigo comum como nunca haviam feito antes e como jamais voltariam a fazer. A união grega foi concretizada em um congresso realizado na cidade de Corinto em 481 a.C. Nele, Esparta, é claro, ocupou a posição principal entre as cidades-Estado gregas, mas em segundo lugar estava Atenas, pelo grande prestígio que conquistara em Maratona. Argos recusou-se a se incorporar por odiar Esparta; e Tebas participou apenas parcialmente, por sua ira contra Atenas em razão do incidente com Plateias.

O congresso decidiu pedir ajuda a outras regiões distantes do mundo grego: Creta, Córcira e Sicília. Creta era fraca e empenhava-se em rixas internas, de modo que não era possível esperar nenhuma ajuda dela. Córcira tinha uma boa frota, que teria sido valiosa para os gregos, mas, como não sofria ameaça, tampouco quis correr riscos e permaneceu neutra.

Foi possível contar com a ajuda somente da parte ocidental do mundo grego, isto é, da Sicília e da Itália. Era uma região rica e próspera, e vivia o pleno auge das tiranias. (Na verdade, a Sicília e a Itália mantiveram tiranias por mais dois séculos, enquanto na Grécia os tiranos eram cada vez mais raros.)

Na época, o tirano mais bem-sucedido foi Gelão, que assumiu o poder em Siracusa. Em 485 a.C., Gelão dedicou todos os seus esforços a incrementar a riqueza e o poder de Siracusa e conseguiu, a partir de então e durante quase três séculos, torná-la a cidade mais rica e poderosa do ocidente grego.

Portanto, gregos da própria Grécia, atemorizados pela ameaça de Xerxes, acharam natural pedir ajuda a Siracusa. Supõe-se que Gelão aceitou concedê-la, desde que fosse colocado no comando absoluto das forças gregas unidas. Isso, obviamente, jamais teria sido aceito por Esparta, de modo que o projeto fracassou.

Na realidade, Gelão talvez não tenha feito a proposta a sério, pois estava prestes a ser absorvido totalmente por outro problema. Durante cem anos, os gregos da Sicília oriental haviam travado guerras esporádicas contra os cartagineses da Sicília ocidental. Na época de Gelão, tal povo havia encontrado um chefe enérgico em Amílcar que estava decidido a comandar um grande exército cartaginês contra os gregos e expulsá-los da ilha para sempre.

Os historiadores gregos sustentaram, depois, que os cartagineses agiram em cooperação com os persas, e que houve algum acordo entre eles para esmagar o mundo grego. Talvez tenha sido isso mesmo, e nesse caso seria uma estratégia hábil, pois cada metade do mundo grego viu-se obrigada a lutar separadamente contra o próprio inimigo. Nenhuma delas pôde receber ajuda da outra, pois as cidades estavam todas seriamente ameaçadas.

TERMÓPILAS E SALAMINA

Com o fracasso de todos os pedidos de ajuda, Esparta e Atenas tiveram de se virar sozinhas. Os persas, no deslocamento que faziam para o sul, avançariam primeiro sobre a Tessália, e os delegados tessálios no congresso de Corinto solicitaram ajuda, argumentando que, se não a recebessem, teriam que se submeter ao inimigo.

Os gregos enviaram forças ao norte da Tessália. Ali, em união com a cavalaria da Tessália, pretendiam resistir na fronteira macedônia. Mas o rei Alexandre da Macedônia advertiu que o exército persa era grande demais para que alguém pudesse enfrentá-lo, e que os gregos se sacrificariam inutilmente se os esperassem ali. Não tiveram, então, outro remédio a não ser aceitar o conselho e voltar. A Tessália e todo o norte da Grécia não demoraram a se render.

Para que o pequeno exército grego pudesse resistir com sucesso, era preciso um espaço estreito, para o qual o grande exército persa só conseguisse enviar pequenos contingentes. Os gregos poderiam, então, combater com os persas em pé de igualdade, e nesse caso os hoplitas teriam expectativas de vitória.

Esse lugar existia: era a passagem das Termópilas, na fronteira norte-ocidental da Fócida, a mais ou menos 160 quilômetros a noroeste de Atenas. Era uma estreita faixa de terreno plano entre o mar e montanhas escarpadas. Na época, a passagem não tinha mais do que quinze metros de largura em alguns trechos. (Atualmente, a área tem solo arenoso, e a faixa de terreno plano entre a montanha e o mar é muito maior.)

Em julho de 480 a.C., o grande exército de Xerxes dirigiu-se às Termópilas; tinha diante de si sete mil homens sob o comando de Leônidas, rei de Esparta, que era meio-irmão de Cleômenes e o sucedera no trono após a morte dele.

Demarato, o rei exilado de Esparta, advertiu Xerxes de que os espartanos combateriam intrepidamente, mas Xerxes não podia acreditar que um exército tão pequeno ousaria enfrentá-lo. Os sete mil gregos, entretanto, defenderam firmemente a passagem. Nessa estreita faixa, lutaram com os persas em pé de igualdade e, conforme haviam previsto, causaram mais baixas ao inimigo do que sofreram.

Os dias transcorriam e Xerxes se desesperava. Mas então os persas, com a ajuda de um traidor focense, descobriram uma estreita passagem pela montanha que conduzia ao outro lado das Termópilas. Foi enviado um destacamento do exército persa por ali a fim de atacar os gregos pela retaguarda.

Os gregos compreenderam que estavam prestes a ser cercados e Leônidas ordenou a rápida retirada. Mas ele mesmo, obviamente, assim como os trezentos espartanos que constituíam a espinha dorsal do exército, não se retiraram. Se tivessem se retirado, os espartanos ficariam desonrados para sempre. Era preferível a morte. Também continuaram com Leônidas uns mil beócios, pois seu território seria rapidamente invadido se Xerxes forçasse a passagem. Destes, quatrocentos eram tebanos e os restantes eram de Téspias, cidade situada por volta de onze quilômetros a oeste de Tebas.

Supõe-se que os tebanos se renderam no combate seguinte, mas os espartanos e os téspios, apenas mil homens, rodeados e sem esperança de escapar, resistiram bravamente. Golpearam e mataram enquanto tiveram forças, mas finalmente morreram todos.

A batalha das Termópilas deu alento aos gregos por seu exemplo de heroísmo, e desde então inspira os amantes da liberdade de todos os tempos. Mas para os gregos foi uma derrota, e o exército persa, embora duramente golpeado, retomou seu avanço.

A frota grega, que estacionara em Artemísio, em frente ao extremo setentrional de Eubeia, a oitenta quilômetros a leste das Termópilas, havia rechaçado a frota persa em combates esporádicos. Quando receberam as notícias das Termópilas, os navios gregos acharam mais prudente navegar para o sul. Portanto, Xerxes avançou por terra e por mar.

A Ática estava sem ação e à mercê das hostes persas. Em 17 de setembro de 480 a.C., ou por volta dessa data, o exército de Xerxes ocupou e queimou Atenas. Xerxes chegou à Acrópole. Finalmente, após vinte anos, podia vingar o incêndio de Sardes.

Mas os persas ocuparam um território vazio; Xerxes capturou uma Atenas sem atenienses. Toda a população da Ática havia se deslocado para as ilhas próximas, e os navios gregos, entre eles as velozes trirremes (que constituíam mais da metade da frota), aguardavam entre Salamina e a Ática. A profecia délfica estava sendo cumprida, pois, embora todo o resto tivesse sido tomado, restavam "as muralhas de madeira" da frota, e enquanto estivessem intactas, Atenas não seria derrotada.

Embora a frota grega fosse, em grande parte, ateniense, o almirante à frente dela era o espartano Euribíades, pois em geral, naqueles dias críticos, os gregos só se sentiam seguros sob a liderança espartana.

Mas os espartanos não se sentiam à vontade no mar, e Euribíades preocupava-se apenas com a defesa de Esparta. Sua intenção era seguir para o sul para proteger o Peloponeso, única parte da Grécia ainda não conquistada.

O líder ateniense Temístocles discordava dessa tática e argumentou contra ela com tanta veemência que Euribíades perdeu as estribeiras e ergueu seu bastão de comando.

Temístocles, extremamente ansioso, levantou os braços e exclamou: "Bata, mas ouça!".

O espartano ouviu os veementes argumentos de Temístocles e sua séria ameaça de recolher todas as famílias atenienses nas trirremes e partir para a Itália. Esparta, então, seria obrigada a ver por quanto tempo conseguiria resistir sem a proteção de uma frota.

Com relutância, Euribíades aceitou ficar ali. Mas Temístocles temia que os hesitantes espartanos mudassem de opinião de novo, de modo que preparou um golpe de mestre. Enviou uma mensagem a Xerxes proclamando-se amigo secreto dos persas e aconselhando-o a conter rapidamente a frota grega antes que pudesse escapar.

O rei persa caiu na armadilha. Afinal, a Grécia estava cheia de traidores que tentavam salvar a pele para a eventualidade, que parecia certa, de uma vitória persa. Se um focense ajudara Xerxes a encurralar um exército grego nas Termópilas, por que Temístocles não o ajudaria a cercar uma frota grega?

Xerxes ordenou que os navios persas bloqueassem as estreitas águas entre Salamina e a terra firme. A frota grega ficou aprisionada dentro do estreito.

Como Temístocles havia previsto, os comandantes dos navios discutiram a noite toda, e alguns deles ainda exigiam asperamente que a frota se retirasse para o sul. Mas durante a noite, Aristides, o Justo, chegou até onde estavam os navios, vindo de Egina, cidade na qual se encontrava desde seu ostracismo: na realidade, o que ocorreu foi que na hora de maior perigo o próprio Temístocles mandara chamar Aristides, pois Atenas precisava de todos os seus homens.

Aristides disse que a frota não poderia sair do estreito sem combater e, quando rompeu o dia, os comandantes ficaram perplexos ao ver que ele tinha razão. Querendo ou não, precisariam lutar.

A batalha foi como a das Termópilas, mas com um final feliz. O rei persa viu que naquelas águas do estreito não teria como usar sua frota inteira, apenas uma parte de seus navios por vez. As trirremes gregas eram muito mais ágeis e podiam girar, esquivar e arremeter rapidamente, de modo que os barcos persas praticamente se tornaram vítimas indefesas dos gregos. A frota grega obteve vitória absoluta.

Na batalha de Salamina, em 20 de setembro de 480 a.C., ou por volta dessa data, a frota persa foi destruída e a Grécia se salvou. Três dias depois de subir triunfante a Acrópole, Xerxes viu desbaratados todos os seus planos. Sem sua frota, só conseguiria invadir o Peloponeso atravessando o estreito istmo, mas já estava farto de lutar em passagens exíguas. Na realidade, estava farto de tudo. Reuniu um terço do exército e voltou à Pérsia. Deixou lutando na Grécia seu cunhado

Mardônio (o reconquistador da Trácia nos tempos de Dario; ver página 114); Xerxes nunca mais voltou à Grécia.

Segundo uma encantadora história (mas que talvez não seja verdadeira), depois de Salamina, os felizes comandantes gregos reuniram-se para determinar mediante votação qual deles havia tido maior mérito pela vitória. Cada um dos comandantes, reza a lenda, votou em si mesmo primeiro, mas todos votaram em segundo lugar em Temístocles.

A BATALHA DE HIMERA

Nesse ínterim, o que acontecia com o perigo cartaginês na Sicília?

O general cartaginês Amílcar foi morto por um audaz corpo expedicionário enquanto estava diante do altar fazendo um sacrifício aos deuses para pedir a vitória em uma futura batalha. Após a morte de Amílcar, os exércitos rivais se encontraram, em 480 a.C., em Himera, na costa setentrional da Sicília. Ali, o exército grego obteve esmagadora vitória, e a ameaça cartaginesa foi eliminada durante quase um século.

Segundo a tradição, a batalha de Himera foi travada e vencida no mesmo dia em que a batalha de Salamina, de modo que os gregos do leste e do oeste se salvaram da destruição no mesmo momento. Mas isso soa uma coincidência perfeita demais para ser verdadeira.

Gelão, mais famoso e poderoso do que nunca após essa vitória, morreu dois anos depois, em 478 a.C. O irmão mais novo dele, Hierão I, que havia lutado corajosamente em Himera, sucedeu-o na tirania, e sob seu comando Siracusa continuou prosperando e aumentando seu poder.

Hierão enfrentou, então, outro perigoso inimigo, os etruscos. Cinquenta anos antes, os etruscos, em aliança com os cartagineses, haviam derrotado uma frota focense em frente à ilha da Córsega (ver página 51), derrota que pôs fim à era da colonização grega. Desde então, os etruscos haviam avançado para o sul na tentativa de tomar posse das colônias gregas do sul da Itália.

Cumas, a mais setentrional das cidades-Estado gregas na Itália, resistiu à parte mais dura da pressão etrusca. Enquanto estava sitiada, pediu ajuda a Hierão. Uma frota de Siracusa navegou, então, até o norte, e derrotou os etruscos na batalha de Cumas em 474 a.C. Para os etruscos, o desfecho foi pior do que para os cartagineses ou persas, pois, ao contrário de ambos, nunca se recuperaram dessa derrota. Entraram em decadência e aos poucos desapareceram da história.

A Sicília e a Itália, naquela época, eram os centros da ciência grega. A Jônia, depois de uma autêntica acumulação de desastres – primeiro, a conquista persa, e a seguir, o trágico fracasso de sua revolta –, havia perdido a liderança científica do mundo grego. Seus pensadores emigraram a outras regiões (o exemplo mais conhecido é o de Pitágoras, ver página 77), levando consigo o conhecimento e o estímulo intelectual.

Além de Pitágoras, estava também Xenófanes. Havia nascido em Cólofon, uma cidade jônia, por volta de 570 a.C. Ele se afastou dos persas e emigrou primeiro para a Sicília e depois para o sul da Itália. É lembrado principalmente por sua ideia de que a existência de conchas marinhas em cumes montanhosos é um indício de que certas regiões da Terra, agora na superfície, estiveram alguma vez sob o mar.

Xenófanes fundou a "Escola Eleática", que teve outros dois importantes representantes no século seguinte. Parmênides, nascido em Eleia, cidade da costa italiana sudoeste, por volta de 539 a.C., foi um pitagórico que elaborou uma complexa teoria sobre a natureza do Universo, mas só nos chegaram alguns fragmentos de seus escritos. Teve um discípulo importante, Zenão, nascido em Eleia por volta de 488 a.C., que desenvolveu a ideia de Parmênides de que os sentidos não são um método confiável para alcançar a verdade. Sustentava que, para esse fim, só era possível usar a razão.

Zenão tentou demonstrar isso apresentando aos pensadores gregos quatro famosas maneiras de evidenciar que o que acreditamos ver pode não estar ocorrendo. (Uma verdade aparente que não é de fato verdade é considerada um "paradoxo".) O paradoxo mais conhecido de Zenão é o de "Aquiles e a tartaruga".

Suponhamos que Aquiles corre dez vezes mais rápido do que uma tartaruga e que seja dada a ela uma vantagem de dez metros numa corrida. Depreende-se, então, que Aquiles jamais poderá alcançar a tartaruga, pois, enquanto percorre os dez metros que o separam dela, a tartaruga terá avançado um metro. Quando Aquiles tiver percorrido mais um metro, a tartaruga terá se deslocado uma décima parte de um metro, e assim sucessivamente. Mas, posto que nossos sentidos nos mostram claramente que um corredor veloz alcança e ultrapassa um corredor lento, devem estar equivocados (ou então é o nosso raciocínio que está).

Esses paradoxos foram extraordinariamente úteis para a ciência. É verdade que foram refutados, mas a refutação deles exigiu que os próprios processos de raciocínio fossem investigados minuciosamente. Zenão é considerado o fundador da dialética, a arte de raciocinar para se chegar à verdade, e não apenas para se ganhar uma discussão.

Outro cientista grego da Itália foi Filolau, nascido em Tarento ou Crotona por volta de 480 a.C. Foi discípulo de Pitágoras e o primeiro a especular que a Terra talvez não estivesse fixa no espaço, mas em movimento. Sustentou que girava em volta de um "fogo central", do qual o sol visível era apenas um reflexo.

Quanto à Sicília, o maior filósofo do período foi Empédocles. Nasceu em cerca de 490 a.C., em Acragas, na costa meridional da Sicília. Contribuiu para derrubar a oligarquia da sua cidade natal, mas negou-se a se tornar tirano dela. A maior contribuição de Empédocles à ciência foi a ideia de que o Universo é formado por quatro substâncias fundamentais (ou "elementos", como passaram a ser chamados): terra, água, ar e fogo. Essa teoria dos "quatro elementos" manteve-se por mais de dois mil anos, isto é, foi bem-sucedida, embora saibamos agora que é totalmente errônea.

Empédocles foi um pitagórico com uma série de ideias místicas. Não fazia nenhuma objeção em ser considerado um profeta e operador de milagres. Segundo certa tradição, anunciou que em um determinado dia seria levado ao céu e convertido em deus. Diz-se que nesse dia atirou-se na cratera do Etna para que, ao desaparecer misteriosamente, achassem que sua profecia havia se cumprido. Isso ocorreu por volta de 430 a.C.

Hierão I morreu em 466 a.C., e com isso chegou ao fim a tirania em Siracusa, pelo menos por algum tempo. Seguiu-se meio século de relativa calmaria, rompida por levantes dos povos nativos da Sicília, que, embora obtivessem alguns êxitos iniciais, foram finalmente submetidos pelos gregos.

A VITÓRIA

Enquanto com uma única batalha, a de Himera, os gregos ocidentais se livraram da ameaça de Cartago, a batalha de Salamina não produziu o mesmo resultado para a Grécia.

A frota persa havia sido destruída, mas o exército persa continuava presente. Retirou-se para o norte, mas passado o inverno avançou sobre a Beócia. Era um exército menor, mais fácil de dirigir e, por isso, mais perigoso. Foi conduzido por Mardônio, um bom general que havia incentivado veementemente o brilhante Xerxes a marchar para o sul, o que se mostrou muito pior para os gregos.

O primeiro lance de Mardônio foi enviar o rei Alexandre I da Macedônia a Atenas, já recuperada pelos atenienses, na tentativa de persuadi-los a abandonar a causa grega, já que haviam reabilitado a cidade. Os atenienses se negaram e, por sua vez, tentaram convencer os espartanos, sempre lentos, a empreender uma rápida ação.

Quando os espartanos terminaram de reunir seu exército, Mardônio já havia feito uma incursão pela Ática e incendiado Atenas de novo.

No entanto, dessa vez os espartanos agiram com vigor. Com a morte de Leônidas nas Termópilas, o filho dele herdara o trono, mas ainda não tinha idade para liderar um exército, por isso Pausânias, primo do rei, fez o papel de regente e general. Sob seu comando, um exército de vinte mil peloponenses, sendo cinco mil deles espartanos, rumou para o norte. Provavelmente foi o maior contingente de espartanos que já participara de uma campanha na história da Grécia.

A eles se uniram tropas de outras cidades gregas; entre elas, oito mil atenienses liderados por Aristides; o total das forças gregas talvez chegasse a cem mil homens. Contra eles, Mardônio dispunha de uns 150 mil, entre persas e seus aliados.

Os dois exércitos se encontraram em Plateias, em agosto do ano de 479 a.C., e a batalha foi dura. De novo, os gregos (cujas manobras antes e durante a batalha foram bastante torpes) pareciam a ponto de ceder. Mas os espartanos e os atenienses resistiram firmes e, assim como em Maratona, o armamento mais pesado deles lhes deu a superioridade sobre os persas. No auge da batalha, Mardônio atacou a linha de frente com mil homens, mas foi atingido por uma lança e morreu, e com isso os persas viram-se totalmente desprotegidos. Fugiram, e os sobreviventes foram para a Ásia.

Agora, a Grécia continental estava segura, por terra e por mar. A partir de então, e durante mil anos, as lutas que os gregos travaram contra os persas aconteciam sempre na Ásia, nunca mais na Europa.

Os gregos vitoriosos avançaram sobre Tebas, que ao longo de toda a guerra se mostrara disposta a se alinhar aos persas. Graças a isso, salvara-se da destruição, mas fora, então, incendiada pelos próprios gregos. Os oligarcas tebanos foram exilados e fundou-se uma democracia na cidade.

Enquanto isso, o mar também estava repleto de acontecimentos. Com a destruição de grande parte da frota persa em Salamina, era razoável supor que a frota grega aproveitasse a vitória para realizar um vigoroso avanço sobre a Jônia. Mas para isso era necessário induzir à ação os lentos espartanos, o que sempre demandava tempo.

A ilha de Samos foi ameaçada pelo restante da frota persa, e sua súplica por ajuda finalmente fez os espartanos se mexerem. A frota grega, comandada por Leotíquidas, um dos reis espartanos, navegou para leste. Mas os persas não estavam nem um pouco dispostos a travar outra batalha marítima. Retiraram-se para o cabo de Micala, uma saliência da costa jônica imediatamente a leste de Samos, e ali ancoraram seus navios e aguardaram os gregos em terra.

Os gregos desembarcaram e atacaram o acampamento persa, obrigando-os a se retirar. Assim que o curso da batalha pareceu favorecer os gregos, os diversos contingentes jônios, que os persas haviam obrigado a combater do seu lado, rebelaram-se. Voltaram armas contra seus antigos senhores e isso decidiu a batalha. Os persas fugiram e, como resultado da batalha de Micala, as cidades gregas da costa da Ásia Menor recuperaram a independência que haviam perdido um século antes por obra de Aliates da Lídia.

Segundo uma tradição posterior, a batalha de Micala foi travada e ganha no mesmo dia que a batalha de Plateias. Isso é pouco verossímil; o mais provável é que a batalha de Micala tenha ocorrido dias depois.

A frota avançou sob o comando dos atenienses (que, como sempre, estavam preocupados em controlar seu cordão umbilical com as regiões cerealistas do mar Negro) e desimpediu a zona do Helesponto e do Bósforo, em 478 a.C. A guerra com a Pérsia chegava ao fim. O resultado de vinte anos de luta, desde a revolta jônia, foi a liberação de quase todo o Egeu, que era de novo um lago grego.

A guerra com a Pérsia ganhou fama eterna, não só por sua importância intrínseca, mas pelo homem que escreveu a respeito dela. Assim como a guerra de Troia teve seu Homero, a guerra com a Pérsia encontrou seu cronista em Heródoto. Nascido em Halicarnasso, cidade da costa da Ásia Menor, no sul da Jônia, em 484 a.C., Heródoto, na mocidade, viajou por todo o mundo antigo, observando tudo com olhar atento e ouvindo todos os velhos relatos que lhe eram transmitidos por sacerdotes do Egito e da Babilônia. (Às vezes, dava excessivo crédito a algumas das incríveis histórias que eram narradas àquele estrangeiro grego tão curioso.)

Por volta de 430 a.C., escreveu uma história da guerra com a Pérsia. Era destinada a um público ateniense e, portanto, acentuadamente pró-Atenas. Os atenienses concederam-lhe um bom prêmio em dinheiro, mas não só como recompensa por seus elogios. A obra dele era tão fascinante que foi copiada repetidamente, e com isso conseguiu sobreviver inteira aos desastres que mais tarde destruíram a maior parte das outras obras da literatura grega.

Como Heródoto é o autor grego mais antigo cuja obra foi conservada na íntegra, e como seu interesse principal era pela guerra com a Pérsia, a história da Grécia anterior a 500 a.C. só é conhecida de forma resumida. Felizmente, em sua tentativa de explicar os antecedentes da guerra, Heródoto não só expôs a história anterior da Grécia como a das diversas nações que faziam parte do Império Persa. Embora passe de forma um pouco superficial por essa história antiga, a maior parte do que sabemos dos acontecimentos anteriores a 500 a.C. também provém de Heródoto, de modo que podemos agradecer essa sua decisão de se referir a eles.

9.
A ERA
DE OURO

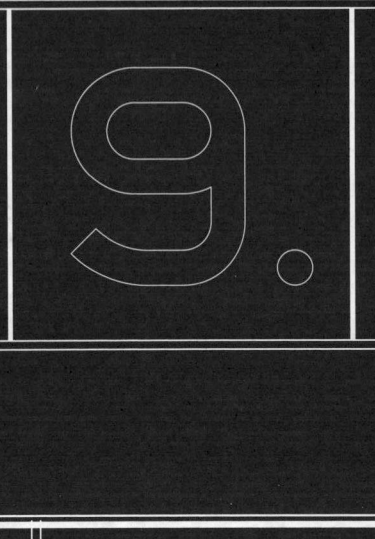

AS DIFICULDADES DE ESPARTA

A guerra com a Pérsia transformou Esparta e Atenas nas duas cidades mais poderosas da Grécia. Era de se esperar que Esparta visse com receio o aumento do poder de Atenas e fizesse o possível para freá-la.

Esparta estava, de fato, receosa, mas houve dois fatores que a impediram de se opor eficazmente a Atenas. No início, Atenas usou de seu recém-obtido poder em conquistas marítimas, mais até do que a própria Grécia. Esparta, que sempre preferira a inação à ação e não se sentia à vontade no mar, dispunha-se a aceitar isso e limitar-se à supremacia terrestre.

Em seguida, nos anos imediatamente após a guerra persa, Esparta sofreu vários desastres.

Para começar, Pausânias teve um comportamento impróprio. Emergiu como herói da Grécia depois da batalha de Plateias e marchou, então, para conquistar Bizâncio em 477 a.C., mas o triunfo subiu-lhe à cabeça. Era frequente que um espartano, ao ver-se longe da virtude e da rígida disciplina de Esparta, caísse no extremo oposto. No exterior, Pausânias deleitou-se no luxo e se tornou ávido por dinheiro. Apegou-se ao uso de ricas vestes persas e tratava seus compatriotas gregos com altivez, como se ele fosse um monarca oriental.

Não demorou a começar a negociar com Xerxes uma tentativa de conseguir maior poder com a ajuda persa (ou ao menos levantou suspeitas de que estivesse negociando). Os éforos, ciumentos de seu sucesso, chamaram-no a Esparta e lá foi julgado por traição, mas absolvido por falta de provas.

De qualquer modo, não lhe era mais permitido liderar exércitos espartanos, portanto viu-se forçado a organizar expedições privadas ao Helesponto, onde foi derrotado pelos atenienses e continuou a tratar com os persas. Chamado a Esparta pela segunda vez, cometeu um erro que, para os espartanos, era o mais grave de todos: tentou organizar uma revolta dos hilotas.

A conspiração foi descoberta e Pausânias procurou refúgio em um templo. Não podia ser tirado dali à força, então deixaram-no lá até quase morrer de fome; a certa altura, foi retirado, pois teria sido um sacrilégio permitir que morresse em recinto sagrado. Morreu fora do templo. Era o ano de 471 a.C.

Enquanto isso, Leotíquidas, chefe da frota grega na batalha de Micala, foi exilado depois de ser considerado culpado, em 476 a.C., de aceitar subornos.

Tudo isso fez Esparta perder muito de seu prestígio. As outras cidades-Estado gregas, ao verem os heróis espartanos de Plateias e Micala julgados como traidores e corruptos, passaram a não confiar mais em nenhum espartano. Atenas, em contrapartida, audaz e decidida, sem hesitar jamais, ao contrário dos lentos espartanos, e sempre na vanguarda da luta contra a Pérsia, passou a ser mais admirada do que Esparta.

Com isso, Argos, finalmente recuperada de suas derrotas nas mãos de Cleômenes, sentiu-se estimulada a tentar uma vez mais se opor à supremacia espartana no Peloponeso. Conseguiu alguns sucessos iniciais, apoderando-se de Micenas e Tirinto (hoje miseráveis aldeias, que não guardam nada de suas antigas glórias), e fez aliança com outras cidades. Até Tegea, em geral firmemente pró-Esparta, aliou-se a Argos. Longe de estar em condições de frear o crescente poder de Atenas por todo o mundo grego, Esparta viu-se de repente obrigada a lutar por sua supremacia no Peloponeso, que por um século considerara assegurada.

Felizmente para Esparta, quem estava no trono era um jovem rei, digno sucessor de Cleômenes. Era Arquidamo II, que subiu ao trono após o desterro de seu avô Leotíquidas. Arquidamo derrotou Argos e seus aliados em Tegea, em 473 a.C. Para Argos foi suficiente, e a cidade se retirou da guerra, mas os aliados arcadeus, com Tegea à frente, levaram adiante os enfrentamentos. Em 469 a.C., uma segunda batalha acabou com eles, e Esparta garantiu de novo seu domínio do Peloponeso.

Mas haveria momentos piores para ela. O golpe mais severo foi desferido por um inimigo contra o qual Esparta sequer podia lutar. Em 464 a.C., um terremoto destruiu a cidade, deixando seus habitantes aturdidos por um tempo.

Os hilotas aproveitaram, então, da oportunidade. Oito anos antes, Pausânias alimentara as esperanças deles de pôr um fim a dois séculos de martírio, mas o complô fracassara no último momento. Agora os senhores espartanos encontravam-se sem ânimo; havia chegado o momento. Os hilotas apressaram-se em se organizar para tentar aniquilar os espartanos. Mas estes recuperaram o alento, e os hilotas perderam a oportunidade. Como haviam feito seus antepassados dois séculos antes, os hilotas se retiraram ao monte Itome e se fortificaram ali. A resistência durou cinco anos; ficou conhecida como Terceira Guerra Messênia. O fato de os espartanos demorarem tanto para submeter seus escravos abalou ainda mais seu prestígio.

No ano de 459 a.C., os hilotas foram finalmente obrigados a se render, mas com a condição de que não seriam executados nem conduzidos de novo à escravidão. Os espartanos permitiram que fossem embora, e navios atenienses os conduziram a Naupacto, estação naval recém-fundada por Atenas na costa setentrional do golfo de Corinto.

A CONFEDERAÇÃO DE DELOS

Enquanto intrigas internas, terremotos e revoltas reinavam em Esparta, a boa sorte de Atenas, que a acompanhara quase ininterruptamente desde a queda de Hípias, brilhava mais do que nunca.

As cidades libertadas da Ásia Menor precisavam de permanente proteção contra qualquer tentativa da Pérsia de restabelecer seu domínio sobre elas. Essa proteção só podia ser proporcionada pela frota ateniense. Por isso, em 478 a.C., pouco depois da batalha de Micala, as cidades da costa da Ásia Menor e das ilhas do Egeu começaram a se unir a Atenas numa aliança destinada a formar uma frente única contra a Pérsia.

Cada cidade tinha que contribuir com navios para uma frota unificada ou com dinheiro para um tesouro central. O número de navios ou a soma em dinheiro foram estipulados por Aristides, o Justo, segundo o tamanho e a prosperidade das cidades aliadas. E, segundo a tradição, fez isso tão bem que nenhuma cidade sentiu que lhe era exigido demais nem achou que as vizinhas contribuíam pouco. (Essa é a última anedota do senso de justiça de Aristides, se bem que fatos ocorridos após sua morte também dão provas disso. Longe de usar seu poder para enriquecer, o patrimônio que deixou ao morrer em 468 a.C. não era suficiente sequer para pagar os gastos de seu funeral.)

O tesouro central da aliança foi depositado em Delos, a 160 quilômetros a sudeste de Atenas. Delos é uma pequena ilha, mas, por ser a depositária do tesouro, o grupo de cidades unidas sob a liderança ateniense recebeu o nome de Confederação de Delos.

O ponto frágil da Confederação era a própria Atenas. A frota podia proteger as ilhas e a Ásia Menor, mas de que serviria se ainda havia um inimigo capaz de invadir a Ática e queimar a própria Atenas? A Pérsia fizera isso duas vezes e Esparta podia tentar no futuro.

Temístocles, cujo grande prestígio depois da batalha de Salamina o mantivera no poder em Atenas, decidiu dar um novo e ousado golpe político. As "muralhas de madeira" da profecia délfica haviam salvado Atenas na forma de navios, segundo sua interpretação do oráculo. Mas agora chegara a hora de aplicar a interpretação de Aristides e construir muralhas reais não só em volta da Acrópole, mas de toda a cidade. No caso de uma invasão, mesmo que a Ática fosse devastada, a população poderia refugiar-se na cidade e combater a partir das muralhas.

Os espartanos naturalmente fizeram objeções a essa medida, considerando-a um ato hostil. A própria Esparta não tinha muralhas, e pediu que fossem destruídas todas as muralhas urbanas da Grécia. (Conta-se que quando um visitante perguntou por que Esparta não tinha muralhas a pronta resposta foi: "As muralhas de Esparta são os soldados espartanos". Sem dúvida! Se todas as fortificações tivessem sido destruídas, os soldados espartanos teriam se tornado os senhores absolutos da Grécia.)

Mas os espartanos, como sempre, agiram com lentidão; e os atenienses, também como sempre, fizeram tudo rapidamente. Enquanto aqueles apresentavam suas objeções e Temístocles os entretinha em várias discussões, os atenienses se dedicaram a construir a muralha. Na hora em que os espartanos estavam prestes a agir, já era tarde, pois o muro já estava alto o suficiente.

Além de Atenas, foi fortificado também o porto marítimo de Pireu, criado pelo previdente Temístocles mesmo antes de Maratona.

Mas apesar de todos os seus sucessos, Temístocles perdia popularidade. Não tinha a absoluta honestidade de Aristides e, como ia ficando cada vez mais rico, suspeitou-se que recebia subornos. Também ostentava um arrogante orgulho pela própria capacidade e triunfos, e, apesar de se gabar com razões de sobra, isso não agradava aos atenienses.

Seu grande opositor depois da guerra foi Címon, filho de Milcíades, o herói de Maratona. Címon, como seu pai e Aristides, não confiava na democracia e exercia influência conservadora em Atenas. No entanto, era muito popular na Atenas democrática.

Em primeiro lugar, pagara a enorme multa imposta a seu pai um ano depois de Maratona (ver página 120). Também usara da própria riqueza para construir parques e edifícios destinados ao público. Além disso, era um bom chefe militar, que conduzira as forças atenienses em sucessivas vitórias.

Címon servira sob Aristides durante a guerra com a Pérsia, e em 477 a.C. assumira o comando da frota ateniense. Quase imediatamente, arrancara Bizâncio das mãos de Pausânias de Esparta, assegurando assim o cordão umbilical de Atenas com o mar Negro.

Címon pôs à prova sua popularidade contra Temístocles e, após uma votação de ostracismo realizada em 472 a.C., Temístocles (assim como Aristides exatamente dez anos antes) acabou sendo exilado. Mas Temístocles teve menos sorte do que Aristides, pois nunca retornaria a Atenas.

Foi primeiro para Egina, e ali dedicou-se a criar intrigas contra Esparta. Talvez tenha até se juntado ao complô de Pausânias para instigar uma rebelião dos hilotas. De qualquer modo, Atenas logo declarou-o traidor e ele se viu obrigado a abandonar a Grécia.

Conseguiu chegar em território persa, na Ásia Menor, onde foi tratado com grande deferência. Temístocles lembrou aos persas que pouco antes da batalha de Salamina tentara fazer com que a frota grega fosse capturada. Os persas fingiram acreditar que Temístocles tentara honestamente montar uma armadilha aos gregos, e estes acreditaram que havia tentado honestamente montar uma armadilha aos persas. Qual teria sido a verdadeira intenção de Temístocles? Ninguém jamais saberá. É provável que o astuto ateniense tenha pensado que, qualquer que fosse o resultado da batalha, ele sairia ganhando.

Temístocles morreu em Magnésia em 449 a.C., deixando a Grécia a salvo, a costa da Ásia Menor libertada e Atenas fortificada. Nada mau para seus vinte anos de poder político.

Após o ostracismo de Temístocles, Címon foi a figura dominante em Atenas. Enquanto Temístocles favorecera uma política nitidamente antiespartana, Címon foi firmemente pró-Esparta. Considerava que Atenas precisava manter a aliança com Esparta dos dias da guerra e dirigir toda a sua força contra a Pérsia.

Era também um franco imperialista; isto é, queria estender ao máximo a influência ateniense. Assim, depois de conquistar Bizâncio, usou a frota para assegurar que as cidades gregas da costa setentrional do mar Egeu se unissem à Confederação de Delos.

Címon não estava disposto a permitir que nenhum membro da Confederação a abandonasse. Por volta de 469 a.C., a ilha de Naxos avaliou que a ameaça persa estava neutralizada e que podia abandonar tranquilamente a Confederação e usar seus navios para cuidar de seus interesses, em vez de destiná-los à frota ateniense.

Címon pensava de outro modo. Para ele, a Confederação não era uma associação voluntária, mas uma união forjada pela hegemonia ateniense. Atacou Naxos, tomou-a, destruiu suas fortificações e confiscou sua frota. Mais adiante, a ilha foi obrigada a pagar tributo, em vez de construir navios para a frota comum.

O AUGE DE ATENAS

No interior, entretanto, a oposição a Címon crescia. Os democratas não gostavam das tendências aristocráticas e pró-Esparta adotadas por ele e escolheram como líder Efialtes, cujo alvo principal era o Areópago, a última fortaleza dos conservadores. Mas enquanto Címon continuasse vitorioso, Efialtes não poderia agir. Acusou Címon de ter sido subornado por Alexandre I da Macedônia, mas Címon foi absolvido. Era óbvio que os democratas precisavam esperar que Címon sofresse uma derrota para poder enfrentá-lo.

Chegou o ano de 464 a.C. e o terrível desastre do terremoto e a revolta dos hilotas colocaram Esparta em apuros temporariamente. Foi a ocasião encontrada para uma nova disputa. Efialtes achou que seria uma boa oportunidade para Atenas. Por que não ajudar os hilotas e paralisar Esparta de modo permanente?

Címon se opôs firmemente a essa ideia. Lembrou aos atenienses dos mortos espartanos nas Termópilas e suas façanhas em Plateias. A Grécia, dizia Címon, era conduzida por Esparta e Atenas, que eram como dois bois puxando uma carga comum. Se um deles fosse destruído, a Grécia inteira seria prejudicada.

Predominaram os argumentos e a popularidade de Címon. Em 462 a.C. foi enviado um exército ateniense para ajudar os espartanos a vencer os pobres hilotas, que lutavam contra a mais brutal escravidão que já existira na Grécia. Talvez os soldados atenienses não vissem com bons olhos esse encargo.

Mas foram os próprios espartanos que destruíram Címon, o melhor amigo deles em Atenas, pois de maneira cega e tosca se sentiram de ego ferido. Não conseguiram suportar que os atenienses chegassem com ar protetor para ajudá-los a lutar contra os próprios escravos. "Não precisamos de vocês", resmungaram raivosamente, e mandaram os atenienses de volta para casa.

Foi um insulto terrível, além do que os atenienses podiam suportar. Címon havia sido o causador dessa humilhação, portanto, voltaram-se contra ele. Uma votação de ostracismo foi feita e, em 461 a.C., Címon foi exilado e Efialtes assumiu o poder. Limitou os poderes do Aerópago ao julgamento apenas de casos de assassinato, limitando o poder que tinham. Paralelamente, o poder da assembleia popular aumentou.

Efialtes não ocupou o cargo por muito tempo, pois, logo após o ostracismo de Címon, foi assassinado. No entanto, isso não favoreceu em nada os conservadores, pois no lugar de Efialtes ascendeu um democrata mais capacitado: Péricles.

Péricles nasceu em 490 a.C., o ano de Maratona. Seu pai havia liderado um esquadrão ateniense na batalha de Micala; sua mãe era sobrinha de Clístenes (ver página 93), de modo que, pelo lado materno, Péricles era membro da família dos Alcmeônidas. Recebeu uma boa educação, e entre seus mestres estava Zenão de Eleia (ver página 131).

Péricles permaneceria no poder até o dia de sua morte, trinta anos mais tarde, apesar de todos os esforços de seus inimigos. Durante o governo dele, Atenas chegou ao auge da civilização e conheceu uma "idade de ouro".

Péricles continuou ampliando a democracia internamente. Estabeleceu o costume de pagar os funcionários, para que mesmo os mais pobres pudessem servir a cidade. Também trabalhou para fortalecê-la. Embora Atenas e Pireu estivessem fortificadas, havia entre as duas uma brecha de cerca de oito quilômetros. Pireu podia ser alimentado e receber provisões por mar, mas de que maneira essas coisas chegariam a uma Atenas a oito quilômetros de distância? A solução foi construir muralhas pela extensão de Pireu até Atenas, os chamados "Longos Muros", formando um corredor de proteção pelo qual provisões e homens pudessem se deslocar em segurança. Desse modo, Atenas e Pireu se transformaram em uma espécie de ilha no meio da terra. Os Longos Muros foram concluídos em 458 a.C.

Péricles fez uso do tesouro comum da Confederação de Delos não só para fortalecer Atenas, mas para embelezá-la. Isso pode parecer uma apropriação indevida de fundos e é difícil de justificar. No entanto, alguns argumentaram que a Confederação oferecia segurança contra a Pérsia, de maneira que Atenas cumpria sua parte do acordo. Além disso, a nova beleza de Atenas era não só a glória da própria cidade, mas de toda a Grécia, e, ao tornar-se mais gloriosa aos olhos dos homens, sua reputação aumentava e podia ser usada para proteger a Confederação.

Em particular, Péricles encarregou o arquiteto Ictino de coroar a Acrópole com um templo dedicado a *Athene Polias* ("Atena da cidade").

O escultor foi Fídias. O templo foi denominado Partenon, e sua construção foi iniciada em 447 a.C. e concluída apenas em 432 a.C.

Fídias, nascido por volta de 500 a.C., é considerado o maior dos escultores gregos, e o Partenon, sua obra-prima. É talvez a edificação mais perfeita já construída e a mais famosa. Está em ruínas há muitos anos (ver página 317), mas o retângulo de pilares de ordem dórica que se eleva na Acrópole ainda simboliza tudo o que houve de glorioso e belo na antiga Grécia.

Em 436 a.C., Fídias esculpiu para o Partenon uma grande estátua de madeira de Atena, coberta de marfim para simular o tom de pele e de ouro para as vestes. Fídias também esculpiu a estátua de Zeus de Olímpia, que se erguia no estádio onde eram realizados os Jogos Olímpicos; essa estátua foi incluída, pelos gregos de épocas posteriores, na lista das Sete Maravilhas do Mundo.

Assim como muitos outros grandes homens da Grécia Antiga, Fídias teve um final infeliz. Os aristocratas de Atenas, eternos inimigos de Péricles, mas que nunca conseguiram fazê-lo perder o afeto do povo ateniense, sempre que podiam atacavam os amigos dele. Em duas ocasiões acusaram Fídias de cometer um crime por se apropriar indevidamente de alguns fundos que lhe haviam sido confiados e de sacrilégio, pois entre as figuras que esculpiu no escudo de Atena incluíra (diziam) retratos de si mesmo e de Péricles. Fídias morreu na prisão enquanto era realizado o segundo julgamento.

O século posterior à guerra com a Pérsia foi a época em que viveram três grandes autores trágicos, talvez as figuras literárias mais importantes que existiram entre a época de Homero e a de Shakespeare.

O primeiro foi Ésquilo. Nascido em 525 a.C., combateu em Maratona e esteve presente também nas batalhas de Salamina e Plateias. Fez a arte teatral avançar além dos primeiros passos dados por Téspis (ver página 92). Ésquilo reduziu o coro de cinquenta para quinze membros e introduziu um segundo ator, o que tornou possível pela primeira vez o diálogo em cena. Também foi o primeiro a usar vestimentas, coturnos, máscaras e outros adereços para que ficasse mais clara para o público a mensagem transmitida pelos atores.

Entre o ano de 499 a.C. e o de 458 a.C., Ésquilo escreveu mais de noventa peças de teatro. Nas competições anuais realizadas em Atenas durante as celebrações em homenagem a Dionísio, ganhou o primeiro prêmio treze vezes. No entanto, sobreviveram até hoje apenas sete de suas peças.

Visitou a Sicília várias vezes, e ali terminou seus dias, pois morreu em Gela, cidade da costa meridional da ilha, em 456 a.C., pouco depois de Péricles assumir o poder. Segundo uma lenda, foi morto quando uma águia, que tentava romper a carapaça de uma tartaruga que havia capturado, deixou-a cair sobre a cabeça calva de Ésquilo imaginando ser uma rocha. É uma história bem conhecida, mas evidentemente pura ficção.

Sófocles, o segundo dos três grandes dramaturgos, nasceu em 495 a.C. e viveu até os 90 anos. Acrescentou um terceiro ato à tragédia e em 468 a.C. conseguiu derrotar Ésquilo e vencer a competição de peças teatrais realizada anualmente. Venceu outras dezoito ou vinte vezes no total. Escreveu mais de cem obras, mas apenas sete chegaram até nós. Permaneceu ativo até o fim da vida, pois, quando estava próximo do fim, o filho dele conseguiu que os tribunais o declarassem incompetente para gerir os próprios assuntos. Em sua defesa, Sófocles leu em audiência pública passagens de *Édipo em Colona*, a obra na qual vinha trabalhando. Com isso, o julgamento facilmente pendeu a seu favor.

O terceiro dos grandes trágicos foi Eurípides, nascido por volta de 484 a.C. Foi o mais "humano" dos três. Enquanto os personagens de Ésquilo e Sófocles expressavam-se de modo solene e elevado, manifestando apenas as mais nobres paixões e motivos, Eurípides levou o teatro ao povo. Interessou-se por todos os aspectos da psicologia; seus personagens mostram fraquezas humanas e falam a linguagem do cotidiano.

Isso o indispôs com os principais críticos, e por isso ganhou a competição teatral anual apenas em quatro ocasiões (e mais uma quinta vez após sua morte). A falta de apreço que experimentou em vida parece tê-lo amargurado. Passou a viver isolado, fugindo do convívio social, e acredita-se que era misógino. Em idade já avançada, saiu de Atenas para atender a um convite da Macedônia e morreu no exterior. A popularidade dele, entretanto, aumentou depois da morte. Das 92 obras que escreveu, dezoito chegaram completas até nós.

Houve um quarto dramaturgo que não foi trágico, e sim o maior autor de comédias dessa era dourada: trata-se de Aristófanes, nascido por volta de 448 a.C. Suas comédias, apesar de cheias de situações cômicas, não eram obras meramente hilariantes. Atacou com habilidade mordaz e satirizou de maneira cáustica as fraquezas da época e todos aqueles de quem discordava, entre eles Eurípides.

Provinha de uma família de proprietários de terras e nutria inclinações conservadoras. Não poupou esforços para zombar dos democratas. Foi capaz de fazer isso porque a própria democracia que atacava era tão ampla que lhe permitia dizer o que quisesse, até mesmo fazer observações que hoje seriam excluídas de nossos palcos por serem excessivamente grosseiras. De suas quarenta ou cinquenta comédias, conhecemos apenas onze.

A ciência jônia agonizava naquela época, mas umas poucas centelhas finais ainda brilharam no céu grego, tanto dentro quanto fora de Atenas.

Anaxágoras nasceu por volta de 500 a.C. em Clazômenas, uma das doze cidades jônias. Mais ou menos na metade da vida, emigrou para Atenas, trazendo consigo as tradições científicas de sua terra. Foi grande amigo de homens como Péricles e Eurípides.

Anaxágoras acreditava que os corpos celestes não eram mais divinos do que a Terra, que eram formados pelos mesmos materiais e que obedeciam às mesmas causas. As estrelas e planetas, dizia ele, eram rochas em chamas, e o Sol, em particular, uma rocha incandescente mais ou menos do tamanho do Peloponeso.

Anaxágoras ensinou em Atenas durante trinta anos, mas não conseguiu terminar seus dias em paz. Por ser amigo de Péricles, constituía um alvo adequado para os inimigos conservadores do líder ateniense. Foi fácil demonstrar que as opiniões de Anaxágoras eram contrárias à religião olímpica. (Afinal, se o Sol fosse uma rocha flamejante, o que seria de Hélios, deus do Sol?)

Péricles conseguiu, a duras penas, que Anaxágoras fosse absolvido, mas o filósofo já não se sentia mais seguro em Atenas. Em 434 a.C., foi para Lâmpsaco, no Helesponto, e ali morreu em 428 a.C.

A última centelha da ciência jônia proveio de Leucipo de Mileto, que viveu por volta de 450 a.C. e é tido como o primeiro a afirmar que a matéria não é composta por substâncias que podem ser divididas e subdivididas infinitamente, mas por diminutas partículas indivisíveis em componentes mais simples.

Essa opinião foi defendida por um de seus discípulos, Demócrito, nascido na cidade de Abdera por volta de 470 a.C. Abdera fora fundada setenta anos antes por refugiados jônios que fugiam do rei Ciro da Pérsia (ver páginas 111-114), de modo que Demócrito pode ser considerado um jônio.

Ele chamou de "átomos" as partículas últimas de Leucipo. As ideias que tinha a respeito dos átomos eram bastante similares, em muitos aspectos, às crenças modernas sobre o tema, mas não tiveram aceitação geral entre os filósofos gregos.

A ilha de Cós, situada em frente à costa da Ásia Menor, perto da cidade de Halicarnasso, era dória e, portanto, não pode ser considerada parte da Jônia. No entanto, algo do espírito jônio chegou a ela. Foi nela que por volta de 460 a.C. nasceu Hipócrates, fundador da primeira teoria racional da medicina, não mais baseada em deuses e demônios. Por essa razão costuma ser chamado de "pai da medicina".

Atribuem-se a ele numerosos escritos (a chamada "coleção hipocrática"), mas é bem duvidoso que sejam todos dele. O mais provável é que tenha recompilado obras de várias gerações de membros de sua escola e que os médicos posteriores as tenham atribuído a ele para que recebessem maior atenção.

A ética hipocrática se reflete no "juramento de Hipócrates", estabelecido por membros posteriores da escola e até hoje recitado pelos médicos ao concluírem sua formação.

Na época de Péricles, surgiu em Atenas um novo tipo de homens, que pretendiam ensinar as qualidades mais adequadas à vida pública. Eram os "sofistas", nome proveniente de uma palavra grega que significa "ensinar".

Naquele tempo, uma função importante de todo homem que atuasse na vida pública era apresentar argumentos a favor ou contra alguma lei proposta ou alguma pessoa submetida a julgamento. Muitos sofistas afirmavam abertamente que eram capazes (por meio de uma remuneração) de ensinar às pessoas como arguir em defesa de qualquer opinião a respeito de qualquer assunto e fazer com que a parte mais frágil se mostrasse aprimorada por meio de uma hábil argumentação. Isso era exatamente o oposto do que defendia a dialética criada por Zenão (ver página 93), e não constituía um modo exatamente honroso de utilizar o próprio saber.

O maior e mais popular dos sofistas foi Protágoras, que, como Demócrito, nasceu em Abdera. Foi o primeiro a analisar sistematicamente a língua grega e a elaborar regras gramaticais. Por ser também amigo de Péricles, atraiu para si a inimizade dos conservadores. Em 411 a.C., muito depois da morte de Péricles e quando tinha por volta de 70 anos, Protágoras foi acusado de ateísmo por colocar em dúvida publicamente a existência dos deuses. Foi desterrado de Atenas e, enquanto estava a caminho da Sicília, se perdeu no mar.

AS DIFICULDADES DE ATENAS

Enquanto Esparta se prejudicava pela tendência que tinha a não fazer nada quando era crucial agir, Atenas se dificultava por tentar fazer tudo ao mesmo tempo.

Nos primeiros anos do governo de Péricles, Atenas parecia estimulada pelos demônios a atacar em todas as frentes. Esmagou Egina, participou de uma disputa entre Corinto e Mégara em 458 a.C., derrotou Corinto (transformando-a, assim, em sua inimiga mortal) e colocou Mégara sob sua proteção. Aliou-se a Argos, como gesto ostensivo de inimizade em relação a Esparta e, ainda por cima, apressou-se a construir os Longos Muros.

Esparta teve que suportar tudo isso, pois vivia ocupada com a revolta dos hilotas. No entanto, em 457 a.C., superados os piores momentos desse levante, Esparta se recuperou e pôde uma vez mais afirmar sua costumeira supremacia. Atenas concluiu que não estava em condições de lutar contra Esparta por terra e convocou Címon (velho amigo de Esparta) na esperança de poder combinar uma trégua.

A trégua era muito importante, pois Atenas recebera um duro golpe nos mares. Em 460 a.C., lançara-se em uma aventura ainda mais tresloucada que aquela de uma geração anterior, quando correu em ajuda à Jônia (ver páginas 112 e 113).

Essa segunda aventura teve início com a morte de Xerxes, assassinado em 464 a.C. Na confusão que se seguiu à morte dele, houve um intervalo antes que seu filho, Artaxerxes I, se firmasse no trono.

Nesse período de agitação, o Egito se rebelou de novo, tal como havia feito após a morte de Dario. Pediu, então, a ajuda de Atenas, como a Jônia já havia feito, que novamente atendeu ao chamado. Mas em 460 a.C., Atenas era uma cidade muito mais poderosa do que em 500 a.C. e, por conseguinte, enviou uma frota muito maior. Em vez de vinte navios, enviou duzentos, segundo alguns relatos (possivelmente exagerados).

Na ocasião anterior, os atenienses haviam iniciado a campanha militar tomando Sardes, e agora começavam tomando a cidade egípcia de Mênfis. Mas os persas resistiram firmemente, e os atenienses, numa terra estranha e distante, rodeados por uma população bárbara e não por seu próprio povo, recuaram. A situação foi piorando aos poucos, e em 454 a.C. o exército ateniense inteiro foi perdido, junto com os reforços que haviam sido enviados de tempos em tempos.

A derrota foi desastrosa. Atenas perdeu mais homens e navios do que se poderia permitir, levando em conta suas intenções de combater em todas as partes ao mesmo tempo. Além disso, houve um sério abalo na autoconfiança de Atenas. Ficava claro, agora, que não eram só Esparta e a Pérsia que podiam sofrer desastres: Atenas também podia.

A derrota de Atenas no Egito causou tamanha comoção na cidade que ela parou de confiar à ilha de Delos a guarda do tesouro da Confederação. Trouxe-o para a própria Atenas, e com isso proclamou abertamente seu domínio sobre as cidades da Confederação. De fato, a partir de então é possível falar de um "Império Ateniense".

O Império Ateniense tinha um aspecto muito promissor no mapa. Beócia e Mégara estavam sob seu controle; Fócida e Argos eram cidades aliadas, e até algumas cidades da Acaia, no Peloponeso, haviam também se aliado a Atenas. Isso, junto com seu controle de Naupacto, na costa setentrional do golfo de Corinto, transformava o golfo quase num lago ateniense, assim como o mar Egeu.

Mas nesse ínterim, as forças persas, depois de pacificar o Egito, se deslocaram até a ilha de Chipre, que também havia se rebelado. Mais uma vez foi enviada uma frota ateniense para ajudar os rebeldes contra a Pérsia, comandada por Címon. Os persas foram derrotados, mas Címon morreu durante a campanha e os atenienses aceitaram a trégua.

Estabelecida, portanto, a paz em todas as partes, o Império Ateniense encontrava-se no auge de seu poder, mas os problemas se apresentavam quase um após o outro. De certo modo, a culpa era mais uma vez de Atenas. Tratava-se agora de uma potência marítima, mas as tentativas de estabelecer também a dominação em terra só serviram para enfraquecê-la.

Em 447 a.C., por exemplo, a Beócia rebelou-se contra o poder ateniense. Se a Beócia fosse uma ilha, a frota ateniense teria controlado a situação, mas era uma potência terrestre, e os beócios eram bons combatentes quando lutavam por si mesmos. Atenas enviou um exército que foi desafiado pelos beócios em frente a Coroneia, a 32 quilômetros a oeste de Tebas.

Os atenienses foram estrondosamente derrotados e, como resultado, Tebas recuperou o controle de toda a Beócia. Derrubou todas as democracias que Atenas estabelecera e colocou oligarquias no lugar.

Essa derrota deu origem a uma série de reveses. Apenas dois anos antes, os focenses haviam se apoderado de Delfos, e Esparta enviara uma expedição para derrotá-los (a Segunda Guerra Sagrada). Os focenses foram derrotados, obviamente, mas, depois que as forças espartanas partiram, Atenas tomou as dores da Fócida e ajudou a recuperá-la. Mas como a Beócia estava fora do controle ateniense, a Fócida, situada imediatamente a oeste da Beócia, analisou os próprios interesses e logo abandonou a aliança que fizera com Atenas.

Mais tarde, Eubeia e Mégara também se rebelaram. Péricles conduziu um contingente ateniense a Eubeia, que afinal era uma ilha, e obrigou-a a continuar na aliança com Atenas. Mas Mégara, que não era uma ilha, recebeu ajuda do Peloponeso, o que fez com que Atenas a perdesse para sempre.

Foi assim que a breve tentativa ateniense de estabelecer seu poder sobre a Grécia continental, tanto no mar como em terra, teve um final sem glória em 446 a.C. A partir daí, Atenas firmou uma trégua de trinta anos com Esparta.

Péricles tentou compensar esses numerosos golpes sofridos pela influência ateniense expandindo o próprio poder pelos mares. Enviou colonos a diversas ilhas do Egeu setentrional e ao Quersoneso trácio (onde Milcíades governara tempos atrás); navios atenienses penetraram no mar Negro (o próprio Péricles acompanhou uma dessas expedições) e Atenas estabeleceu relações com as cidades gregas das regiões costeiras.

Atenas até chegou a fundar novas cidades, algo que os gregos não faziam havia mais de um século; entre elas, Anfípolis, na costa norte do Egeu, imediatamente a leste da península Calcídica, e Túrios, na Itália, no local onde Síbaris estivera um século antes.

No entanto, Atenas – e toda a Grécia – estava assentada à beira de um vulcão. Não só as diversas cidades-Estado guerreavam entre si, como também dentro delas havia uma luta constante entre oligarcas e democratas. Quando um dos partidos ganhava, o outro era exilado e aguardava uma mudança de ares, nas cidades vizinhas, para retornar.

Esse conflito também aconteceu dentro do próprio Império Ateniense. A ilha de Samos e a cidade de Mileto iniciaram, em 440 a.C., uma disputa pelo domínio da cidade de Priene. A guerra foi apresentada a Atenas, que ficou do lado de Mileto. Para prevenir problemas com os perdedores descontentes, Atenas decidiu expulsar os oligarcas de Samos e instalar democratas no lugar deles.

Samos imediatamente se rebelou e restaurou os oligarcas. Os atenienses (comandados pessoalmente por Péricles) precisaram de um ano para restaurar a ordem. Outras revoltas também foram sufocadas, mas criaram intranquilidade em Atenas.

Toda disputa que eclodia na Grécia, por pequena que fosse, fazia Esparta colocar-se de um lado e Atenas do outro. Cedo ou tarde haveria uma explosão.

10.

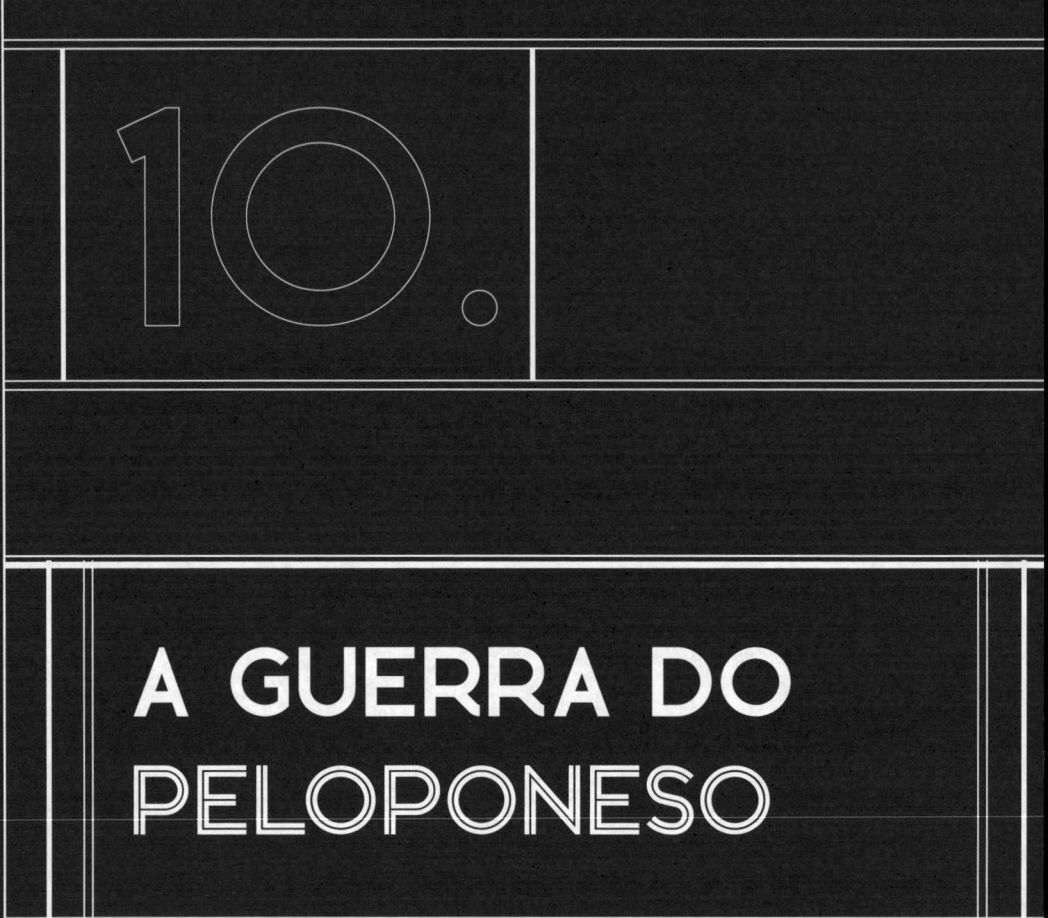

A GUERRA DO PELOPONESO

O COMEÇO DA GUERRA

A explosão aconteceu na ilha de Córcira, onde era travada uma acirrada guerra civil entre oligarcas e democratas. Em 435 a.C., os oligarcas pediram ajuda a Corinto, a cidade-mãe, que era também uma oligarquia. Corinto prestou ajuda de bom grado. Enviou uma frota, que foi, entretanto, rapidamente derrotada pelos democratas da Córcira.

Corinto, furiosa, preparou uma força expedicionária muito maior. Os democratas da ilha, naturalmente, apelaram a Atenas, a grande defensora dos democratas de todas as partes. Atenas enviou dez navios, mas fez isso apenas por amor à democracia, pois nutria novos interesses no Ocidente – fundara Túrios, no sul da Itália, e ter Córcira como amiga (já que estava na rota marítima para a Itália) seria extremamente útil.

Em 433 a.C., as frotas da Córcira e de Corinto enfrentaram-se novamente. Dessa vez Corinto trouxe 150 navios (o dobro do que enviara da primeira vez) e vinha obrigando os corcirenses a recuar lentamente quando os navios de Atenas, até então apenas observando a batalha, irromperam em auxílio a eles, alterando o equilíbrio o suficiente para mudar o curso da batalha. Quando outros vinte navios atenienses apareceram no horizonte, os coríntios foram embora, novamente derrotados.

Corinto ficou fora de si de tanta raiva. Tinha muitas razões para nutrir inimizade contra Atenas, uma potência marítima rival que, na geração anterior, condenara Corinto a segundo plano. Além disso, Corinto lembrava com amargura de ter salvado Atenas quando Cleômenes I poderia ter arrasado a cidade (ver página 95). Atenas derrotara Corinto por terra vinte anos antes, quando havia tomado o partido de Mégara, e agora derrotara também por mar, assumindo a defesa de Córcira. Era o cúmulo.

Como vingança, Corinto usou de sua influência sobre a cidade de Potideia (que havia fundado dois séculos antes), na Calcídica, e instigou-a a se rebelar contra Atenas. Os atenienses, no entanto, entraram em ação imediatamente e, embora Potideia e outras zonas da Calcídica continuassem agitadas por um bom tempo, Atenas não parecia encontrar ali grandes dificuldades.

Desesperada, Corinto suplicou insistentemente a Esparta que entrasse em ação. Mas havia a oposição do inteligente rei de Esparta, Arquidamo II, que assumira o poder antes do terremoto de quarenta anos atrás. Era amigo de Péricles e fez o possível para manter a paz.

A própria Atenas, entretanto, tirou o chão de Arquidamo II. Péricles decidiu adotar uma atitude enérgica e fazer uma demonstração do poderio ateniense. Impôs um bloqueio comercial a Mégara, membra particularmente vulnerável da aliança espartana. Nenhum mercador megarense a partir de então podia comerciar em nenhum porto controlado por Atenas, o que significava que não comerciaria praticamente em lugar algum. Agora que as cidades-Estado se dedicavam à indústria e à agricultura especializada, o comércio era essencial. Apenas por meio dele podiam adquirir alimentos para a cidade. Com o comércio sufocado, Mégara não demoraria para passar fome.

Infelizmente, isso atemorizou Esparta, embora equivocadamente. Os obtusos espartanos haviam comprovado os terríveis efeitos do poder marítimo de Atenas e compreendido que os exércitos em terra não ofereceriam nenhuma segurança enquanto Atenas dominasse os mares, a menos que fosse esmagada antes de se tornar ainda mais forte. Por isso, em 431 a.C., os éforos fizeram caso omisso de Arquidamo e declararam que Atenas rompera a trégua de trinta anos que havia sido combinada (e que naquele momento já durava catorze anos). Foi assim que começou a guerra aberta entre Atenas e seus aliados contra Esparta e os dela.

Tal combate traria dano irreparável à Grécia inteira e poria fim à Era de Ouro; é conhecida principalmente pela história escrita por Tucídides. Ele participou da guerra como general ateniense, injustamente exilado em 423 a.C. Aproveitou, então, do exílio para escrever uma história que, por mais de dois mil anos, foi considerada um exemplo perfeito de imparcialidade. Pelo que sabemos até agora, não foi parcial em favor de Atenas, que afinal era sua cidade, nem se opôs a ela por tê-lo tratado injustamente. Além disso, era um racionalista ferrenho, e não apelou aos deuses, nem aos presságios, nem a considerações supersticiosas de nenhum tipo (como Heródoto fez muitas vezes).

Como a guerra foi geralmente vista pelo lado ateniense, já que Tucídides estava mais familiarizado com os assuntos internos de Atenas, e como os inimigos de Atenas eram os peloponenses, isto é, Esparta e Corinto, a guerra foi chamada de Guerra do Peloponeso.

Péricles previra a guerra e já tinha sua estratégia montada. Compreendeu que seria inútil entrar em combate com os espartanos em campo aberto, pois isso teria levado seguramente à derrota. Em vez disso, fez todos os atenienses se retirarem à "ilha" formada pelos Longos Muros em volta de Atenas e Pireu. Assim, não importava o que os espartanos fizessem do lado de fora, pois os de dentro estariam seguros, pelo menos no que se referia a inimigos humanos.

Os espartanos, liderados por Arquidamo, marcharam sobre a Ática vazia e danificaram tudo o que puderam, destruindo casas e fazendas. Os obstinados atenienses não fizeram nada. Não havia risco de passarem fome enquanto a frota ateniense dominasse o mar e trouxesse alimentos. Enquanto isso, esses mesmos navios podiam arruinar o comércio das cidades inimigas e incursionar pelo litoral. Péricles estava certo de que não demoraria muito para que os espartanos se cansassem de investir de forma inócua pelos campos arruinados e concordassem em fazer uma paz em termos razoáveis.

Durante o primeiro ano, os planos de Péricles deram resultados satisfatórios. Os navios atenienses realizavam audazes incursões, enquanto os peloponenses não conseguiam nenhum avanço, além de arrasar a Ática. Ao chegar o inverno, os espartanos viram-se obrigados a abandonar a Ática; os atenienses, por sua vez, estavam dispostos a manter a própria postura no ano seguinte e durante os anos em que os espartanos se dispusessem a continuar lutando.

Ao final do primeiro ano, foi realizado em Atenas um funeral público em homenagem aos mortos na guerra no qual Péricles pronunciou uma oração fúnebre. Tal como relatado por Tucídides, é um dos grandes discursos da história, um hino à democracia e à liberdade.

Péricles elogiou a democracia por dar a cada homem a liberdade de fazer o que quisesse, por considerar todas as pessoas como iguais e por dar ao pobre a oportunidade de governar se julgasse ser capaz de ajudar a cidade; também por aceitar forasteiros e não ocultar nada deles, por acreditar nas coisas boas da vida, como festas, alegria e refinamento, e por não se preparar o tempo todo para a guerra, mas ser capaz de combater com bravura quando necessário.

"Quando considerada dentro do conjunto, nossa cidade é a mestre da Grécia", dizia ele. Na verdade, não foi apenas a Grécia, mas o mundo inteiro que aprendeu desde então com a Atenas da Era de Ouro.

O discurso de Péricles, no entanto, também assinalou o fim desse período dourado. Estava prestes a aparecer um inimigo que não era humano, o único que Péricles não previra em seus planos.

Em 430 a.C., o exército espartano invadiu novamente a Ática e uma vez mais os atenienses se aglomeraram dentro dos Largos Muros. Mas dessa vez produziu-se um desastre: uma virulenta peste propagou-se rapidamente e não parou de fazer vítimas. Os atenienses não sabiam como combatê-la. Morreu um quinto da população, e durante toda a história antiga, a população de Atenas nunca mais alcançou o porte que tivera pouco antes dessa praga.

Atenas caiu em desespero e o próprio Péricles foi destituído por votação e julgado por desvio de fundos públicos. Mas ninguém conseguia substituir Péricles, que acabou sendo reconduzido ao cargo. A peste havia sido quase superada, mas ainda iria desferir um rude golpe. O próprio Péricles contraiu a enfermidade e morreu. (Arquidamo de Esparta não viveu muito mais do que ele, morrendo em 427 a.C.)

ESFACTÉRIA E ANFÍPOLIS

Quando Péricles desapareceu, surgiram dois partidos em Atenas. Um deles era violentamente democrático e pregava que a guerra deveria prosseguir. O líder era Cléon, que já vinha se opondo a Péricles nos últimos anos, pois julgava a política do outro pouco enérgica. Os conservadores, partidários da paz, eram liderados por Nícias.

Cléon triunfou e durante vários anos deu continuidade à guerra com energia, mas sem a política sensata e previdente de Péricles. (O poeta cômico Aristófanes era do partido da paz, e escreveu uma série de obras nas quais zombava implacavelmente de Cléon.)

Atenas prosseguiu com sua política de incursões navais contra o inimigo. Os sucessos no mar compensaram o fato de Esparta, depois de um sítio de dois anos, ter tomado Plateias em 427 a.C. e aniquilado seus habitantes, fiéis aliados de Atenas desde antes dos dias de Maratona.

Em 425 a.C., o almirante ateniense Demóstenes obteve sua maior conquista ao tomar e fortificar o promontório de Pilos, onde existira uma cidade micênica na costa ocidental da Messênia, em pleno coração do território espartano.

Esparta não podia deixar de reagir a isso. Enviou um contingente a Pilos, que se posicionou em Esfactéria, ilha situada em frente ao porto, e sitiou os atenienses. Mas a frota ateniense, que se ausentara momentaneamente, retornou e assediou os sitiadores espartanos.

Entre os sitiados havia várias centenas de cidadãos espartanos, e os éforos estavam muito preocupados. O número de cidadãos espartanos com plenos direitos nas instituições públicas havia diminuído constantemente e era, naquele momento, inferior a cinco mil. Portanto, muitos de seus cidadãos estavam sitiados em Esfactéria, e Esparta não podia aceitar perdê-los.

Decidiu, então, propor a paz. Em troca dos espartanos sitiados, dispunha-se a oferecer termos generosos. Se Péricles ainda estivesse vivo, provavelmente teria aceitado, mas Cléon não tinha um traquejo de estadista tão bom assim. Não conseguiu resistir à tentação de apertar o cerco um pouco mais. Exigiu a devolução das regiões perdidas vinte anos antes: Mégara, Acaia etc. Os espartanos encararam isso como um insulto e voltaram a Esparta enfurecidos. A guerra prosseguiu.

Quase imediatamente, consolidou-se a impressão de que Cléon havia exagerado. Sitiar os espartanos era uma coisa, mas capturá-los era bem diferente. Esfactéria tinha frondosos bosques, e penetrar neles perseguindo um espartano era como enfiar a mão na jaula de um leão. O assédio prosseguiu sem resultados, e muitos atenienses chegaram a lamentar que Cléon não tivesse aceitado a paz quando havia sido proposta.

Cléon pronunciou inflamados discursos nos quais afirmava que os generais atenienses de Pilos eram covardes e que, se estivesse lá, saberia como agir.

Nícias, então, realizou a única ação astuta de sua vida. Pediu imediatamente uma votação para que Cléon fosse enviado a Pilos, e a resolução foi aprovada. Cléon caíra na armadilha; teria que ir.

Mas Cléon teve uma sorte incrível. Pouco antes de sua chegada, um incêndio acidental queimou as árvores de Esfactéria. Cléon encabeçou um vigoroso ataque, e os espartanos, asfixiados pela fumaça e pelas cinzas e esgotados pelo cerco, foram derrotados. E a maravilha das maravilhas foi que 120 cidadãos espartanos com plenos direitos se renderam! Leônidas deve ter se remexido no túmulo.

Cléon levou, em triunfo, os prisioneiros espartanos, que serviriam como reféns contra novas invasões da Ática. Durante vários verões, os atenienses ficaram livres da ocupação de seus lares pelos espartanos.

Essa vitória redobrou as energias de Atenas, e em 424 a.C. Nícias tomou a ilha espartana de Citera. Além disso, Cléon julgou que era hora de recuperar o império territorial que Péricles perdera e que os espartanos não iriam ceder em troca dos prisioneiros de Esfactéria.

Os atenienses atacaram a sudoeste e capturaram Niseia, a cidade portuária de Mégara. A própria Mégara podia ter caído, e este teria sido o último golpe que levaria os espartanos a aceitar qualquer paz que pudessem obter, não fosse o surgimento de um novo líder guerreiro em Esparta.

Tratava-se de Brásidas, um espartano bem pouco espartano, pois era vivaz, eloquente, inteligente e encantador, além de valente. No primeiro ano da guerra, rechaçara uma incursão na Messênia e depois combatera valorosamente em Esfactéria, onde, no entanto, ficara fora de ação por ter se ferido.

Em 424 a.C. assumiu a condução da guerra. Marchou sobre o istmo, obrigou os atenienses a se afastarem de Mégara e manteve-os quietos ali. Depois, lançou-se rapidamente ao norte, através da Tessália e da Macedônia, até a Calcídica, uma fortaleza ateniense muito valiosa.

Os atenienses não se deram conta do perigo. Tentaram invadir a Beócia, mas foram totalmente derrotados pelos tebanos em Délio, na costa em frente a Eubeia, e renunciaram a qualquer tentativa de se tornar uma potência territorial.

Ficaram sabendo, então, do que estava acontecendo na Calcídica. Brásidas, usando de seu tato e diplomacia (quase ausentes, entre os espartanos), além de contar com a ajuda de Pérdicas, da Macedônia, persuadiu uma cidade após a outra a se rebelar. Finalmente, ele mesmo avançou sobre Anfípolis.

Anfípolis fora fundada por Atenas havia apenas treze anos (ver página 156) e tinha fortes vínculos com ela. O historiador Tucídides ficara encarregado da defesa de Anfípolis, mas não se encontrava ali naquele momento. Retornou rapidamente, assim que teve notícia do cerco, mas não chegou a tempo. Anfípolis rendeu-se logo, já que lhe foram oferecidos termos extremamente generosos por sua capitulação. Não era justo culpar Tucídides pela habilidade de Brásidas como negociador, mas os enfurecidos atenienses precisavam de um bode expiatório e Tucídides foi exilado. Devemos ser gratos por isso, pois de outro modo não poderíamos contar com a obra do historiador.

Agora era Atenas que desejava a paz e conseguiu uma trégua de um ano. Mas Brásidas desempenhou o papel de um Cléon espartano. Achou que a guerra precisava continuar até conseguir a vitória espartana. Assim, levou adiante as operações, para exasperação dos atenienses, e a trégua fracassou.

Os atenienses voltaram-se contra Cléon, afinal, ele era o grande general que havia tomado Esfactéria e capturado 120 espartanos. Não poderia, então, fazer alguma coisa diante de Brásidas?

Em 422 a.C., Cléon viu-se forçado a comandar um exército e levá-lo para o norte. Conseguiu alguns sucessos, mas, ao tentar atacar Anfípolis, ficou evidente a maior capacidade de Brásidas, que com sua estratégia superou Cléon e saiu vitorioso. Na batalha, Cléon faleceu, mas de certo modo sua boa sorte se manteve, pois Brásidas também morreu em combate.

Assim, mortos os dois líderes de ambos os lados, ficava finalmente desimpedido o caminho para a paz. Esparta desejava a devolução dos espartanos capturados e queria ter as mãos livres, pois (uma vez mais) previa enfrentar problemas com Argos. Quanto a Atenas, a desenfreada série de guerras travadas em todas as partes havia deixado a cidade praticamente sem fundos. Emprestara os tesouros dos templos e tivera até que dobrar o tributo das cidades que formavam seu império. Os dois lados, portanto, estavam já cansados da guerra.

Em 421 a.C., foi selada a Paz de Nícias (o nome do principal negociador ateniense). Os prisioneiros espartanos foram devolvidos à própria pátria e a situação ficou em boa medida no pé em que estava quando a guerra começara dez anos antes, exceto pelo fato de que agora Anfípolis tinha a permissão de se manter independente. (Na realidade, Atenas nunca recuperou a cidade.) O sangue e o sofrimento de dez anos de lutas haviam trazido bem pouco proveito a Atenas e a Esparta e acelerado a marcha de toda a Grécia para a ruína.

A EXPEDIÇÃO À SICÍLIA

A expectativa era que a Paz de Nícias durasse quinze anos, mas ela sequer chegou a vigorar. As cidades de Corinto e Tebas não se viram obrigadas a respeitá-la. Queriam nada menos do que a destruição de Atenas. A devolução dos cativos não significava nada para elas.

Além disso, Atenas também estava furiosa com a não devolução de Anfípolis e, portanto, negou-se a devolver Pilos e a ilha de Citera a Esparta.

Para agravar a situação, surgiu em Atenas um novo líder belicista: Alcibíades. A mãe dele era prima de Péricles e ele pertencia à família dos Alcmeônidas. Foi o último membro dessa família a ter destaque na história de Atenas. Era rico, bonito, inteligente e encantador, mas sem qualquer escrúpulo. Ansiava por realizar grandes façanhas, e para isso precisava da guerra. Seguindo os próprios desejos, não vacilou sequer um momento em lançar Atenas de novo numa guerra que a cidade não precisava travar, nem desejava.

Na verdade, contribuiu mais do que ninguém para arruinar Atenas, e foi em sua pessoa que se cumpriu a "maldição dos Alcmeônidas", pelo juramento sagrado que havia sido violado dois séculos antes (ver página 86). Como o exílio dos Alcmeônidas não fora mantido, a maldição recaiu sobre todos os atenienses por causa de Alcibíades.

O jovem viu sua oportunidade no Peloponeso, onde uma vez mais Argos tentaria medir forças com Esparta. Apesar de Brásidas, o prestígio de Esparta diminuíra muito com a rendição de Esfactéria, e Alcibíades não encontrou muita dificuldade para organizar uma aliança contra Esparta entre Argos, Élide e a cidade arcadiana de Mantineia. Prometeu levar um contingente ateniense para ajudá-los.

Infelizmente, Nícias se opôs a essa aventura, e Atenas foi obrigada a nadar entre duas águas: nem enviou grandes forças que pudessem ajudar os de Argos e aliados a derrotar Esparta, nem permaneceu neutra, evitando criar dificuldades. Alcibíades assumiu o comando de uma força militar insuficiente.

Os espartanos eram comandados por Ágis II, que sucedeu o pai, Arquidamo II, em 427 a.C. Lutavam de novo no Peloponeso, que conheciam bem, contra os velhos inimigos, que tantas vezes haviam derrotado. Perto de Mantineia, Esparta derrotou os aliados numa batalha decisiva travada em 418 a.C. Foi assim restabelecida a situação anterior do Peloponeso, sob a firme dominação de Esparta. A única mudança era que Esparta e Atenas encontravam-se mais uma vez em guerra.

Em Atenas, havia uma grande ira contra Nícias, incentivada pelos democratas mais radicais, que desde a morte de Cléon tinham como chefe Hipérbolo. Opinavam que a oposição de Nícias havia impedido Atenas de usar efetivamente a aliança que tinham contra Esparta. Hipérbolo pediu uma votação de ostracismo, certo de que teria o apoio dos seguidores de Alcibíades e que Nícias seria exilado. A guerra, então, prosseguiria de maneira mais vigorosa.

Mas os partidários de Nícias e os de Alcibíades chegaram a um acordo. Ambos votaram contra Hipérbolo, que, para seu grande assombro, viu-se exilado. Só que isso tornou ridículo todo o sistema do ostracismo, e Atenas nunca mais realizou outra votação desse tipo. A fórmula durara quase um século e prestara seus serviços, mas estava ultrapassada.

Atenas teve a oportunidade de se recuperar nos dois anos de quase tranquilidade que se seguiram ao estabelecimento da Paz de Nícias. Havia entrado dinheiro, e com ele a cidade recuperou a autoconfiança. Estava disposta a ouvir os planos de Alcibíades.

Em duas ocasiões anteriores, o excesso de confiança de Atenas nas próprias forças a levara a empreitadas ambiciosas, superiores às suas possibilidades, e ambas haviam sido desastrosas. A primeira foi o envio de tropas para ajudar a revolta jônia de 499 a.C.; a segunda, o contingente enviado em apoio à rebelião egípcia de 460 a.C. Atenas havia se recuperado do primeiro desastre transformando-o em uma vitória, e pelo menos sobrevivera ao segundo.

A terceira empreitada que Atenas estava prestes a iniciar seria a pior das três, e dizia respeito à Sicília, onde Atenas acreditava ter um atraente fruto, já maduro para ser colhido. Mas teria que passar por Siracusa.

A coisa que Siracusa mais odiava era a intervenção externa na Sicília, pois era a cidade mais poderosa dali e isso lhe trazia os maiores prejuízos. No entanto, não conseguia dominar as rixas entre as outras cidades sicilianas. Em 416 a.C., Segesta, no oeste da ilha, estava em guerra com a cidade vizinha de Selino, e pediu ajuda a Atenas. Alcibíades acolheu o pedido.

As ricas cidades gregas da Sicília e da Itália se assemelhavam a ouro puro para Alcibíades. Imaginava que, por meio de um audaz e inesperado golpe no Ocidente, Atenas poderia impor sua hegemonia sobre uma região de enorme riqueza. Com os homens e o dinheiro sicilianos à disposição, Atenas (com Alcibíades à frente) poderia eliminar sem inconvenientes todos os obstáculos que se apresentassem a ela na Guerra do Peloponeso. Quem ousaria se opor a ela?

O alvo lógico do ataque era Siracusa, pois originalmente havia sido uma colônia coríntia, e Corinto era a mais implacável inimiga de Atenas, além de ser a cidade que iniciara a desastrosa guerra. Siracusa era também o centro tradicional da tirania e do isolamento siciliano, portanto, o alvo apropriado para a Atenas democrática e imperial. Por último, Siracusa era a cidade mais poderosa do Ocidente e, se caísse, todas as demais teriam o mesmo destino.

O partido conservador, que desejava a paz, liderado por Nícias, opôs-se ao insensato plano, mas Alcibíades conseguiu encantar a imaginação dos atenienses, que votaram a favor da expedição. Em 415 a.C., uma poderosa frota estava disposta a zarpar, e o povo estava feliz, como se fosse um grande dia de festa.

Mas então os atenienses cometeram uma série de erros. Embora admitisse que a expedição à Sicília era uma loucura, Alcibíades era o único homem com suficiente ousadia e capacidade para conduzir tal empreitada. Como Atenas estava decidida a levar o projeto adiante, deveria ter entregado a ele a direção. Mas não o fez; decidiu dar o comando a vários homens, um dos quais era Nícias.

Mas se ele era contrário ao projeto desde o início, que ânimo teria para colocá-lo em prática? Era simplesmente a pior escolha, um homem medíocre, indeciso, supersticioso e não muito inteligente. (Era um ateniense tão pouco ateniense quanto Brásidas havia sido um espartano pouco espartano.)

Entretanto, havia algo ainda pior. Quando a frota estava prestes a partir, foram descobertas em Atenas várias estátuas religiosas que haviam sido mutiladas durante a noite. Os atenienses ficaram horrorizados, pois isso parecia um mau presságio.

Alcibíades já era suspeito de zombar dos mistérios de Elêusis, e o partido da paz imediatamente acusou-o de ser o mentor da mutilação. Alcibíades defendeu com veemência sua inocência; e com certeza nem mesmo ele teria sido tão insensato a ponto de fazer algo no estilo bem quando aquela grande aventura começava. Era mais provável que o partido da paz tivesse sido o autor das mutilações para incriminar Alcibíades. Mas esse continuará sendo um dos muitos mistérios da história. Jamais saberemos o que ocorreu de fato

Os atenienses escolheram, de novo, o pior caminho possível. Podiam ter providenciado imediatamente o julgamento de Alcibíades e adiado a partida da frota até o assunto se resolver ou ter deixado Alcibíades partir com a frota e adiar o julgamento até o dia em que a campanha fosse concluída. Mas o que fizeram foi deixar que a frota de Alcibíades partisse para depois enviar um mensageiro, exigindo que voltasse para ser julgado.

Alcibíades só podia tirar uma conclusão a respeito: que, em sua ausência, seus inimigos haviam tomado o poder. Voltar para ser julgado equivaleria a um suicídio, e ele não era o tipo de homem que se sacrificaria pelo bem da cidade. Salvou então a própria pele desertando e passando para o lado dos espartanos, para ficar fora do alcance de Atenas.

Com isso, o comando da expedição ficou com Nícias, que era totalmente inepto.

Os atenienses desembarcaram perto de Siracusa e conseguiram algumas vitórias iniciais, mas Nícias não era homem capaz de aproveitá-las. Sempre encontrava uma razão para postergar a ação e voltar atrás. Se as circunstâncias o obrigavam a avançar, ia o mais lentamente possível. Os siracusanos sempre tinham tempo de se recuperar e revidar os golpes sofridos.

Pior ainda. Alcibíades estava em Esparta e seu único desejo era se vingar de Atenas. A expedição siracusana havia sido obra dele, mas, agora que não mais a comandava, o desejo que tinha era de arruiná-la. Usando toda a força de sua eloquência, convenceu os lentos espartanos a não permitirem que os atenienses tomassem Siracusa e o resto da Sicília. Eles precisavam defender Siracusa.

Esparta enviou, então, para Siracusa um general chamado Gilipo à frente de um pequeno contingente, em 414 a.C. Ele chegou bem a tempo, pois Nícias, apesar de toda a sordidez, vinha conseguindo a vitória. Aos poucos, construía uma muralha ao redor da cidade para sitiá-la de forma adequada, e Siracusa já avaliava se render. Mas Nícias agia devagar demais, como de costume, e quando Gilipo chegou, ainda havia uma brecha no cerco e ele conseguiu entrar na cidade. Isso revigorou a defesa, e os siracusanos, com esse alento, fizeram Nícias recuar. A muralha nunca chegou a ser concluída.

Com isso, desaparecia qualquer perspectiva de vitória, mas pelo menos restava a possibilidade de evitar uma catástrofe batendo em retirada imediatamente. Em vez disso, Nícias pediu reforços, e Atenas agravou esse erro desperdiçando os próprios recursos. Em 413 a.C., chegou uma nova expedição sob o comando de Demóstenes (o general que havia fortificado Pilos uma dúzia de anos antes). Demóstenes desferiu um ataque, mas foi rechaçado.

Demóstenes era muito mais inteligente do que Nícias e compreendeu que a única coisa a se fazer era partir o quanto antes.

Mas o comandante-chefe ainda era o insensato e estúpido Nícias. Havia sido lento em atacar quando o ataque podia ter-lhe dado a vitória, e agora era lento em partir, quando a retirada era imprescindível. Sabia que a culpa do fracasso seria sua e não ousava encarar a ira do povo ateniense. Por isso, adiou a decisão.

Em 24 de agosto do 413 a.C., houve um eclipse lunar. Nícias, homem tremendamente supersticioso, proibiu qualquer movimento antes da realização de certos rituais religiosos. Mas, quando concluídos, a frota siracusana já bloqueara a saída para o mar; depois de derrotados em duas batalhas marítimas, os atenienses ficaram retidos ali.

Não restava outra possibilidade a não ser lutar em terra, em batalhas desesperadas que não tinham nenhuma condição de vitória. Nícias pelo menos lutou bravamente, mas não havia outro desfecho possível. O exército ateniense inteiro foi morto ou capturado; os prisioneiros foram tratados com abominável crueldade e não demoraram a morrer também. Nícias e Demóstenes também morreram.

A catástrofe da campanha siciliana afetou para sempre o ânimo de Atenas. Continuou lutando bravamente na Guerra do Peloponeso, e no século seguinte teve uma ou outra atuação de destaque, mas nunca recuperou aquela confiança ilimitada de antes. Nunca mais empreendeu grandes projetos. Não houve outra Maratona ou Salamina, nem voltou a desafiar com altivez algum inimigo. A partir de então, nos momentos decisivos, Atenas passou a se sentir amedrontada.

O DECLÍNIO DE ATENAS

Alcibíades legou outra contribuição para arruinar Atenas: levou os espartanos à Sicília. A vivaz inteligência dele mostrou aos espartanos algo que só eles mesmos poderiam enxergar. Durante a guerra, em várias ocasiões, os espartanos haviam invadido a Ática no verão e ido embora no inverno, isto é, sempre havia meses de inverno em que Atenas podia descansar e, de certo modo, recuperar-se.

Alcibíades mostrou aos espartanos que, se tomassem e fortificassem um posto na fronteira da Ática, poderiam ocupá-la o ano inteiro e manter, assim, o domínio sobre a Ática, obrigando os atenienses a permanecer dentro dos Longos Muros não só por alguns meses, mas o ano todo.

Em 413 a.C., os espartanos, liderados por Ágis II, seguiram esse conselho, e os atenienses ficaram encurralados. Sequer podiam explorar as minas de prata do extremo sudeste da Ática, que havia setenta anos eram uma fonte de riqueza.

Os atenienses tinham acumulado, em tempos mais prósperos, uma grande soma de dinheiro, que reservavam para uso apenas nas mais extremas emergências. Com o terrível desastre da Sicília e os espartanos permanentemente entrincheirados na Ática, era hora de fazer uso daquele dinheiro. Foi empregado na construção de uma frota que substituísse aquela que haviam perdido na Sicília e que pudesse servir também para sufocar as revoltas que os espartanos incentivavam em todo o mar Egeu.

Esparta compreendeu que nunca conseguiria encerrar a guerra enquanto Atenas não fosse derrotada por mar. Querendo ou não,

Esparta precisava se transformar em uma potência marítima. Para obter navios e remadores, precisava de dinheiro vivo, e sabia onde obtê-lo: na Pérsia.

Artaxerxes, rei persa, manteve a paz enquanto viveu e nunca interveio nas disputas gregas. Mas morreu em 424 a.C. Dois de seus filhos foram logo assassinados, mas o terceiro, Dario II, subiu ao trono. Assim que se sentiu seguro nele, mostrou-se disposto a retomar uma política agressiva em relação à Grécia. Não tinha intenção de provocar uma guerra (das quais a Pérsia já tivera uma cota suficiente), mas de utilizar um método mais prejudicial: dar dinheiro às cidades gregas para que continuassem guerreando entre elas e se arruinando mutuamente.

Esparta era a mais ansiosa por dinheiro, e em 412 a.C. chegou a um entendimento com Tissafernes e Farnabasso, sátrapas das partes meridional e setentrional, respectivamente, da Ásia Menor.

Atenas estava a ponto de se render. Já não tinha mais dinheiro, sofria derrota após derrota, seu império estava em rebelião e a Pérsia emprestava enorme poder a Esparta. Quanto mais conseguiria resistir?

Os conservadores atenienses, naquele momento de desespero, aproveitaram para estabelecer uma oligarquia, em 411 a.C. Foi chamada de "Quatrocentos", pois era formada por esse tanto de homens, aproximadamente. Esses Quatrocentos, que eram acima de tudo pró-espartanos, sem dúvida teriam pedido a paz e se submetido aos mais duros termos de rendição. Mas não tiveram a oportunidade.

A frota ateniense, que se encontrava então reunida em Samos, batalhava de corpo e alma pela democracia. Um dos capitães, Trassímbulo, tomou o poder e estabeleceu um regime democrático na frota. Durante um tempo, portanto, houve dois governos em Atenas: os oligarcas em terra e os democratas no mar. Uma rendição oligárquica diante de Esparta seria inútil se não se fizesse a frota se render, de modo que Esparta não tratou com os Quatrocentos. Além disso, eles não tinham o domínio do governo, e em poucos meses foram substituídos por um organismo mais moderado, formado por cinco mil homens.

Enquanto isso, Alcibíades voltava a entrar em cena. O charme dele sensibilizara a esposa de Ágis II, rei de Esparta. Por isso, o rei detestava o ateniense, e tomou medidas para destruí-lo. Uma vez mais, Alcibíades não esperou ser aniquilado, e em 412 a.C. fugiu de Esparta tão depressa quanto havia fugido de Atenas três anos antes, buscando refúgio na corte do sátrapa persa Tissafernes.

Quando a frota de Samos se transformou em um poder independente, Alcibíades negociou com ela. Trassímbulo e a frota não podiam se dar ao luxo de alimentar muitos melindres. Alcibíades era um homem capaz e podia influenciar os persas. Trassímbulo, portanto, conseguiu fazê-lo ser aceito de novo pelos atenienses e o colocou no comando da frota.

Alcibíades logo demonstrou que não havia perdido seu talento. Perseguiu os navios espartanos pelo Egeu e derrotou-os todas as vezes que conseguiu alcançá-los; em 410 a.C., infligiu um duro golpe à frota espartana em Cízico, na costa sul da Propôntida. Apesar de todas as tentativas de Esparta e da Pérsia, Atenas continuava dominando os mares. Quando as notícias de Cízico chegaram a Atenas, os democratas, que haviam solapado aos poucos o poder dos oligarcas, promoveram um levante e restauraram plenamente a democracia.

Em 408 a.C., Alcibíades obteve novas vitórias e conseguiu que toda a região dos estreitos ficasse livre de rebeldes e inimigos, inclusive Bizâncio, de modo que assegurou o cordão umbilical de Atenas. Em 407 a.C., julgou que era seguro voltar para Atenas. Foi recebido com grande entusiasmo, nomeado general e colocado à frente do esforço bélico. Atenas avaliou que ainda teria chance de ganhar a guerra e rejeitou as ofertas de paz espartanas.

Mas a possibilidade de vitória era ilusória. Atenas havia sofrido danos demais para sair vencedora, a menos que confiasse totalmente em Alcibíades, mas não podia fazer isso. Não se podia confiar plenamente em Alcibíades.

A essa altura, o desastre se abateu sobre Atenas (surpreendentemente) na figura de um experiente almirante espartano chamado

Lisandro. A história anterior dele não é conhecida, mas em 407 a.C., quando os espartanos conseguiram reconstruir a frota depois da derrota de Cízico, foi ele quem assumiu o comando.

Além disso, Dario II, da Pérsia, enviou à Ásia Menor seu filho mais jovem, Ciro, para representar o país na guerra. Ciro, na época ainda adolescente, era inteligente e enérgico; constituía a maior esperança da Pérsia desde a época de Dario I, um século antes. (Esse Ciro costuma ser chamado de "Ciro, o Jovem", para diferenciá-lo do fundador do Império Persa.)

O jovem persa sentia profunda admiração pelo almirante espartano, portanto Ciro e Lisandro, o primeiro com dinheiro e o segundo com capacidade militar, formaram uma equipe que se revelou fatal para Atenas. Lisandro evitava ao máximo enfrentar Alcibíades, e aguardou uma oportunidade. Ela apareceu quando Alcibíades precisou abandonar a frota para viajar a negócios a fim de obter dinheiro, pois Atenas estava praticamente sem um vintém.

Deu ordens expressas a seus subordinados para não travarem nenhuma batalha até ele voltar, mas eles não conseguiram resistir à tentação de buscar a glória destruindo mais alguns navios espartanos. Atacaram Lisandro no litoral da Jônia e foram derrotados. Alcibíades voltou tarde demais; o dano já estava feito.

Não era ele o culpado, mas isso não fez diferença. Os exasperados atenienses não tinham como eliminar a suspeita de algum acordo entre Alcibíades e Lisandro, e Alcibíades foi destituído. Pela terceira vez, não esperou que surgissem mais problemas e partiu, dessa vez para o Quersoneso trácio, onde tinha algumas propriedades.

Com mais um esforço, Atenas construiu de novo uma frota, o que exigiu fundir os ornamentos de ouro e prata dos templos da Acrópole a fim de obter os fundos necessários. O resultado foi uma nova vitória no mar, na qual os éforos espartanos desempenharam um papel fundamental, pois, receosos como sempre de todo aquele que obtivesse êxito, substituíram Lisandro no comando da frota.

Em 406 a.C., os espartanos foram derrotados, mas o mar agitado impediu que a vitoriosa frota ateniense resgatasse os sobreviventes de seus navios afundados. Consequentemente, muitas vidas atenienses foram perdidas.

Nesse momento, Atenas não estava mais em condições de arcar com a perda de bons combatentes. Quase enlouquecidos pelos contínuos desastres, os atenienses julgaram os almirantes e, de modo totalmente ilegal, mandaram decapitá-los. Um deles, Conão, não participara da batalha, e conseguiu escapar à execução, sendo nomeado almirante da frota.

Ciro, o Jovem, não permitiria que a loucura espartana desbaratasse seus planos. Exigiu que Lisandro fosse reconduzido ao cargo de almirante. Agora enfrentava Lisandro e Conão no último episódio da longa guerra.

Manobraram por um tempo um ao redor do outro até que, em 405 a.C., travaram combate em Egospótamo, no Quersoneso trácio. A frota ateniense ancorara numa posição perigosa, na qual poderia facilmente ser atacada sem muita chance de defesa.

Alcibíades, ainda no exílio, vivia perto dali. Talvez pela primeira vez na vida teve um gesto altruísta. Cavalgou até a costa para avisar os atenienses do quanto aquela posição era delicada e os incentivou a mudá-la. Responderam com frieza, dizendo que a frota não precisava de conselhos de traidores; Alcibíades, então, deu de ombros, virou as costas e abandonou Atenas ao seu destino.

Poucos dias depois, Lisandro atacou de surpresa; vinte navios, guiados pelo próprio Conão, conseguiram escapar até a distante Chipre. O restante da frota ateniense foi tomada sem luta, e os marinheiros, mortos. A batalha de Egospótamo encerrou a Guerra do Peloponeso. Os atenienses não tinham mais com o que combater; toda a geração jovem deles havia morrido; a frota estava destruída; haviam gastado todo o dinheiro que tinham, até o obtido com os ornamentos de seus templos, e o ânimo de resistir se esgotara.

Lisandro dominou as cidades do norte do Egeu e também as que ficavam ao longo dos estreitos, cortando, com isso, o cordão umbilical de Atenas. Quando a frota espartana surgiu diante de Pireu, em 404 a.C., Atenas teve que encarar finalmente a amarga verdade e, totalmente indefesa, rendeu-se.

Alguns dos aliados de Esparta sugeriram que Atenas fosse completamente destruída e seu povo vendido como escravo, mas Esparta, no último momento, relembrou o que Atenas havia feito pela Grécia em Maratona e Salamina, e permitiu-lhe sobreviver, apesar dos protestos dos rudes tebanos. Em abril de 404 a.C., os Longos Muros foram derrubados e Atenas foi colocada sob o controle de uma oligarquia.

Nesse mesmo ano, Alcibíades buscou proteção em território persa contra a vingança espartana, mas foi assassinado, provavelmente por ordem dos próprios persas.

Naquele ano, também, o historiador Tucídides retornou de seu longo exílio. Quando morreu, alguns anos mais tarde, havia chegado apenas ao ano 411 a.C. em sua história.

11.

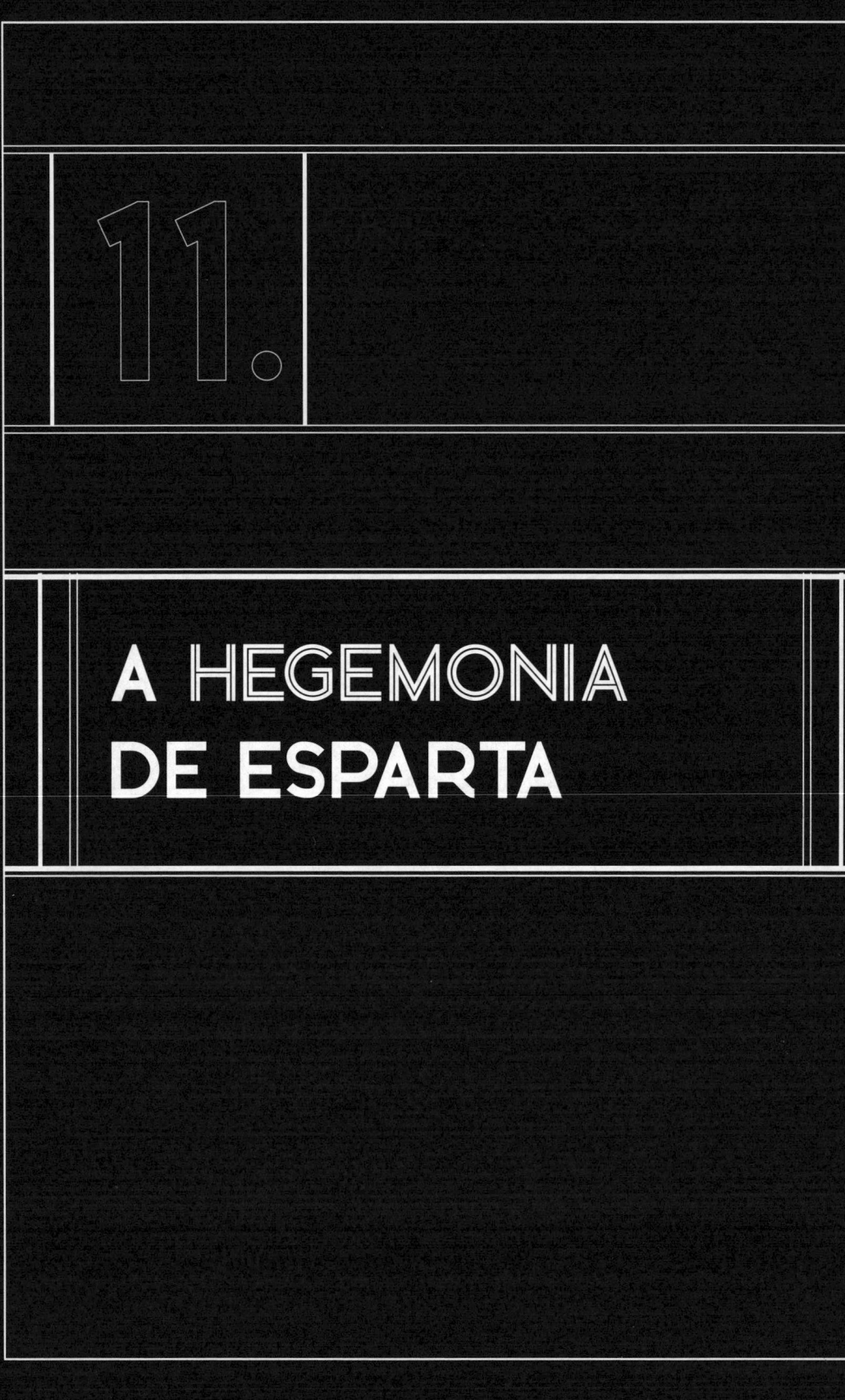

A HEGEMONIA DE ESPARTA

ATENAS DEPOIS DE EGOSPÓTAMO

Esparta exerceu, então, a supremacia sobre a Grécia e manteve-a durante uma geração. Esse período é chamado de *hegemonia* espartana, palavra grega que significa "liderança". Durante um tempo, Lisandro comandou o governo em Esparta e foi o homem mais poderoso de toda a Grécia, instalando oligarquias em toda parte.

A oligarquia mais cruel, e a mais frágil também, foi a da própria Atenas, que ficou sob o domínio de trinta homens (os chamados "Trinta Tiranos"), liderados por Crítias.

Crítias era uma espécie de Alcibíades, talentoso, inteligente e enérgico. Fora suspeito, junto com Alcibíades, de ter mutilado as estátuas religiosas, e por isso ficara preso por um tempo (ver página 170). Em Samos, fez de tudo para que Alcibíades fosse chamado de volta, mas acabou sendo exilado em 407 a.C. Em seu exílio, viveu na Tessália e tentou estabelecer democracias ali, mas ao voltar a Atenas, depois de Egospótamo, desiludiu-se com essa forma de governo. Tornou-se um oligarca e, ao perceber logo que não poderia voltar atrás, viu-se obrigado a ser cada vez mais violento.

Ao assumir o poder, iniciou um reinado do terror, expulsando de Atenas alguns democratas importantes e mandando executar outros políticos, até mesmo alguns do próprio partido que julgava brandos
.

demais. Em poucos meses demonstrou aos atenienses o real sentido da liberdade por despojá-los totalmente dela.

Entre os que foram enviados ao exílio estava Trassímbulo, que liderara a frota democrática em Samos sete anos antes. Agora prestava um novo serviço à democracia: reuniu alguns exilados e, em uma audaz incursão pela Ática, apoderou-se de File, uma fortaleza situada a dezoito quilômetros ao norte de Atenas.

Por duas vezes os oligarcas tentaram desalojar os democratas dali, e na segunda batalha, Crítias morreu. Trassímbulo dominou Pireu, onde os democratas sempre haviam sido mais fortes do que na própria Atenas.

Os oligarcas restantes apelaram então a Esparta, e Lisandro se dispôs a marchar contra Trassímbulo. O que salvou os democratas dessa vez foi a política interna espartana. Lisandro não era popular entre os reis e os éforos espartanos. Obtivera êxitos demais e se tornara arrogante. O rei espartano Pausânias, com a anuência dos éforos, substituiu Lisandro e, para injuriá-lo, não fez nada para salvar os oligarcas; permitiu que a democracia ateniense fosse restaurada em setembro de 403 a.C., desempenhando, assim, o mesmo papel que Cleômenes I tivera um século antes (ver páginas 93 e 94).

A oligarquia havia sido uma experiência sangrenta e horrorosa, e, embora uma anistia chegasse a ser declarada entre os dois partidos, a democracia restaurada se ressentia por aqueles que considerava antidemocratas. Foi isso que incitou a democracia ateniense a tomar uma medida particularmente infeliz: a execução de Sócrates.

Sócrates, nascido em 469 a.C., era um homem simples, pobre em seus últimos anos, que influenciara muitos atenienses não por sua riqueza ou beleza, mas por sua virtude e sabedoria. Era um valente soldado e havia combatido na Calcídica. Na batalha de Délio, salvara a vida de Alcibíades.

Sócrates foi primeiro um cientista. Conta-se que teria estudado com Anaxágoras (ver páginas 150 e 151). Mas a eclosão da Guerra do

Peloponeso, com suas loucuras e desastres, parece tê-lo convencido de que o inimigo do homem não é o Universo, mas o próprio homem, e que era muito mais importante estudar o homem do que o Universo. Pelo restante da vida, dedicou-se a refletir sobre as crenças e o modo de vida do homem, o significado da virtude e da justiça e a meditar sobre onde residiria a verdadeira sabedoria, entre outros assuntos.

Reuniu ao redor de si discípulos que o admiravam, mas, em vez de explicar, interrogava. Pedia àqueles com quem discutia que definissem os termos que empregavam e explicassem o que *eles* entendiam por justiça, virtude ou sabedoria. Em seguida, fazia novas perguntas e destacava que as coisas não eram tão simples como se imaginava, que o que era dado como certo não era tão certo como se supunha e que até as opiniões mais aceitas mereciam um exame detalhado e extremamente crítico. "Uma vida não examinada não vale a pena ser vivida", dizia ele. Para Sócrates, como para Zenão, o essencial era a dialética. Dirigiam a argumentação para a descoberta da verdade, em vez de considerá-la, como faziam muitos sofistas, um recurso a serviço de interesses pessoais.

Sócrates desarmava os adversários alegando ignorância e pedindo-lhes que o instruíssem; então, à medida que faziam a própria exposição, levava-os a cair em profundas contradições. Diz-se que o oráculo délfico proclamou Sócrates o mais sábio dos homens, e que ele respondeu que, se de fato era mais sábio do que os demais, deveria ser porque, entre todos os homens, só ele sabia que nada sabia. Essa pretensão de ignorância é chamada de "ironia socrática".

O discípulo mais famoso de Sócrates foi Arístocles, comumente conhecido por seu apelido: Platão. Sócrates nunca escreveu sua filosofia, mas Platão descreveu uma encantadora série de discussões que Sócrates mantinha com outros. São os seus célebres *Diálogos*.

Alguns deles recebem o nome das pessoas com quem Sócrates discutia, por exemplo o diálogo *Górgias*, no qual conversou com o sofista Górgias de Leontini. Em tal discussão, Sócrates exalta a moralidade do governo e descreve Aristides, o Justo, como o único grande dirigente político da democracia ateniense. Em *Protágoras*, Sócrates e o sofista Protágoras polemizam a respeito da natureza da virtude e discutem se ela pode ser ensinada.

Um dos *Diálogos* mais famosos descreve uma discussão sobre assuntos gerais numa reunião em que se está bebendo. É o *Simpósio* ("bebendo juntos"), também conhecido como *O banquete*, e a discussão trata especialmente da natureza do amor. Nela elogia-se a forma de amor mais elevada, a que tem como objeto uma pessoa virtuosa e sábia, e não a que é inspirada meramente pela beleza física. (Ainda hoje falamos de "amor platônico".)

As opiniões de Sócrates não agradavam a todos os atenienses. Em primeiro lugar, perturbavam as pessoas, que de início eram estimuladas a falar, mas em seguida viam-se enredadas nas próprias palavras. Além disso, pareciam colocar em julgamento a velha religião, o que levou muitos conservadores atenienses a considerar Sócrates ímpio e corruptor de jovens. Aristófanes, o satírico conservador (ver página 150), escreveu uma obra intitulada *As nuvens*, em 423 a.C., na qual zomba irreverentemente de Sócrates.

Pode-se achar que, se Sócrates era tão impopular entre os conservadores, talvez fosse muito popular entre os democratas. Infelizmente, também deu a eles motivo de receios, pois parecia ser pró-Esparta. Por exemplo, o *Diálogo* mais extenso de Platão, *A República*, ocupa-se de como Sócrates trata o tema da justiça. No decorrer da discussão, Sócrates descreve a imagem que faz da cidade ideal, e em muitos aspectos ela se parece bastante com Esparta e bem pouco com uma democracia.

Além disso, entre seus discípulos encontravam-se várias pessoas que haviam danificado muito Atenas. Alcibíades, por exemplo, é um dos personagens importantes do *Simpósio*. Outro de seus discípulos foi Crítias, líder dos odiados Trinta Tiranos.

Um dos *Diálogos* de Platão tem justamente este título, *Crítias*, que é descrito falando de uma ilha que teria existido há muito tempo no oceano Atlântico e abrigado uma civilização muito desenvolvida, que teria sido destruída por um terremoto e ficado submersa. Platão chamou essa ilha de "Atlântida". Não há dúvida de que o relato de Platão era ficcional e tinha o intuito de expor algumas considerações sobre as cidades ideais. No entanto, desde então muitas pessoas passaram a acreditar na existência da Atlântida e elaborado todo tipo de teorias a respeito, algumas bastante absurdas.

Finalmente, Sócrates foi levado a julgamento diante de um júri de cerca de quinhentos homens, em 399 a.C., sob as acusações de ser ímpio e corruptor da juventude, embora o real crime que lhe atribuíam era o de ser, ou aparentar ser, antidemocrata. É provável que Sócrates tivesse sido absolvido se não insistisse em usar o método socrático com o júri, a ponto de irritá-lo e levá-lo, com isso, a considerá-lo culpado por uma maioria não muito ampla de 281 contra 220 votos.

Naquela época, as execuções eram realizadas obrigando a pessoa que fosse culpada a tomar cicuta, o extrato de uma planta venenosa que mata de modo indolor. Por razões religiosas, foi preciso que transcorressem trinta dias antes que Sócrates tomasse o veneno. Nesse intervalo de tempo, ele poderia ter facilmente escapado; seus amigos haviam até planejado a fuga e os democratas teriam feito vista grossa de bom grado. Mas Sócrates tinha 70 anos e estava preparado para morrer, de modo que preferiu cumprir os princípios do ciclo vital e de adesão à lei, mesmo que parecesse injusta.

Após a morte de Sócrates, Platão, amargurado e desiludido, abandonou Atenas e se estabeleceu primeiro em Mégara e depois na Sicília. Quem sabe imaginasse estar abandonando Atenas para sempre, mas, se assim foi, logo descobriu que o mundo é implacável e que os homens são insensatos em todas as cidades.

Por isso, voltou em 387 a.C. e fundou uma escola na periferia de Atenas, em uma área que segundo a tradição pertencera a um homem chamado Academo, e por isso foi chamada de "Academia".

OS "DEZ MIL"

O fim da Guerra do Peloponeso chegou oportunamente para o príncipe persa Ciro, o Jovem. Ele não ajudara os espartanos apenas por um amor inocente por Lisandro e Esparta, mas porque tinha planos. E para realizá-los precisaria de bons soldados gregos.

O pai dele, Dario II, morreu em 404 a.C., ano da rendição de Atenas, e o irmão mais velho de Ciro o sucedera com o nome de Artaxerxes II. Mas Ciro não achava que tal situação fosse definitiva. Começou a reunir soldados para atacar seu irmão e conquistar o trono. Se conseguisse um número suficiente de hoplitas, tinha certeza de que derrotaria qualquer exército asiático que seu irmão colocasse diante dele.

Ciro não teve nenhuma dificuldade para recrutar seu exército. Esparta tivera relações proveitosas com ele e achava conveniente que houvesse um príncipe pró-espartano no trono da Pérsia. Por isso nada fez para impedir Ciro de levar os próprios planos adiante.

Além disso, a Grécia vivera cheia de soldados por toda uma geração, e agora, com o advento da paz, muitos deles não queriam voltar à vida civil, à qual não estavam habituados, ou a uma cidade arruinada. Queriam servir como soldados a quem lhes pagasse.

Ciro reuniu mais de "dez mil" soldados gregos (popularmente chamados depois de "Dez Mil") sob o comando do general espartano Clearco. Um dos soldados era um ateniense chamado Xenofonte, que havia sido um dedicado discípulo de Sócrates.

Na primavera do 401 a.C., os "Dez Mil" partiram, abrindo caminho pela Ásia Menor até o golfo de Issus, no extremo nordeste do mar Mediterrâneo. Ciro não havia comentado com nenhum grego (exceto Clearco) as reais intenções que tinha, com receio de que não quisessem segui-lo. Mas em Issus, até o mais estúpido dos soldados helênicos percebeu que o mundo grego ficara para trás e que estavam adentrando as profundezas da Pérsia. Só foram convencidos a avançar mediante ameaças, elogios e a promessa de uma paga maior.

Chegaram ao Eufrates e marcharam no sentido sudeste pelas suas margens por mais de oitocentos quilômetros, até chegar à cidade de Cunaxa, a 140 quilômetros a noroeste da Babilônia, no verão de 401 a.C. Ali estavam as forças persas leais, sob o comando de Artaxerxes II.

Ciro tinha um objetivo: matar seu irmão. Sabia que, se ele morresse, as tropas reais fugiriam ou o aceitariam como novo rei. Tentou convencer Clearco a dispor as tropas de modo que os soldados gregos avançassem diretamente sobre Artaxerxes, atravessando a formação persa. Clearco discordou. Era o típico espartano, valente, mas estúpido, e insistiu em travar a batalha pelo método ortodoxo, com as forças mais poderosas na extremidade direita.

Os exércitos entraram em combate e os gregos abriram caminho entre seus adversários. Ciro viu a batalha praticamente ganha, mas ali estava seu irmão, ainda vivo e bem protegido por uma guarda pessoal. Ao vê-lo, enlouqueceu, pois a vitória não lhe valeria de nada se seu irmão vivesse para reunir outro exército. Sem refletir, arremeteu diretamente contra ele, mas foi freado e morto pela guarda de Artaxerxes.

Os gregos haviam vencido, mas agora não tinham ninguém que lhes pagasse ou por quem lutar.

Tanto eles quanto os persas ficaram em situação peculiar. Os gregos estavam a 1.700 quilômetros da própria pátria, rodeados por um exército persa hostil. Os persas, por sua vez, contemplavam, inquietos, um contingente de mais de dez mil gregos e não ousavam atacá-los, mas tampouco podiam permitir que ficassem em total liberdade.

O sátrapa Tissafernes ficara do lado de Artaxerxes na disputa contra Ciro, o Jovem, mas agora aproximou-se de Clearco alegando ser ainda o amigo de Esparta que havia sido nos últimos anos da Guerra do Peloponeso. Persuadiu o general espartano a ir até sua tenda de campanha junto com outros quatro generais gregos para discutir ali (foi o que alegou Tissafernes) os termos de um armistício. O pobre Clearco acreditou na palavra do persa. Ele e os outros generais foram até a tenda e Tissafernes ordenou friamente que fossem mortos.

O persa acreditava que os gregos, sem líderes, ou iriam se render, ou se uniriam ao seu exército, ou então ficariam dispersos em bandos que poderiam ser facilmente vencidos.

Mas nada disso aconteceu, pois o ateniense Xenofonte assumiu o comando dos "Dez Mil". Não retornaram pelo Eufrates, que era a rota pela qual tinham vindo desde o Egeu, já que o caminho estava bloqueado pelos persas. Em vez disso, marcharam para o norte, pelo Tigre, defendendo-se habilmente dos ataques persas e das incursões de tribos locais.

Passaram por uns montículos, que era tudo o que restara de Nínive, a antes orgulhosa capital do que fora o outrora poderoso Império Assírio. Fazia apenas dois séculos que a Assíria havia sido arrasada (ver página 103), mas a destruição fora tão completa que a lembrança dela parecia ter desaparecido da mente dos homens; de fato, os "Dez Mil" perguntaram o que eram aquelas ruínas que jaziam tão tristemente à beira do caminho.

Marcharam por cinco meses, resistindo a persas e nômades. Finalmente, em fevereiro de 400 a.C., os "Dez Mil", ao subirem numa colina, contemplaram a cidade grega de Trapezonta. Além dela, encontrava-se o mar Negro.

Para os gregos, acostumados ao mar e para quem aqueles milhares de quilômetros em terra firme ininterrupta dentro do Império Persa haviam sido um terrível pesadelo, a visão das águas oceânicas foi motivo de incontida alegria. Correram à costa gritando *Thálassa! Thálassa!* ("O mar! O mar!").

Terminada a aventura, Xenofonte retornou a Atenas, mas não ficou lá por muito tempo. A execução de seu velho mestre Sócrates fez o ódio que tinha pela democracia ateniense chegar ao ponto máximo. Assim como Platão, abandonou Atenas; mas diferentemente dele, nunca retornou. Transformou-se em um espartano em tudo, exceto no nome. Viveu entre espartanos e lutou com eles até mesmo contra Atenas.

Escreveu a história dos "Dez Mil" e chamou seu livro de *Anábase*, ou "marcha para o interior", referindo-se ao percurso do exército grego desde o mar até o interior da Ásia. O livro tornou-se um clássico da história militar.

Xenofonte também escreveu uma continuação da história da Guerra do Peloponeso a partir do momento em que Tucídides a interrompera ao morrer. Embora não fosse um escritor do porte de Tucídides nem mostrasse a mesma imparcialidade, a obra de Xenofonte é valiosa, já que não existe nenhuma outra boa descrição contemporânea àqueles feitos.

ESPARTA E PÉRSIA

A aventura dos "Dez Mil" foi mais do que uma mera aventura, pois demonstrou que Ciro, o Jovem, era o Alcibíades da Pérsia. Por ambição pessoal, revelara aos gregos a fatal fragilidade da Pérsia. A questão principal não era que os gregos haviam vencido os persas em Cunaxa; eles já os haviam derrotado antes. Era que um pequeno contingente de gregos, isolado 1.600 quilômetros no interior da Pérsia, conseguira se deslocar praticamente à vontade por seus domínios e sair dali são e salvo.

Todos os gregos dotados de algum poder de reflexão deram-se conta de que a Pérsia era terrivelmente frágil, apesar de sua aparente fortaleza. Um exército grego decidido, com um bom general à frente, seria capaz de ilimitadas façanhas. Até os lentos espartanos compreenderam isso e começaram a sonhar com ousadas expedições orientais.

Assim, quando Tissafernes voltou à Ásia Menor e atacou as cidades gregas em represália à ajuda grega a Ciro, o Jovem, Esparta não hesitou em enviar um exército contra ele, ao qual se juntaram muitos dos "Dez Mil".

Os persas decidiram, então, que era melhor atacar por mar. Tinham um almirante à disposição. O ateniense Conão, depois de fugir de Egospótamo para Chipre (ver página 177), estava disposto a se vingar dos espartanos a qualquer custo. Foi posto no comando de uma frota de trezentos navios persas e fenícios e saiu à caça de espartanos.

Enquanto isso, um novo rei assumira o trono em Esparta. Ágis II, o vencedor da batalha de Mantineia (ver página 168), havia morrido em 399 a.C. Normalmente teria sido substituído pelo filho, mas havia dúvidas se de fato era filho seu. Nascera na época em que Alcibíades estava em Esparta, e Ágis abrigava fortes suspeitas de que fosse Alcibíades o verdadeiro pai.

Ágis também tinha um irmão mais novo, Agesilau, que se apresentou como o legítimo herdeiro do trono, mas deparou com certa oposição. Agesilau era manco de nascença e, além disso, muito baixo. Havia uma antiga profecia que prevenia Esparta "contra um reinado manco". Sem dúvida, se o rei era manco, seu reinado provavelmente teria também esse teor.

A resposta de Agesilau foi que um rei que não fosse o herdeiro legítimo é que tornaria o reinado manco.

A disputa foi dirimida por Lisandro. Havia permanecido inativo depois de tomar gosto pelo poder ao final da Guerra do Peloponeso, e queria retomá-lo. Pensou que Agesilau, o pequeno príncipe coxo, de aparência tão pouco espartana, seria alguém fácil de controlar. E foi assim que Agesilau, com sua ajuda, tornou-se Agesilau II de Esparta.

Lisandro, no entanto, não fizera uma avaliação correta de Agesilau, que, apesar de seu pequeno porte e de seu andar manco, era um verdadeiro espartano, e não havia quem pudesse manipulá-lo. Lisandro continuou afastado do poder.

Agesilau estava sedento por glória militar e aprendeu bem a lição dos "Dez Mil". Em 396 a.C., dispôs-se a cruzar o mar em direção à Ásia Menor. Sentia-se um novo Agamenon (o rei peloponense que invadira a Ásia oitocentos anos antes). Agesilau decidiu imitar fielmente

Agamenon e, antes de partir, realizou um sacrifício em Áulis, cidade costeira da Beócia, tal como aquele havia feito.

O único inconveniente era que os tebanos, gente muito pouco romântica, não concordavam com isso. Não iriam permitir que nenhum rei espartano realizasse sacrifícios em seu território, e então ele foi expulso. Agesilau percebeu que havia feito um papel ridículo e que o sacrifício frustrado podia arruinar toda a sua expedição; por isso, passou a nutrir um ódio implacável em relação a Tebas, ódio que teria influência importante em suas ações futuras.

Na Ásia, Agesilau comprovou que a lição que Xenofonte havia lhe ensinado estava correta. Percorreu a Ásia Menor de um lado a outro, derrotando repetidamente os sátrapas Tissafernes e Farnabasso. Em particular, derrotou Tissafernes em Sardes em 395 a.C., e como muitas vezes o fracasso é considerado um crime, Tissafernes foi executado pouco depois.

No entanto, embora os persas não tivessem conseguido derrotar Agesilau em batalha, descobriram um recurso melhor. Dez anos antes haviam pagado alguns estados gregos para que guerreassem contra Atenas; enviaram, então, emissários carregados de ouro a fim de comprar inimigos de Esparta.

Na realidade, as cidades gregas nunca precisavam de muito estímulo para lutar umas contra as outras e teriam lutado mesmo sem o dinheiro persa, que, entretanto, ajudou.

Corinto e Tebas estavam irritadas porque, apesar de terem sido aliadas de Esparta durante toda a Guerra do Peloponeso, Esparta colhera todos os frutos da vitória.

Esparta, ao saber da crescente animosidade contra ela, decidiu prevenir os problemas antes que começassem e enviou um contingente contra Tebas, que considerava (em razão do incidente de Áulis) o núcleo dos sentimentos antiespartanos. O outro rei de Esparta, Pausânias (Agesilau estava na Ásia), avançou do sul enquanto Lisandro conduzia um contingente a partir do norte. Lisandro estava voltando à ação, finalmente, mas logo em seguida morreu num conflito e Pausânias viu-se obrigado a recuar.

Atenas já se aliara a Tebas, e em seguida Argos e Corinto também se incorporaram à aliança. Esparta contemplou com horror essa repentina coalizão contra si e ordenou que Agesilau voltasse da Ásia. Afinal, de que serviam as vitórias distantes quando a própria casa estava em chamas? Agesilau não queria voltar, mas a disciplina espartana exigia. Reuniu seus homens junto com os que ainda restavam dos "Dez Mil", entre eles o próprio Xenofonte, e em 394 a.C. voltou pelo Helesponto, Trácia e Tessália, a velha rota que Xerxes percorrera um século antes.

No caminho, recebeu más notícias. As informações eram que a frota persa, liderada por Conão, havia cercado os espartanos diante de Cnido, uma das cidades dórias da costa sul-ocidental da Ásia Menor. A frota espartana foi destruída e o poder naval espartano estava desaparecendo depois de apenas dez anos de existência.

Agesilau compreendeu que, sem poder naval, não era possível ter esperanças de levar adiante seus planos de conquistas no leste. Suportou a frustração, porém, daquele modo impassível próprio dos espartanos, ocultando-a de seus homens. Continuou marchando para o sul, e em Coroneia (onde cinquenta anos antes os beócios haviam derrotado Atenas; ver página 155), Agesilau encontrou as forças antiespartanas unidas, com Tebas à frente. Agesilau não precisava de estímulos para lutar contra os tebanos, que ele odiava, e, embora combatessem bem, derrotou-os. A vitória, no entanto, acabou acontecendo por uma margem estreita demais para que ele se sentisse seguro na Beócia, o que o fez voltar a Esparta.

Esparta sofrera uma série de duros golpes. As guarnições da Ásia Menor não podiam ser reforçadas nem aprovisionadas sem uma frota, e tiveram que ser cedidas a Farnabasso. O dinheiro persa enviou Conão de volta a Atenas, e ali, em 393 a.C., foram reconstruídos os Longos Muros, onze anos depois de terem sido derrubados. Além disso, em 392 a.C., Corinto e Argos se uniram para formar uma só cidade-Estado, obviamente contra Esparta.

Esparta via-se travando batalhas contra uma cidade após a outra, e não era isso o que desejava. Já tinha a supremacia na Grécia e pouco podia ganhar com essa luta contínua. De fato, era mais do que provável que perderia muito.

Em 390 a.C., por exemplo, mais ou menos seiscentos espartanos passaram perto da hostil Corinto. Sentiam-se seguros, pois normalmente ninguém cometeria a insensatez de atacar tantos hoplitas espartanos juntos.

Mas dentro de Corinto havia um general ateniense, Ifícrates, que comandava um contingente formado por um novo tipo de combatentes. Tinham armas leves e eram chamados de *peltastas* por causa do escudo leve, a *pelta*, que utilizavam. Se lutassem contra hoplitas em um combate a pé, sem dúvida seriam esmagados, como haviam sido os persas várias vezes com seu armamento leve. Mas Ifícrates soube aproveitar as qualidades da armadura leve. Ela permitia aos peltastas movimentos rápidos, e Ifícrates os havia treinado e exercitado cuidadosamente para que realizassem manobras muito ágeis.

Um enxame de peltastas emergiu de Corinto. Os espartanos, surpresos, tentaram detê-los e lutaram com habitual valentia. Mas a armadura pesada deles era um lastro que os deixava exauridos, enquanto os ligeiros peltastas atacavam ora por um lado, ora por outro, esquivando-se dos torpes contragolpes dos hoplitas. Finalmente, o grupo espartano foi praticamente aniquilado.

A Grécia inteira ficou perplexa. Sabia-se ser possível vencer os espartanos contando com forças superiores, como nas Termópilas, ou obrigando-os a se render pela fome, como em Esfactéria, mas ali, em Corinto, haviam sido derrotados numa luta parelha. Pela primeira vez, os gregos (e até os espartanos) perceberam que era viável derrotar os espartanos ao empregar uma estratégia superior, já que não era possível superá-los em força e bravura.

Esparta compreendeu que precisava, a todo, custo selar uma paz que congelasse a situação tal como estava naquele momento, enquanto ainda tinha a supremacia, a fim de poder conservá-la.

Mas a paz só poderia ser selada se enfrentassem os navios e o dinheiro persa. Por isso, Esparta entrou em negociações com a Pérsia e em 387 a.C. concluiu a Paz de Antálcidas, nome do general espartano que foi o principal representante da cidade nas negociações. Esparta precisou concordar em devolver à Pérsia todas as cidades gregas da Ásia Menor. Assim, ficou parcialmente anulada a vitória sobre Xerxes um século antes, e numa época em que a Pérsia era muito mais frágil do que nos tempos de Xerxes. A Pérsia, entretanto, aprendera a lição, e decidiu pegar leve. As cidades conservaram em grande medida a autonomia em seu governo interno.

Por meio da paz, a Pérsia garantia liberdade a todas as cidades gregas. No que se refere aos espartanos, isso significava que teriam que ser desfeitas todas as coalizões entre cidades gregas (mesmo as que fossem voluntárias), pois cada cidade separada precisava ser "livre". Assim, Corinto e Argos tiveram de romper a união que tinham, e a cidade de Mantineia, na Arcádia, viu-se obrigada a se dissolver em cinco aldeias.

Desse modo, Esparta assegurava que o restante da Grécia ficasse fraco, enquanto ela, obviamente, em nenhum momento pensou em dar liberdade a nenhuma das cidades da Lacônia ou da Messênia.

O principal objetivo de Agesilau era Tebas, que o humilhara em Áulis. Era a chefe da Confederação Beócia, e Agesilau exigiu que ela fosse dissolvida e que suas cidades ficassem livres.

Tebas se recusou a aceitar, mas alguns oligarcas tebanos, de simpatias francamente pró-espartanas, tomaram Cadmeia (de Cadmo, fundador lendário da cidade); tratava-se da fortaleza central da cidade, o que a Acrópole era para Atenas. Os oligarcas entregaram Cadmeia a Esparta, que a ocupou em 382 a.C. Enquanto as tropas se mantiveram ali, Tebas era território ocupado e foi tão humilhada quanto Agesilau desejava. Naquele momento, Esparta tinha a supremacia e, pelo menos na Grécia, estava no auge de seu poder.

A QUEDA DE ESPARTA

Mas o ódio de Agesilau o levara longe demais. Uma Tebas livre poderia ter sido partidária de Esparta, mas havia tropas espartanas na Cadmeia, o que fez com que Tebas se mantivesse permanentemente hostil e aguardasse pelo dia em que seria capaz de expulsá-las.

Durante quatro anos, Tebas sofreu sob o jugo espartano, até Pelópidas entrar em ação. Ele estivera exilado em Atenas desde a ocupação da Cadmeia, mas agora voltava para liderar uma conspiração. Em 378 a.C., ele e um pequeno grupo de tebanos, disfarçados de mulheres, infiltraram-se em um banquete promovido pelos comandantes espartanos. No último momento, um traidor tebano enviou uma mensagem ao general espartano delatando a conspiração. No entanto, ao receber a mensagem e ser informado de que se tratava de assunto urgente, o general respondeu: "Os assuntos ficam para amanhã", e a pôs de lado sem sequer lê-la.

Só que para ele não haveria amanhã. As "mulheres" sacaram seus punhais e promoveram uma chacina de espartanos. Aproveitando a confusão, os tebanos atacaram a Cadmeia, e os espartanos, desconcertados com o repentino ataque, renderam-se. Provavelmente poderiam ter defendido a cidade, e por isso os comandantes espartanos que se renderam foram executados ao voltar a Esparta. Mas a Cadmeia não foi mais recuperada.

Tebas aliou-se de novo a Atenas contra Esparta. Foi uma formidável aliança, pois Atenas tomava de volta gradualmente as ilhas do Egeu e as cidades da costa egeia setentrional, de modo que a velha confederação começava a ser reconstituída depois de trinta anos. Só que agora Atenas tinha aprendido a lição, pois não tentou dominar seus aliados como havia feito sob Péricles.

Esparta não podia permitir que Tebas e Atenas se unissem contra ela, e a guerra foi retomada. Mas Tebas estava agora em boas mãos. Até aquele ponto da história, os tebanos não haviam se destacado pela capacidade que tinham, nem pelo encanto ou inteligência. Na verdade, os ágeis atenienses usavam a palavra "beócio" como sinônimo de "estúpido". Agora, porém, não era apenas um, mas dois homens notáveis que apareciam à frente dos tebanos.

Um deles era Pelópidas, que encabeçara a conspiração e libertara a cidade. O outro era seu melhor amigo e um homem ainda mais notável: Epaminondas. Ele organizou um grupo especial de soldados tebanos comprometidos a combater até a morte que constituíam a chamada "Hoste Sagrada". Com eles à frente do exército tebano, Epaminondas conseguiu conter os espartanos.

Enquanto isso, os atenienses conseguiam vitórias no mar. Os espartanos equiparam embarcações dedicadas apenas a interceptar os navios que levavam cereais a Atenas. Desse modo, esperavam cortar o cordão umbilical ateniense. Mas em 376 a.C., a frota espartana foi, por sua vez, interceptada em Naxos por uma frota ateniense e quase completamente destruída. Depois disso, os navios espartanos desapareceram para sempre do mar.

Nos anos seguintes, a sorte mudou. Siracusa retribuiu a ajuda que recebera de Esparta nos dias da invasão ateniense e enviou navios para socorrê-la. Uma vez mais, a situação chegou ao habitual impasse, e, em 371 a.C., já haviam sido criadas todas as condições para uma nova paz.

De novo, porém, o ódio de Agesilau por Tebas interveio e levou Esparta à ruína, dessa vez para sempre. Agesilau insistiu para que cada cidade da Beócia assinasse a paz separadamente e afirmou que não aceitaria a paz se Tebas insistisse em assinar por todas. A paz, portanto, só foi selada entre Esparta e Atenas; Esparta e Tebas continuaram em guerra.

Agesilau conseguira o que ansiava havia tempos: Tebas estava isolada e superada numericamente, de modo que podia ser esmagada. Em 371 a.C., o exército espartano conduzido por Cleômbroto, o rei que subira ao trono após a morte de Pausânias em 380 a.C., marchou para o norte. Todos na Grécia tinham certeza de que Tebas estava condenada à derrota.

No entanto, Epaminondas tinha os próprios planos. Os gregos geralmente travavam suas batalhas dispondo os homens em um amplo arco de escassa profundidade, de oito fileiras no máximo, de modo que até os que estivessem na retaguarda pudessem lutar contra o inimigo. Numa batalha nesses moldes era quase certo que os espartanos ganhariam, já que, soldado por soldado, eram melhores. E nesse caso parecia duplamente seguro, pois os espartanos superavam em número os tebanos.

Só que Epaminondas dividiu seu exército em três partes. Dispôs o centro e a direita segundo a formação habitual, mas organizou a parte esquerda (que enfrentaria a principal força de combate espartana) numa coluna com cinquenta fileiras de profundidade. Os homens da retaguarda da coluna não teriam que combater. Estavam ali apenas para dar solidez. A ideia de Epaminondas era que essa profunda coluna, ao realizar sua carga contra as linhas espartanas, penetraria nelas como um tronco usado como aríete. O centro e a direita permaneceriam como reserva e só atacariam outras partes das fileiras espartanas depois que a direita inimiga fosse desbaratada.

A coluna de Epaminondas foi chamada de "falange tebana", de uma palavra grega que significa "tora".

Os dois exércitos enfrentaram-se na aldeia de Leuctra, a quinze quilômetros a sudoeste de Tebas. Os espartanos estudaram a estranha formação tebana e aprofundaram as próprias linhas até formar doze fileiras, mas isso não bastou. A falange tebana disparou sua carga, e tudo ocorreu exatamente como planejado por Epaminondas. As linhas espartanas foram rompidas e o exército entrou em confusão. Morreram mil espartanos, entre eles o próprio Cleômbroto, primeiro rei espartano morto em ação desde Leônidas, nas Termópilas, um século antes.

Tebas obteve uma vitória completa e a hegemonia espartana encerrou-se para sempre. O evento ocorreu durante o "reinado manco" de Agesilau, como previsto pelo oráculo. Esparta nunca mais voltou a dominar a Grécia. Dali em diante, mal conseguiu proteger o próprio território.

Os aliados peloponenses de Esparta abandonaram-na de imediato. As cidades da Arcádia uniram-se em uma liga antiespartana, e como capital da sua liga fundaram Megalópolis (sugestão de Epaminondas), que significa "grande cidade", em 370 a.C. Ficava quase exatamente no centro do Peloponeso, logo ao norte dos domínios espartanos.

Agesilau conduziu um exército até a Arcádia, mas os arcadeus apelaram a Tebas. Agora, pela primeira vez, não era um exército espartano que marchava para o norte a fim de castigar uma cidade qualquer, mas um exército tebano que marchava para o sul para castigar Esparta.

E Esparta, horrorizada, descobriu que só poderia resistir. Durante muitos anos, o modo de vida dela sofrera um declínio contínuo e o número de cidadãos que caminhavam agora por suas ruas era cada vez menor. Sem saber, chegara a depender cada vez mais de sua reputação e de seus aliados. Com a reputação esvanecendo depois de Leuctra e com a deserção de seus aliados, não lhe restava mais do que um pequeno exército, quase inútil.

Epaminondas arrancou Messênia de Esparta, anulando as grandes vitórias de três séculos antes, que haviam lançado os alicerces da grandeza espartana. Messênia se tornou independente, e em torno da velha fortaleza do Monte Itome, onde um século antes haviam ficado sitiados os hilotas, fundou-se em 369 a.C. a cidade de Messene. Esparta ficou reduzida à Lacônia e foi rodeada totalmente por inimigos mortais.

Mas de fora do Peloponeso chegou a ajuda que impediu a total destruição de Esparta. Atenas, inquieta diante do crescente poder de Tebas, decidiu ficar ao lado de Esparta. Também Siracusa enviou soldados. Com essa ajuda, Esparta, sob a tenaz e intrépida liderança de Agesilau, conseguiu salvar a Lacônia, apesar das outras invasões realizadas por Tebas. (Naquele momento, como veremos mais adiante,

Tebas dedicava grandes esforços à realização de expedições militares ao norte, e só podia utilizar parte de seu poderio contra Esparta.)

Em 362 a.C., Tebas decidiu fazer um esforço supremo para resolver a questão do Peloponeso de uma vez por todas. À frente das forças tebanas, Epaminondas invadiu o Peloponeso pela quarta vez. Sua intenção era tomar Esparta, mas o velho Agesilau (que já tinha 80 anos) era ainda suficientemente espartano para enfrentar os tebanos, e estava disposto a morrer lutando pela cidade. Epaminondas decidiu não colocar os espartanos entre a cruz e a espada.

Em vez disso, por meio de várias manobras, provocou uma batalha perto da cidade de Mantineia. Dessa vez, Tebas combatia contra as forças aliadas de Esparta e Atenas, e uma vez mais Epaminondas lançou mão de sua falange tebana. Os espartanos não haviam aprendido a se defender dela. De novo, a coluna móvel penetrou nas fileiras inimigas, desbaratando-as; Tebas mais uma vez conseguiu uma vitória total.

No entanto, tal vitória revelou-se desastrosa, pois, enquanto o inimigo fugia, um dardo lançado ao acaso atingiu Epaminondas mortalmente. Sem Epaminondas (e sem Pelópidas, que também havia morrido no norte), Tebas não pôde evitar cair do primeiro escalão que ocupava.

Foram dirimidas as questões que mantinham o status quo no Peloponeso e o impasse prosseguiu. Agesilau, sempre combatendo por Esparta com todas as possibilidades a seu alcance, viu-se forçado a aceitar sua contratação como mercenário a fim de obter um dinheiro que permitisse que Esparta entrasse em cena no velho estilo.

O Egito se rebelou de novo contra a Pérsia. Agesilau ofereceu seus serviços e desembarcou no Egito com um contingente, mas nem mesmo ele podia lutar eternamente contra a velhice, morrendo em 360 a.C.

Na juventude, presenciara o apogeu de Atenas sob Péricles; havia visto Esparta derrotar Atenas e alcançar o auge de seu poder; depois, viu quando foi derrubada em uma só batalha e lutou durante dez anos para impedir sua total destruição. Agora morria em terra estrangeira, em vão esforço para recuperar o que nunca mais poderia ser recuperado.

12.

A DECADÊNCIA

A ERA DA PRATA

Pressionada pelas guerras contínuas e tragicamente destrutivas entre as cidades-Estado da Grécia desde 431 a.C., a cultura grega começou a decair. A Era de Ouro de Péricles chegou ao fim, e a que veio no século seguinte, mais ou menos, pode ser descrita, na melhor das hipóteses, como uma "Era da Prata".

O otimismo sumiu. Depois da guerra com a Pérsia, parecia que o progresso e o crescimento seriam contínuos; delineava-se no horizonte a cidade ideal. (Péricles parecia acreditar de fato que Atenas era a cidade ideal.) Os filósofos se interessaram muito pela política e tentaram elaborar métodos pelos quais fosse possível inserir o homem em uma boa sociedade.

Mas os filósofos posteriores à Guerra do Peloponeso afastaram-se da política e da cidade, considerando-as um fracasso. Preocuparam-se tão somente com a vida do indivíduo, com a melhor maneira de ignorar o que então parecia ser um mundo totalmente mau, e em conseguir se ajustar a algum código interior.

É o caso de Antístenes, nascido em Atenas por volta de 444 a.C., que estudou com Sócrates e com o sofista Górgias. Antístenes chegou a acreditar que a felicidade consistia em não se deixar envolver pela cidade; ao contrário, o ideal era isolar-se ao máximo. Era necessário buscar a total independência a fim de não se preocupar em nada com a opinião dos demais e, portanto, não ficar à mercê das concepções deles.

Para ser de fato independente, precisaria ser precavido e ter posses, pois a perda delas, ou mesmo o temor de perdê-las, trazia a infelicidade.

O mais famoso e radical seguidor de Antístenes foi Diógenes, nascido em Sinope, na costa da Ásia Menor do mar Negro, em 412 a.C.

Diógenes não só achava que o prazer comum não era o verdadeiro caminho para a felicidade, mas que a dor e a fome ajudavam a alcançar a virtude. Prescindiu de tudo o que era possível prescindir e vivia em um grande tonel para ter a moradia mínima e se expor a todas as inclemências do tempo, às quais acabaria se acostumando, e por isso não teriam mais o poder de perturbá-lo e afligi-lo, eliminando assim outra fonte de infelicidade. Costumava beber de uma cumbuca de madeira, até que um dia viu um rapaz fazer isso com a mão em concha. Imediatamente, Diógenes jogou a cumbuca fora, pois passou a vê-la como um luxo desnecessário.

Naturalmente, quando alguém se afasta do mundo de forma tão inusitada, é por achá-lo mau. Diógenes tinha uma opinião péssima a respeito dos homens, e conta-se dele uma famosa história: costumava vagar em pleno dia pela praça do mercado carregando uma lanterna acesa. Quando lhe perguntavam o que estava fazendo, respondia que andava à procura de um homem honesto. Com isso, afirmava de modo implícito que não havia homem honesto, pois nem em plena luz do dia seria possível encontrar, tornando necessário usar uma lanterna para obter mais luz, na melancólica esperança de ter maior sucesso na empreitada.

Filósofos como Diógenes eram chamados de *kynikos*, da palavra grega *kyon*, que significa "cão", porque pareciam estar sempre latindo e rosnando para os humanos (pelo menos, segundo uma das versões sobre a origem da palavra). Para nós, o termo acabou virando "cínico", que ainda hoje usamos para designar quem acredita que todas as ações sejam inspiradas por motivos perversos ou egoístas.

O cinismo não conseguiu se converter em uma filosofia popular, mas Zenão de Cítio, cidade de Chipre, criou uma versão mais refinada.

(Talvez fosse, pelo menos em parte, de ascendência fenícia, e não devemos confundi-lo com Zenão de Eleia, que viveu mais de um século antes; ver página 131.) Zenão estudou primeiro com filósofos cínicos, mas depois abriu sua própria escola em Atenas, em 310 a.C.

Ensinava que o homem precisa se colocar acima de suas emoções; deve evitar a alegria e a dor e assim tornar-se senhor da própria sorte, seja ela boa ou ruim. Os únicos interesses dele têm que ser a virtude e o dever; e se for dono de si, não será escravo de ninguém.

Ensinava essas doutrinas em uma escola que possuía um pórtico enfeitado por pinturas. Os gregos chamaram essa escola de *Stoa Poikile* ("o pórtico pintado"), por isso a doutrina de Zenão foi chamada de "estoicismo". Ainda hoje, ser estoico significa manter-se alheio às emoções e indiferente ao prazer e à dor.

Mas uma pessoa pode se retirar da sociedade não só aprendendo a prescindir dos bens materiais, mas também entregando-se a uma vida de prazeres pessoais.

O criador de uma filosofia desse tipo foi Aristipo. Nasceu em Cirene, cidade da costa setentrional africana a oeste do Egito, por volta de 435 a.C., e em Atenas estudou com Sócrates. Depois ensinou que o único bem é o prazer e que o prazer imediato é melhor do que a preparação para um possível prazer posterior.

Uma versão mais atenuada dessa filosofia foi a de Epicuro, nascido em Samos por volta de 342 a.C., de pais atenienses. Chegou a Atenas em 306 a.C. e ensinou que o prazer era o bem principal, mas destacava que ele só provinha de uma vida moderada e virtuosa. Adotou as ideias sobre os átomos que haviam sido defendidas por Demócrito (ver página 151) e foi sua filosofia, o "epicurismo", que permitiu que essas ideias atomistas perdurassem até os tempos modernos. Atualmente, a palavra "epicurista" indica alguém que aprecia as coisas boas da vida.

A literatura também pareceu abandonar a cidade. Os grandes trágicos atenienses haviam abordado as profundas e sérias relações entre os deuses e os homens para esclarecer as ações da sociedade; Aristófanes tratara de assuntos da política diária. Mas por volta do final da sua vida, depois da derrota de Atenas, começou a abandonar a política e a refugiar-se na fantasia. A tragédia praticamente desapareceu e a comédia passou a abordar temas triviais. É o período da chamada "nova comédia", no qual a trama das obras se focava no amor, nas intrigas, nos escravos espertos, nas mulheres formosas etc. O autor mais brilhante dessa nova forma de literatura foi Menandro, nascido em Atenas em 343 a.C. Escreveu mais de cem peças, mas apenas uma chegou intacta até nós, descoberta em 1957.

A Atenas da Era da Prata não produziu nenhum escultor tão magistral quanto Fídias, e nenhuma estrutura tão magnífica quanto o Partenon. Mas deu à luz Praxíteles, que ainda hoje é considerado um artista de primeira grandeza. Chegou até nós uma estátua que parece ser obra sua; a do deus Hermes levando um Dionísio criança pela mão.

Só na matemática e nas ciências é que os progressos continuaram. Eudoxo, discípulo de Platão, nasceu em Cnido por volta de 408 a.C. Foi acima de tudo um matemático, autor de muitas provas geométricas que quase um século mais tarde foram incorporadas à abrangente obra de Euclides (ver página 286).

Eudoxo aplicou sua geometria ao estudo dos céus. Foi o primeiro grego a demonstrar que o ano não tem exatamente 365 dias, é seis horas mais longo. Embora Platão tivesse afirmado que os planetas (Mercúrio, Vênus, Marte, Júpiter, Saturno) e o Sol e a Lua atravessavam os céus descrevendo ciclos perfeitos, as observações feitas por Eudoxo convenceram-no de que não era bem assim, pelo menos a julgar pelo que podia ser observado.

Foi o primeiro a se esforçar para "salvar as aparências", isto é, explicar como o movimento em círculos perfeitos requerido pela filosofia de Platão podia produzir os movimentos desiguais que realmente eram observados. Eudoxo supôs que cada planeta ocupava uma esfera que girava uniformemente, mas com os polos inseridos em outra esfera, cujos polos, por sua vez, inseriam-se numa terceira, e assim sucessivamente. Cada esfera se movia de maneira uniforme, mas a combinação de movimentos produzia um movimento aparentemente irregular do planeta.

Eudoxo precisou de um total de 26 esferas para explicar os movimentos dos planetas. Observações mais detalhadas, entretanto, mostraram que a explicação dele não era perfeita. Calipo de Cízico, discípulo de Eudoxo, viu-se obrigado a acrescentar outras oito esferas, totalizando 34. Foi assim que surgiu a noção de "esferas celestes", que seria mantida por dois mil anos, até os astrônomos modernos a abandonarem.

De qualquer modo, alguns astrônomos gregos já estavam muito bem encaminhados na época. Era o caso de Heráclides, nascido na Heracleia Pôntica, na costa da Ásia Menor, no mar Negro, em 390 a.C. (e que muitas vezes é chamado de Heráclides Pôntico). Foi discípulo de Platão e afirmou não ser necessário supor que a Terra permanece imóvel enquanto toda a abóbada celeste gira ao redor dela em vinte e quatro horas. O mesmo efeito se produziria se os céus fossem imóveis e a Terra fizesse uma rotação em volta de um eixo. Que se saiba, foi o primeiro a afirmar a rotação da Terra.

Heráclides também sustentou que os movimentos de Mercúrio e Vênus podiam ser explicados muito mais facilmente abandonando-se o pressuposto de que tinham esferas próprias, como afirmara Eudoxo. Na opinião dele, era possível considerar que giravam em torno do Sol.

As ideias de Heráclides foram desenvolvidas por Aristarco, nascido em Samos por volta de 320 a.C. Ele mediu a distância relativa do Sol e da Lua a partir da Terra. Era uma teoria correta, mas pela imprecisão de suas observações (os gregos não tinham instrumentos adequados para estudar o céu), o filósofo concluiu que a distância do Sol para a Terra seria vinte vezes a distância da Terra para a Lua, quando na realidade é quatrocentas vezes. Chegou também à conclusão de que o Sol devia ter um diâmetro sete vezes maior do que o da Terra.

(Na realidade, é cem vezes, mas Aristarco realizava um grande avanço em relação a Anaxágoras; ver página 150.)

Considerando que o Sol é maior do que a Terra, Aristarco considerava pouco razoável acreditar que o primeiro girasse em volta da segunda. Sustentou, portanto, que a Terra e todos os planetas giram em volta do Sol.

Por um momento, parecia que os conceitos da astronomia moderna estariam prestes a ser estabelecidos. Infelizmente, esse momento passou. A ideia de que nossa vasta e sólida Terra pudesse estar flutuando pelos céus era difícil de ser aceita pelos filósofos da época, e a astronomia ainda precisou esperar mais dois mil anos para encontrar o caminho correto.

O AUGE DE SIRACUSA

Mas, se a cultura grega estava em declínio, também expandia-se para o exterior. Cada cidade, à medida do possível, passou a imitar Atenas. Não só isso: regiões limítrofes ao mundo grego, situadas fora da corrente principal da evolução da Grécia ou que eram até bárbaras, começaram a adotar a cultura e os métodos militares gregos.

Isso ocasionou importantes mudanças no mundo. As cidades-Estado estariam seguras desde que continuassem rodeadas por tribos primitivas e reinos orientais, como os do Egito e da Pérsia, que careciam da grande eficiência e energia dos gregos. Mas a partir do momento em que as regiões exteriores se helenizaram e aumentaram a eficácia, também se tornaram perigosas, pois tinham territórios e recursos muito maiores do que as diminutas cidades-Estado gregas.

No século posterior à Guerra do Peloponeso, a cidade-Estado foi ficando antiquada enquanto unidade política. O futuro pertencia aos grandes reinos. Os gregos nunca tiveram muita consciência disso, e tampouco conseguiram equilibrar a força das regiões circundantes, buscando unir-se em ordenamentos maiores do que a cidade-Estado.

Em vez disso, as cidades-Estado continuaram lutando entre si sem perceber que o mundo estava mudando e que começavam a surgir no horizonte novas potências que iriam sobrepujá-las.

A primeira dessas potências exteriores surgiu numa região que era, na realidade, grega, mas estava fora da própria Grécia. Foi na Sicília, onde o perigo bárbaro se tornara crítico novamente.

Depois do fracasso da expedição ateniense contra Siracusa (ver páginas 169-173), Cartago julgou que era o momento de atacar de novo. Por três anos, os cartagineses ganharam batalhas contra os gregos, que se mostravam desunidos e não recebiam ajuda da Grécia, envolta, então, nas etapas finais da Guerra do Peloponeso.

Em 405 a.C., um cidadão de Siracusa, Dionísio, denunciou os generais siracusanos como traidores. Foram nomeados novos generais, um dos quais era o próprio Dionísio. De modo gradual e com astúcia, Dionísio cortejou o povo e aumentou o próprio poder (do mesmo modo que Pisístrato fizera em Atenas um século antes), até se tornar tirano de Siracusa com o nome de Dionísio I.

Começou propondo a paz com os cartagineses e utilizou o tempo que ganhou desse modo para reorganizar Siracusa. Em seguida, estabeleceu seu domínio sobre as cidades gregas vizinhas, e, em 398 a.C., estava pronto para se preocupar com Cartago novamente. Nos quinze anos seguintes, travou três guerras contra os cartagineses e chegou a se apoderar de cinco sextas partes da ilha. Em 383 a.C., os cartagineses só conservavam o extremo ocidental da Sicília. Esse foi o máximo nível de poder que os gregos sicilianos alcançaram.

Enquanto isso, em 390 a.C., Dionísio dirigiu sua atenção à própria Itália e conseguiu dominar o extremo meridional da bota. A influência dele se espalhou de modo mais difuso sobre muitas das cidades gregas das costas orientais da península. Chegou a estender seu poder ao outro lado do Adriático, ao Epiro, região do noroeste da Grécia, que aos poucos era penetrada pela cultura grega.

Os êxitos de Dionísio na guerra provinham em parte da maneira pela qual adaptou novas invenções. Seus engenheiros foram os primeiros a criar mecanismos para arremessar grandes pedras e lançar enormes projéteis de ferro pontiagudos. Essas catapultas ganharam importância nas guerras posteriores até a invenção da pólvora dezesseis séculos mais tarde.

Dionísio manteve o poder graças a uma eterna vigilância. Diz-se que tinha uma espécie de câmara afunilada que dava para a prisão estatal, tendo o seu outro extremo estreito conectado ao seu dormitório. Desse modo, podia ouvir secretamente as conversas da prisão e saber se havia conspirações sendo armadas. Essa câmara foi chamada de "orelha de Dionísio".

Ele precisava manter uma vigilância tão atenta (assim como todos os tiranos gregos) que nos anos em que esteve no poder nunca pôde descansar.

Isso ganha uma clareza dramática quando se pensa em um famoso episódio que fala sobre um cortesão de Siracusa chamado Dâmocles, que invejava abertamente o poder e a boa sorte de Dionísio. Dionísio perguntou-lhe se desejava ser tirano por uma noite. Dâmocles aceitou de bom grado a sugestão e naquela noite sentou-se no lugar de honra de um grande banquete. No entanto, não demorou muito a notar que as pessoas olhavam fixamente para um ponto situado acima de sua cabeça. Ergueu o olhar e viu uma espada desembainhada apontada para baixo, bem na direção de sua cabeça. Estava presa apenas por um fio de cabelo.

Dionísio explicou, com amargura, que sua vida sofria ameaças incessantes, e que se Dâmocles queria ser tirano por uma noite, teria que suportar aquela ameaça enquanto estivesse no banquete. Desde então, todo grande perigo que ameaça de forma constante e que a qualquer momento pode revelar-se fatal é chamado de "espada de Dâmocles".

Outra famosa história do reinado de Dionísio envolve um homem chamado Pítias, preso por conspirar contra o tirano e condenado à forca. Pítias precisava de um tempo para colocar seus assuntos em ordem, e um bom amigo dele, Damão, ofereceu-se como refém no lugar de Pítias enquanto este ia até sua cidade. Se Pítias não voltasse até a hora marcada para a execução, Damão aceitaria ser enforcado em seu lugar.

Chegou o dia da execução e Pítias não aparecia. Mas quando já ajustavam o nó no pescoço de Damão, ouviu-se a distância a voz de Pítias. Sofrera um contratempo que o atrasara e galopava desesperadamente para impedir que enforcassem seu amigo em vez dele. O velho tirano ficou tão comovido que, segundo se conta, perdoou Pítias e disse que o que ele mais desejava era ser digno da amizade de homens como aqueles dois.

Desde então, a frase "Damão e Pítias" é usada como expressão de afeto e de amizade inabaláveis.

Dionísio morreu em paz em 367 a.C., depois de governar com sucesso por trinta e oito anos. Enquanto viveu, foi o homem mais poderoso do mundo de fala grega, embora esse poder não fosse, em grande medida, sentido por não ter sido exercido na própria Grécia.

É estranho que, enquanto os historiadores se concentram nas lutas pela supremacia entre Esparta, Atenas, Tebas, Corinto e outras cidades nas décadas seguintes à Guerra do Peloponeso, na realidade deixem em segundo plano a mais poderosa, que era Siracusa. É similar ao que ocorreu no início do século XX, quando as nações europeias lutavam pela supremacia, enquanto a nação mais forte do mundo era, na realidade, os Estados Unidos, situado no Ocidente mais distante. Curiosamente, Siracusa é às vezes chamada de "a Nova York da Grécia Antiga".

Se Dionísio tivesse contado com sucessores tão capazes quanto ele, a Sicília poderia ter encabeçado uma Grécia unida que estaria à altura das nações não gregas que vinham adquirindo cada vez maior poder.

Mas não foi o que ocorreu; o sucessor de Dionísio foi seu filho, Dionísio II, ou "Dionísio, o Jovem", que era controlado por Dião, cunhado do velho Dionísio.

Dião era admirador de Platão, a quem conhecera quando este visitara Siracusa em 387 a.C. Platão havia ofendido Dionísio com críticas à tirania, e Dionísio (com quem não era prudente brincar) ordenou que Platão fosse vendido como escravo. Mas o filósofo foi logo resgatado e levado a Atenas. Dião seguiu-o e estudou na Academia.

Quando Dionísio morreu, Dião convidou Platão a voltar a Siracusa como tutor do novo tirano. Platão aceitou de bom grado, pois afirmava que não havia estado ideal enquanto "os filósofos não fossem reis, ou os reis, filósofos". E essa era a oportunidade de transformar um rei em filósofo.

Infelizmente, as coisas não aconteceram como o planejado, nem para Platão nem para Dião. Dionísio II não aceitava bem os ensinamentos de Platão, pois achava que Dião o submetia a eles apenas para poder tirá-lo do caminho e governar de fato a Sicília. Dionísio voltou-se contra Dião, expulsou-o do país e em seguida demitiu Platão.

Mas Dião tomou o poder em 355 a.C. e destituiu o jovem Dionísio. Apesar de sua filosofia, Dião governou de maneira tão tirânica quanto Dionísio; anos mais tarde, em 353 a.C., foi assassinado.

Depois de um tempo, Dionísio se aproveitou da confusão e voltou ao poder. A Sicília, então, foi governada de modo mais tirânico ainda e com menor competência do que nunca. Houve levantes e guerras civis, e a vida ficou insuportável. Finalmente, em 343 a.C., os cidadãos de Siracusa apelaram a Corinto (a cidade-mãe) para que a libertasse de seus tiranos.

Isso podia parecer uma expectativa insensata, mas Corinto tinha justamente o homem adequado para a tarefa: era Timoleão, um democrata sincero e idealista. Timoleão rejeitava tão vigorosamente a tirania que, quando o próprio irmão se tornou tirano, ele aprovou a execução do irmão. A família deles, indignada, enviou Timoleão ao exílio por vinte anos. Tinha quase 70 anos quando aceitou imediatamente ao chamado de Siracusa.

Timoleão desembarcou na Sicília com 1.200 homens, e deu início a uma violenta guerra civil; as forças de Dionísio, o Jovem, estavam sitiadas por inimigos. Timoleão aceitou a rendição de

Dionísio, que se retirou para Corinto e passou o restante de seus dias dirigindo pacificamente uma espécie de escola. Timoleão em seguida estabeleceu a paz entre as facções rivais e se tornou o senhor de Siracusa.

Chamou de volta os exilados, atraiu novos colonos da Grécia, restabeleceu a democracia e, depois, derrubou as tiranias que haviam surgido em outras cidades sicilianas. Quando Cartago tentou intervir, Timoleão derrotou-a em 338 a.C. Teve sucesso em tudo e, ao terminar seu trabalho, renunciou, pois não queria poder. No ano seguinte, em 337 a.C., morreu.

O pequeno vislumbre de hegemonia que havia nascido com Dionísio I desapareceu nos anos de desordem que se seguiram à morte dele. O momento histórico havia passado; afinal, Siracusa não estava destinada a salvar a Grécia, e nem a si mesma.

A HORA DE TESSÁLIA

Enquanto Dionísio governava a Sicília e Esparta entrava em declínio, a Tessália, na Grécia setentrional, teve um breve momento de poder.

Em tempos micênicos, a terra que depois daria origem à Tessália foi o berço de Jasão, o chefe dos argonautas, e de Aquiles, o herói da *Ilíada*. Era a maior planície da Grécia, fértil e atraente. (O formoso "vale do Tempe", imortalizado pelos autores gregos, fica nessa região.)

A Tessália era o único lugar da Grécia continental em que os cavalos tinham utilidade prática para a guerra. A suposição era que os lendários centauros (metade homens, metade cavalos) haviam vivido na Tessália, e isso talvez sugira o que os gregos primitivos acreditavam ter visto ao deparar pela primeira vez com os ginetes tessálios.

Se a Tessália tivesse contado com um governo unido, poderia ter dominado a Grécia, mas depois da invasão dória ficou fora da corrente principal da história grega. Os ginetes tessálios foram famosos e úteis como mercenários (por exemplo, um destacamento deles serviu na guarda pessoal de Pisístrato, o tirano de Atenas), mas a Tessália era habitada por tribos rivais, incapazes de se unir para fazer sentir a própria força.

Mais tarde, nos tempos de Epaminondas, um novo Jasão apareceu na Tessália. Era Jasão de Feres, cidade da Tessália central. Utilizando-se de astutas manobras políticas e de tropas mercenárias, Jasão uniu a Tessália sob seu comando. Em 371 a.C., foi nomeado general dos clãs tessálios. Posto que Esparta (na época, vivendo os últimos dias de sua hegemonia) opunha-se à criação, na Grécia, de unidades maiores do que a cidade-Estado, Jasão aliou-se a Tebas.

A batalha de Leuctra ocorreu quase que imediatamente (ver página 197), e Jasão, à frente de sua cavalaria, lançou-se rapidamente para o sul a fim de conseguir estar presente no campo de batalha alguns dias mais tarde – do mesmo modo que antes os espartanos haviam marchado para o norte para chegar em Maratona. Por um breve tempo, com Esparta arruinada e Tebas limitando-se a garantir que ela continuaria arruinada, Jasão sentiu-se o homem mais poderoso da Grécia continental. Sonhou em liderar a Grécia e unir as cidades-Estado contra a Pérsia. Talvez até conseguisse se não tivesse sido assassinado em 370 a.C.

A morte dele mergulhou a Tessália em confusão. O governo de Feres passou ao sobrinho de Jasão, Alexandre, que era um homem cruel, sem o encanto de seu malogrado tio. Não foi capaz de manter o domínio sobre as tribos tessálias, como Jasão havia feito. Para piorar as coisas, a Macedônia, situada ao norte da Tessália, aproveitou a oportunidade para intervir.

A Macedônia desfrutava de crescente prosperidade. Sua capital, Pela, trinta quilômetros para dentro do extremo norte-ocidental do mar Egeu, foi refúgio de muitos gregos exilados por razões políticas. O autor ateniense Eurípides passou os últimos anos de sua vida na corte da Macedônia.

O assassinato de Jasão abriu caminho para a Macedônia, e quando, em 369 a.C., Alexandre II assumiu o trono, implantou uma política vigorosa e tentou, por sua vez, influenciar a Tessália.

Por um breve tempo, os dois Alexandres, o da Macedônia e o de Feres, se enfrentaram. As cidades Tessálias, que desejavam se libertar de ambos, pediram ajuda a Tebas, que graças a Leuctra era, então, a potência dominante na Grécia.

Em resposta, Tebas enviou uma expedição ao norte sob comando de Pelópidas, que dera início aos dias de grandeza tebana com sua conspiração contra os amos espartanos (ver página 196). Pelópidas assinou um tratado com Alexandre II, mas que logo foi anulado quando o rei macedônio foi assassinado, em 368 a.C., por um de seus nobres. O assassino assumiu o papel de regente do filho mais velho de Alexandre, Pérdicas III.

Pelópidas teve que voltar a Tebas. Para ter certeza de que a Macedônia não criaria problemas, quaisquer que fossem as desordens em que se visse envolvida, levou consigo vários reféns escolhidos em meio à nobreza macedônia. Um deles era Filipe, irmão mais novo do recém-empossado rei, que tinha então 13 anos.

Pelópidas não teve muita sorte em sua tarefa de castigar Alexandre de Feres. Numa segunda expedição, foi capturado e aprisionado por vários meses, até que uma força expedicionária tebana conduzida por Epaminondas obrigou Alexandre a libertá-lo.

Em 364 a.C., Pelópidas encabeçou uma terceira expedição à Tessália e enfrentou o exército de Alexandre em Cinoscéfalos, ao norte de Feres. Os tebanos saíram vitoriosos, mas Pelópidas morreu. Os furiosos tebanos descarregaram toda a fúria sobre Alexandre, que foi obrigado a declarar a paz e a ficar confinado na cidade de Feres. Dedicou-se à pirataria para viver e finalmente, em 357 a.C., foi assassinado. A ameaça da Tessália à Grécia foi neutralizada para sempre.

A HORA DE CÁRIA

No entanto, outra ameaça surgiu no leste. Não era a Pérsia, pois esse gigante, embora ainda existisse, estava esgotado demais para se complicar. Dessa vez, a ameaça provinha daquela parte do interior da Ásia Menor chamada Cária. As tribos cárias haviam dominado a costa jônica antes dos assentamentos gregos se estabelecerem após as invasões dórias (ver página 21). Posteriormente, ficaram sob a dominação primeiro da Lídia e depois da Pérsia, sem figurar separadamente na história.

Pelo menos não até o período posterior à queda de Esparta. Então, com o enfraquecimento do domínio persa, os cários conheceram um momento de poder. Tinham os próprios chefes, que nominalmente eram sátrapas persas, mas na realidade desfrutavam de independência.

O mais capaz e poderoso deles era Mausolo, que chegou ao poder em 377 a.C. Ele estendeu seu domínio sobre toda a região sul-ocidental da Ásia Menor e transferiu sua capital de uma cidade cária insular até a cidade grega de Halicarnasso, pátria do historiador Heródoto, na costa. Pouco a pouco, começou a construir uma frota e a tentar dominar o Egeu a partir da sua nova base no litoral.

O inimigo grego que enfrentou foi Atenas. Esparta estava fora de combate, e, depois da morte de Epaminondas, Tebas havia se recolhido e não desejava se envolver em aventuras distantes. Só restava Atenas e sua frota. De novo, ela dominava o mar Egeu e conseguia vitórias no norte que asseguravam seu cordão umbilical.

Em 357 a.C., entretanto, Mausolo começou a avançar. Criou intrigas nas ilhas maiores do Egeu e persuadiu-as a se rebelarem contra seus dominadores atenienses. Atenas enviou uma frota para dominá-las, mas foi derrotada; os almirantes atenienses caíram em desgraça e foram destituídos. No entanto, o general ateniense Cares desembarcou na Ásia Menor em 355 a.C. e combateu com êxito contra exércitos persas. A fragilidade da Pérsia e a facilidade com que seus exércitos podiam ser derrotados ficaram evidentes mais uma vez.

Apesar das vitórias de Cares, Atenas decidiu não se lançar em grandes aventuras. O desastre em Siracusa a dissuadira para sempre de tais tentações. Selou a paz com Mausolo e declarou que, se as grandes ilhas do Egeu quisessem ser independentes, que ficassem à vontade. Atenas abriu mão delas. Não alimentava mais ambições imperiais e bastava-lhe ter assegurado o cordão umbilical.

Mausolo continuou avançando, e, em 363 a.C., anexou a grande ilha de Rodes, a oitenta quilômetros a sudoeste de Halicarnasso. Quando parecia estar prestes a iniciar grandes façanhas, entretanto, morreu, e, como aconteceu com Jasão de Feres, o poder de Cária declinou.

A viúva de Mausolo, Artemísia, ficou inconsolável com a morte do marido. Decidiu erguer um monumento a ele e mandou construir um grande túmulo no porto de Halicarnasso. Além do corpo do falecido rei, abrigava gigantescas estátuas dele e dela, com a escultura de um carro no alto da tumba e um friso esculpido em toda a sua volta.

Um indício da decadência da cultura na Era da Prata é que o gosto dos gregos passou a se inclinar ao rebuscado e aparatoso. A sóbria coluna dórica perdera popularidade, e em algumas partes, por volta de 430 a.C., via-se a invenção do arquiteto Calímaco, a coluna coríntia, muito mais ornamentada.

O glorioso Partenon foi sucedido pela tumba de Mausolo (o "Mausoléu", palavra que é usada ainda hoje para designar um grande templo fúnebre), que provavelmente era decorada demais para expressar uma real beleza. No entanto, quando os gregos fizeram sua lista das Sete Maravilhas do Mundo, incluíram o Mausoléu, e não o Partenon.

Outra "Maravilha" da época, também marcada pelo fausto, estava localizada em Éfeso. A deusa padroeira da cidade era Ártemis, e em sua homenagem foi construído um complexo templo (o Artemísio ou, em sua forma latina, *Artemisium*). Havia sido iniciado na época de Creso e foi concluído por volta de 420 a.C. Era impressionante o bastante para ser considerado uma das Sete Maravilhas do Mundo.

Em outubro de 356 a.C., o Artemísio foi destruído pelo fogo, vitimado por um incêndio planejado. Quando o culpado foi preso, perguntaram-lhe por que razão havia feito aquilo. Respondeu que sua intenção era fazer com que seu nome perdurasse na história. Mas para frustrar seu desejo, ordenou-se que seu nome fosse apagado de todos os testemunhos e que nunca fosse pronunciado, além de ser executado.

Mas o homem, no final das contas, acabou conseguindo realizar seu desejo, pois seu nome sobreviveu e é conhecido: chamava-se Heróstrato, e sempre será lembrado como o homem que incendiou de propósito uma das Sete Maravilhas do Mundo.

13.

MACEDÔNIA

O ADVENTO DE FILIPE

A morte de homens sedentos pelo poder não salvou as cidades-Estado gregas. Assim que um perigo desaparecia, outro aparecia. O problema real era que a cidade-Estado chegara ao fim. Não se tratava de tentar adivinhar se a Grécia cairia ou não sob a dominação de outro reino. Isso já estava certo! A questão era: qual deles?

Em 365 a.C. ninguém teria achado que a Macedônia seria um perigo. Recentemente havia sido dominada pela Tessália sob Jasão de Feres, e mais recentemente passara pela comoção do assassinato de seu rei, Alexandre II. O jovem rei Pérdicas III, filho de Alexandre, estava sob a tutela do assassino, que assumira como regente.

Além disso, a Macedônia estava rodeada por tribos semicivilizadas que representavam um perigo constante. Enquanto precisasse enfrentar essas tribos, tinha escassas oportunidades de exercer um papel enérgico na Grécia. De fato, longe de ser um perigo para a Grécia, atuava como um conveniente amortecedor entre a civilização grega e os bárbaros do norte.

Mas em 365 a.C., as coisas começaram a mudar. O jovem rei esperou atentamente o momento oportuno, mandou assassinar o regente e assumiu sozinho o governo da Macedônia. No ano seguinte, seu irmão mais novo, Filipe, retornou à Macedônia.

Filipe havia sido levado a Tebas como refém em 367 a.C. (ver página 213). Durante os três anos que ali passou, teve a oportunidade de conhecer melhor Epaminondas. Filipe era um jovem extremamente brilhante e observou bem a falange tebana e a maneira com que Epaminondas manobrava seus exércitos. Filipe não se esqueceu de nada do que aprendeu.

O conhecimento e a capacidade dele seriam muito necessários, pois a Macedônia estava em dificuldades. Suas perturbações internas eram um convite permanente às tribos circundantes. Pérdicas fora morto numa escaramuça na fronteira, em 359 a.C. O reino se viu na desesperada situação de estar ameaçado de invasão por todos lados e com apenas um menino no trono, Amintas III, filho de Pérdicas.

Evidentemente, alguém precisava agir no lugar do jovem rei, e seu tio Filipe (que tinha apenas 21 anos) assumiu a regência. Filipe já havia assegurado a amizade do vizinho Epiro no oeste (que estivera sob a dominação de Dionísio I de Siracusa, mas encontrava-se agora de novo sob o governo de príncipes nativos), ao se casar com Olímpia, sobrinha de seu rei, em 359 a.C.

Com incrível energia, Filipe começou a atacar em todas as direções, e, em 358 a.C., havia encerrado as incursões fronteiriças. Lançou-se primeiro contra os peônios ao norte e depois contra os ilírios, a noroeste, e expulsou-os da Macedônia. Numa campanha posterior esmagou uns e outros de novo e pôs fim ao perigo que representavam, pelo menos enquanto viveu.

Feito isto, e assegurado o Epiro, Filipe dominou toda a região situada ao norte da Grécia, desde a Trácia, a leste, até o Adriático, a oeste.

Pôde, então, dirigir sua atenção ao Egeu, e logo conquistou valiosos territórios a sudeste, na Calcídica. A cidade mais forte da península era Olinto, que formara uma confederação de cidades calcídicas para se opor às ambições de Filipe.

De início, nem os atenienses nem os olíntios consideravam Filipe uma ameaça. Os macedônios nunca haviam sido mais do que um incômodo, e cada parte se sentia totalmente segura ao usar Filipe como uma espécie de arma contra a outra.

Para Filipe foi muito fácil aproveitar a cobiça de cada um dos lados e enganar a ambos. Manteve os atenienses quietos prometendo-lhes a devolução do território de Olinto e acalmou os olíntios prometendo-lhes a entrega de Potideia, cidade vizinha e, havia muito tempo, rival. Depois, é claro, apropriou-se de tudo o que tinha tomado e respondeu a todos os protestos de engano e fraude com muita serenidade. Em particular, tomou a cidade de Anfípolis em 358 a.C.

Poucos meses mais tarde, ampliou e reformou uma cidade situada por volta de cem quilômetros de Anfípolis, rebatizando-a como Filipos numa homenagem a si mesmo. Perto dela havia valiosas minas de ouro que renderam grandes somas de dinheiro e serviram para Filipe comprar úteis aliados entre os gregos.

Nesses primeiros anos, Filipe também reorganizou suas tropas. Já tinha cavalaria, parte tradicional do exército macedônio, mas precisava de infantes bem treinados. Adotou as ideias de Ifícrates e criou contingentes de peltastas e fundeiros dotados de armamento leve.

Medida mais importante ainda foi adotar a falange tebana, na qual introduziu melhorias fundamentais. Queria que a falange fosse algo mais que um simples tronco movendo-se apenas na direção para a qual apontava. Por isso, tornou-a menos densa e com menos fileiras, conferindo-lhe maior capacidade de manobra.

Os homens das fileiras da retaguarda repousavam suas lanças extremamente compridas sobre os ombros dos soldados postados diante deles, de modo que a "falange macedônia" assemelhava-se a um porco-espinho. Deslocando as lanças e girando, o porco-espinho era capaz de enfrentar o inimigo em qualquer direção.

Em 356 a.C., Olímpia deu à luz um menino que foi chamado de Alexandre e de quem falaremos adiante. Segundo uma tradição, nasceu no mesmo dia em que Heróstrato incendiou o Artemísio de Éfeso (ver página 216), mas isso provavelmente é invenção posterior.

Filipe já demonstrara que tinha capacidade, para satisfação de sua nação. Tinha grandes ambições, das quais não abriria mão, apesar de

Amintas ter alcançado a maioridade, sobretudo agora que tinha um filho. Por isso, em 356 a.C., Filipe depôs Amintas e ocupou o trono com o nome de Filipe II.

OS ORADORES DE ATENAS

No século posterior à Guerra do Peloponeso, surgiu em Atenas um novo grupo importante de indivíduos, os "oradores", que expandiram sua influência por toda a Grécia graças à força das ideias que tinha, que expunham de forma persuasiva e lógica. Era um indício, de certo modo, de que Atenas passava dos feitos às palavras, da ação ao discurso.

Um dos mais famosos foi Isócrates, nascido no ano de 436 a.C. Não tinha a voz necessária para pronunciar seus discursos com eficácia, mas escreveu muito e foi um bom professor. Quase todos os oradores do período foram seus discípulos.

Isócrates era um grego (talvez o único) que havia aprendido a lição da época de que a cidade-Estado estava ultrapassada. Já em 380 a.C. começou a insistir em um tema: que os gregos deviam deixar de lutar entre eles e unirem-se numa liga "pan-helênica" (de toda Grécia). Se precisassem de algum inimigo comum que os mantivesse unidos, ali estaria sempre o velho inimigo, a Pérsia. Isócrates procurou algum líder que fosse capaz de conduzir as forças gregas unidas e por um momento fixou suas esperanças em Dionísio I de Siracusa.

Mas Isócrates não encontrou ninguém que o escutasse (e viveu por quase um século). A Grécia decidira se suicidar.

No entanto, o maior de todos os oradores atenienses, e o que se destacou como o grande adversário de Filipe, foi Demóstenes. (É importante não o confundir com o general ateniense de mesmo nome que, durante a Guerra do Peloponeso, capturou Pilos e morreu em Siracusa.)

O orador Demóstenes nasceu em 384 a.C., quando Atenas começava a se recuperar da Guerra do Peloponeso. Teve uma infância difícil, pois seu pai morreu quando ele era criança e um parente fugiu com a fortuna da família.

Demóstenes viu-se obrigado a progredir por seus próprios meios, e contam-se muitas histórias sobre o tremendo esforço que se impôs para alcançar a grandeza. Diz-se que barbeava apenas uma parte do rosto, para obrigar-se a permanecer no isolamento, estudando. Copiou oito vezes toda a obra de Tucídides para estudar o bom estilo. Tinha algum tipo de impedimento na fala, por isso colocava seixos dentro da boca ao falar, a fim de se obrigar a pronunciar com clareza. Também treinava seus discursos na praia, com o barulho das ondas, para se obrigar a fortalecer o tom de voz. Finalmente, transformou-se em um grande orador, um dos maiores de todos os tempos.

O sonho de Demóstenes era fazer de Atenas o escudo de toda Grécia, disposta sempre a socorrer qualquer cidade grega ameaçada por bárbaros. Para Demóstenes, Filipe era um bárbaro, e observava com preocupação o macedônio apoderar-se da costa norte do Egeu, trecho a trecho.

Em 355 a.C., a própria situação que imperava na Grécia começou a favorecer Filipe. Naquele ano, a Fócida tomou Delfos de novo, em outra de suas repetidas tentativas de dominar a cidade sagrada que havia sido outrora parte de seu território. Isso deu início à Terceira Guerra Sagrada.

Os tebanos marcharam contra a Fócida e derrotaram os focenses em 354 a.C., embora não de forma conclusiva. Assim que os tebanos foram embora, a Fócida, muito bem conduzida, expandiu a influência que tinha novamente e começou a dominar partes da Tessália ao norte. Por um momento, a Fócida pareceu estar a ponto de obter o domínio da Grécia setentrional.

Mas o tessálios apelaram a Filipe, que acabava de ocupar a última das posses atenienses a norte. A pretexto de proteger a cidade sagrada de Delfos, ele marchou para o sul. Os focenses o enfrentaram por um tempo, mas em 353 a.C. Filipe derrotou-os e se apoderou de toda a Tessália. Era o senhor de todo o norte (à exceção de Olinto) até a passagem das Termópilas. Nenhum bárbaro havia levado os gregos até aquela passagem desde os dias de Xerxes.

A Fócida se salvou quando Atenas, Esparta e outras cidades gregas se uniram para ajudá-la, mas, como de costume, nenhuma união durava muito tempo. Esparta tentava recuperar o que havia perdido vinte anos antes e se dispunha a atacar Megalópolis, na Arcádia. Atenas voltou para detê-la e a frente unida contra Filipe se desfez.

Em 352 a.C., Filipe dirigiu-se à Trácia e estendeu sua influência sobre os estreitos, que eram o cordão umbilical de Atenas.

Isso foi o cúmulo. Mausolo estava morto e não havia nada que dissuadisse Atenas. Mesmo um cego enxergava que Filipe era infinitamente mais perigoso do que Mausolo poderia ter sido.

Por isso, em 351 a.C., Demóstenes pronunciou um importante discurso sobre o perigo macedônio. Foi a "Primeira Filípica", assim chamada em razão do homem a quem era dirigida, e desde então a palavra "filípica" tem sido usada para aludir a qualquer discurso pronunciado, direta e violentamente, contra um indivíduo determinado.

Infelizmente, o tempo para empreender uma cruzada já havia passado, para Atenas, havia muito tempo. O tom urgente das palavras de Demóstenes não encontrou resposta. Houve até atenienses que não compartilhavam das preocupações antimacedônias de Demóstenes e encaravam Filipe não como um bárbaro perigoso, mas como um grego fronteiriço que teria poder suficiente para unir as cidades-Estado e liderá-las em uma guerra pan-helênica contra a Pérsia. Isócrates era um deles, assim como Esquines, um orador inferior apenas a Demóstenes, que também apoiava a paz.

Filipe, bem pouco preocupado com as palavras de Demóstenes, dirigiu-se ao que restava da Calcídica, a própria Olinto. Esta, tomada pelo pânico, pediu ajuda aos atenienses e Demóstenes pronunciou três discursos conclamando o envio dessa ajuda. Mas tudo o que os atenienses puderam fazer foi enviar um general, Cares, à frente de uns poucos mercenários. Foi um erro. Filipe arrasou Cares e tomou Olinto em 348 a.C.

Só restou a Atenas pedir a paz. Enviou dez embaixadores a Filipe, entre eles Demóstenes e Esquines, para negociar os termos. Filipe estendeu de propósito o tempo das negociações, arrumando sempre alguma desculpa, e aproveitou para ampliar seu domínio sobre a Trácia. Finalmente assinou uma paz que, apesar de assegurar a Atenas o Quersoneso trácio, fazia com que se resignasse ao inevitável (depois de oitenta anos), isto é, renunciasse a qualquer pretensão sobre Anfípolis.

Depois de assinar a paz, Filipe atravessou tranquilamente a passagem das Termópilas para castigar os focenses, que dez anos antes haviam se apoderado de Delfos. Em acordo com Tebas, arrancou Delfos dos focenses. Em 346 a.C. foi Filipe (que Demóstenes sequer considerava um grego) quem presidiu os Jogos Píticos que Clístenes de Sícion havia fundado dois séculos antes, por ocasião da Primeira Guerra Sagrada (ver página 75).

O DECLÍNIO DE TEBAS

Demóstenes não desistiu da inimizade que mantinha com Filipe e dedicava todos os esforços a organizar uma nova guerra, mais bem-sucedida, contra a Macedônia. Aos poucos ganhou poder na cidade sobre a fração pró-macedônia e em 344 a.C. pronunciou sua "Segunda Filípica".

Mas Filipe seguia seu caminho e ocupou o que restava da Trácia. Em 341 a.C. fundou Filipópolis, ou "cidade de Filipe", a 160 quilômetros ao norte do Egeu. Havia avançado para o norte mais do que qualquer exército civilizado desde o tempo da invasão da Trácia por Dario, um século e meio antes.

Naquele ano, Demóstenes pronunciou sua "Terceira Filípica" e persuadiu as cidades gregas da Propôntida, incluindo Bizâncio, a se rebelarem contra Filipe. Induziu Atenas a apoiar Bizâncio, o que significou uma nova guerra entre Atenas e a Macedônia. Filipe sofreu aqui seu maior fracasso, pois, após um longo assédio, viu-se obrigado a abandonar a tentativa que faria de tomar Bizâncio. Seu prestígio decaiu e o de Demóstenes cresceu.

Mas a cidade de Anfisa, na Fócida, vinha cultivando alguns campos que faziam parte de Crisa dois séculos antes e haviam sido objeto de uma maldição depois da Primeira Guerra Sagrada (ver página 75). Os sacerdotes que dirigiam Delfos consideraram isso um escândalo, e assim começou a Quarta Guerra Sagrada. Filipe foi chamado uma vez mais, e logo seu exército acampou nas costas do golfo de Corinto.

Demóstenes teve, então, sua maior vitória diplomática. Convenceu Tebas a se aliar a Atenas contra Filipe. Os tebanos, apesar de terem feito muito pouco desde a morte de Epaminondas um quarto de século antes, ainda mantinham viva a lembrança das batalhas de Leuctra e Mantineia, e se consideravam uma importante potência militar. Demóstenes também acreditava nisso e se sentia seguro à sombra do exército tebano.

Juntas, Tebas e Atenas enfrentaram o poder da Macedônia em Queroneia, na Beócia ocidental. A Hoste Sagrada tebana, que nunca havia sido derrotada em batalha desde que formada por Epaminondas uma geração antes, enfrentou a falange macedônia. Na realidade, era a primeira grande prova enfrentada pela falange de Filipe.

O resultado foi desastroso para os gregos. Os atenienses se dispersaram e fugiram. Entre eles estava Demóstenes, que não estava tão disposto assim a morrer pelas próprias crenças. (Depois da batalha, foi repreendido por ter fugido, ao que respondeu com uma frase que ficou famosa. Ligeiramente modificada, diz: "Quem combate e foge vive para combater de novo".)

Os tebanos lutaram mais honrosamente em Queroneia. A Hoste Sagrada lançou-se contra a falange Macedônia que, apesar de arrasada, não fugiu. Todos os seus soldados morreram, como haviam feito os espartanos nas Termópilas, enfrentando o inimigo. Para Tebas foi uma derrota, mas não uma desonra.

Esse foi o fim da hegemonia tebana e o início da macedônia, que duraria mais de um século.

Diz-se que o velho Isócrates morreu de um ataque do coração ao saber das notícias de Queroneia, mas isso não parece muito verídico. Sempre fora partidário de Filipe, que via como o homem do momento, e era favorável a unir a Grécia contra a Pérsia (justamente o que Filipe planejava fazer). É muito mais provável que Isócrates tenha morrido pela idade avançada, simplesmente. Afinal, tinha 98 anos quando aconteceu a batalha de Queroneia.

Filipe ocupou Tebas e tratou-a com dureza, mas deixou Atenas intacta e dominou-a pela amabilidade. Essa atitude talvez resultasse de sua admiração pelo passado de Atenas, mas também pode ter decorrido pelo respeito que tinha pela frota ateniense, que estava intacta e podia causar-lhe muitos problemas, mesmo que ele ocupasse a Ática.

Restava apenas o Peloponeso, e foi até lá que Filipe se dirigiu. Não encontrou nenhuma resistência, exceto a de Esparta. Apenas ela, em orgulhosa lembrança de seu passado, negou-se a se submeter. Conta-se que Filipe enviou a Esparta uma mensagem que dizia: "Se eu entrar na Lacônia, arrasarei Esparta". Segundo a mesma história, os desafiadores éforos espartanos responderam com uma só palavra: "Sim...". É o mais famoso exemplo de laconismo da história.

Talvez Filipe tenha sentido uma assombrosa admiração pelo orgulho da desamparada cidade. Ou pode também ter se lembrado das Termópilas e pensado que, afinal, Esparta não poderia lhe causar nenhum dano. Seja como for, abandonou o Peloponeso sem tentar dominar Esparta.

Filipe dominava, agora, toda a Grécia (exceto Esparta, a isolada) e convocou uma assembleia de cidades gregas. Elas se reuniram em Corinto, em 337 a.C., como haviam feito um século e meio antes para enfrentar o perigo persa. Dessa vez, porém, a situação se inverteu. Votaram a favor da guerra contra a Pérsia e elegeram Filipe como comandante-chefe. Até chegaram a enviar forças macedônias de vanguarda à Ásia Menor, a fim de preparar o caminho para o ataque geral.

Nesse momento, no entanto, surgiram dificuldades domésticas para Filipe. Ele podia ser capaz de derrotar Demóstenes e dominar toda a Grécia, mas em sua família havia alguém mais forte do que ele: sua esposa epirota, Olímpia.

Filipe havia tempos estava cansado da esposa, uma mulher violenta e difícil. Em 337 a.C., decidiu divorciar-se e casar-se com a jovem sobrinha de um de seus generais. Olímpia abandonou a Macedônia e se dirigiu ao reino de seu irmão, o Epiro. Estava furiosa e decidida a vingar-se por qualquer meio.

Filipe casou-se e teve um filho de sua nova mulher. Com isso, era cada vez maior a possibilidade de que deserdasse o filho Alexandre em favor de seu novo rebento, e que surgisse uma luta interna que poderia acabar com todos os seus planos.

Decidiu, então, evitar problemas cooptando o rei do Epiro (irmão de Olímpia), a quem propôs um matrimônio com sua filha, sobrinha do rei epirota. A oferta foi aceita e a festa de casamento foi alegre e suntuosa.

Mas em 336 a.C., nessa festa, Filipe, o conquistador da Grécia, no auge de sua fama e a ponto de partir para a Ásia, foi assassinado. Ninguém duvida que tenha sido Olímpia quem ajudou a preparar o assassinato, e muitos suspeitam que também Alexandre interveio.

O ADVENTO DE ALEXANDRE

Com a morte de Filipe, as cidades gregas se ergueram na esperança de recuperar a própria liberdade. Tinham plena confiança de que seria possível. Afinal, se o poder siracusano havia desaparecido com

Dionísio, o tessálio, com Jasão, e o cário, com Mausolo, sem dúvida o poder macedônio desapareceria com Filipe.

O filho de Filipe sucedeu-o no trono com o nome de Alexandre III, mas tinha só 20 anos ("É apenas um rapaz", dizia Demóstenes com desprezo) e a ele não se deu muita atenção.

Infelizmente para Demóstenes, Alexandre não era apenas um rapaz. Filipe foi um dos poucos homens notáveis na história que teve um filho mais notável ainda. (De certo modo, isso foi uma infelicidade para Filipe, pois seus grandes feitos foram ofuscados pelas ainda maiores realizações de seu filho.)

Contam-se alguns episódios famosos a respeito da juventude de Alexandre. Segundo uma delas, quando ainda adolescente, domou um cavalo selvagem que ninguém conseguia controlar. Percebeu que o cavalo ficava aterrorizado com a própria sombra, por isso manejou-o de modo que tivesse sempre o sol à sua frente. Desse modo, a sombra dele ficava sempre para trás, o que acalmou o cavalo e o fez se deixar dominar. Tinha sobre a fronte uma marca semelhante à cabeça de um boi, e por isso foi chamado de *Bucéfalo*, ou "cabeça de boi". Alexandre, mais tarde, cavalgou nele vida afora, e provavelmente é o cavalo mais famoso da história.

Em 342 a.C., quando Alexandre tinha 14 anos, Filipe providenciou-lhe um tutor grego. Era Aristóteles, que viria a ser considerado o maior de todos os pensadores gregos.

Aristóteles nasceu em 384 a.C. na cidade de Estagira, na Calcídica. Seu pai havia sido médico de Amintas II, pai de Filipe da Macedônia. Aos 17 anos, Aristóteles foi para Atenas estudar com Platão e permaneceu na Academia de 367 a 347 a.C.; só abandonou a Academia depois da morte de Platão.

Quando Alexandre subiu ao trono, Aristóteles partiu para Atenas e fundou uma escola chamada *Lykeoin*, ou, na forma derivada do latim, Liceu, em homenagem a um templo próximo dedicado a *Apolo Lykeois* ("Apolo, o Matador de Lobos").

As aulas de Aristóteles foram reunidas em muitos volumes, que formam praticamente uma enciclopédia do conhecimento da época, feita por um só homem; boa parte dela expressa o pensamento, a observação e a capacidade de organizar informações do próprio Aristóteles. Tampouco se limitou à ciência, pois abordou a ética, a crítica literária e a política. No total, os volumes a ele atribuídos totalizam cerca de quatrocentos, dos quais sobreviveram perto de cinquenta. (Aristóteles viveu na época da morte da cidade-Estado, mas suas análises sobre política tratavam apenas da cidade-Estado. Apesar de ter sido o maior pensador da Antiguidade, não conseguiu vislumbrar o que havia além dela.)

Aristóteles não abordou a matemática, mas fundou um ramo quase matemático do pensamento: a lógica. Desenvolveu de maneira extensa e detalhada a arte de raciocinar a partir de premissas para chegar a conclusões necessárias.

Seus melhores escritos científicos foram os relativos à biologia. Era um observador atento e meticuloso, fascinado pela tarefa de classificar espécies animais. Interessou-se particularmente pela vida marinha e observou que o golfinho dá à luz sua cria de maneira similar aos animais dos campos. Por essa razão, afirmou que os golfinhos não eram peixes, e nisso estava já dois mil anos à frente de seu tempo.

Na física, Aristóteles teve muito menos sucesso. Rechaçou o atomismo de Demócrito (ver página 151) e as especulações de Heráclides (ver página 205), prosseguiu com as esferas celestes de Eudoxo (ver página 205) às quais agregou outras, até alcançar um total de 54, e também admitiu os quatro elementos de Empédocles (ver página 132), aos quais acrescentou um quinto, o éter, que acreditava ser o constituinte dos céus.

Não sabemos em que medida Alexandre absorveu os ensinamentos de Aristóteles. Foi seu discípulo durante poucos anos, nos quais também se dedicava a suas tarefas como príncipe. Aos 16 anos, já estava à frente da Macedônia enquanto o pai assediava Bizâncio. Embora

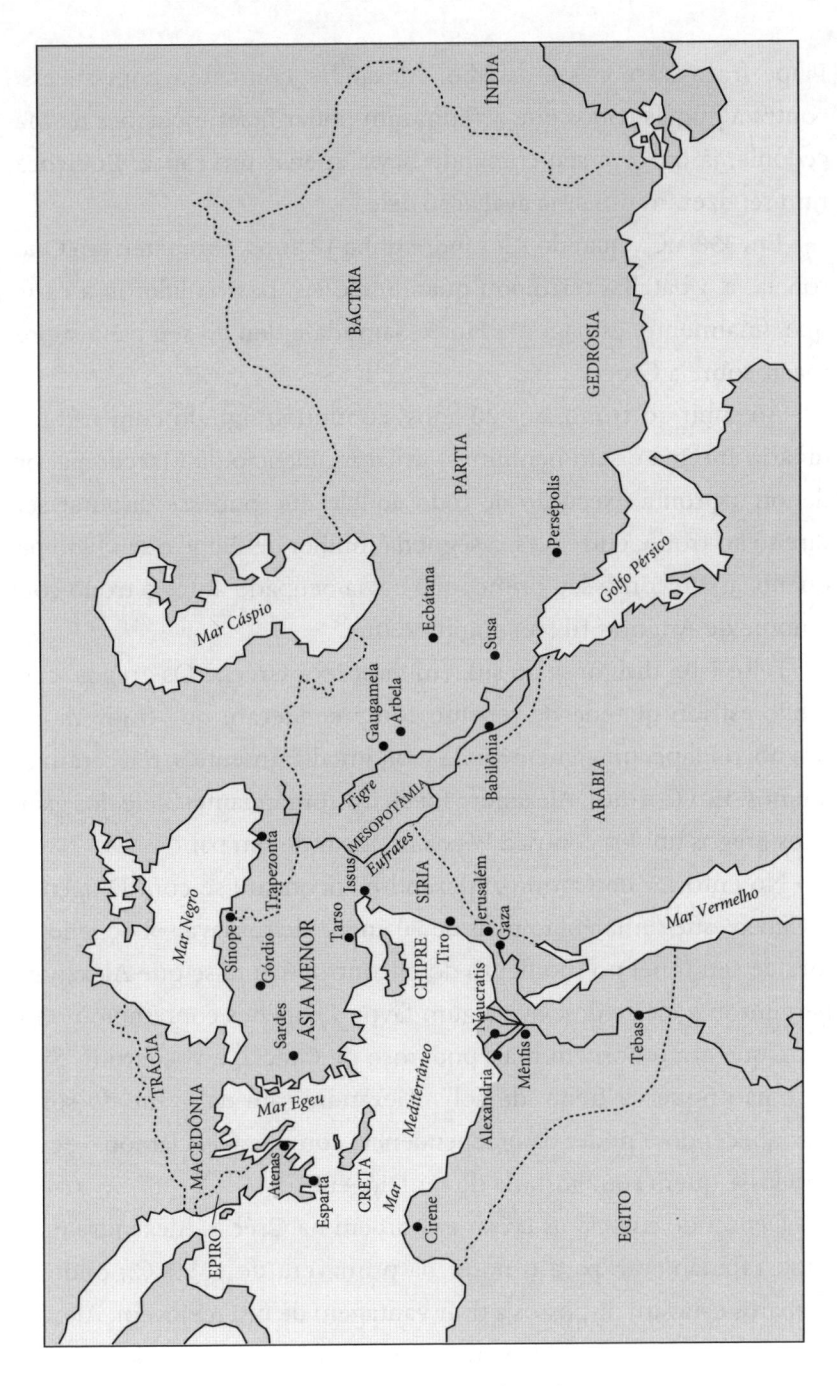

Figura 5: O império de Alexandre.

Filipe fracassasse nesse assédio, Alexandre combateu com sucesso contra algumas tribos que acreditavam poder fazer incursões na Macedônia, já que em seu comando havia apenas um rapaz. Equivocaram-se; fizeram uma má avaliação dele.

Em 338 a.C., quando Alexandre tinha 18 anos, combateu em Queroneia, e a batalha terminou quando ele em pessoa liderou a carga que, finalmente, esmagou a Hoste Sagrada e deu ao seu pai a supremacia sobre a Grécia.

Ao subir ao trono, aos 20 anos, continuou agindo com extraordinária energia e sem nenhuma vacilação. Dentro da Macedônia, ordenou a pronta execução de todo aquele que pudesse disputar seu direito ao trono, entre eles, a segunda mulher de Filipe e seu filho pequeno, assim como seu primo, que havia ocupado antes o trono com o nome de Amintas III (ver página 220).

Feito isto, dirigiu-se ao sul, em direção à Grécia. Os gregos, cujo júbilo esfriou quando de repente compreenderam que o jovem era um novo Filipe, ou alguém ainda pior, imediatamente arrefeceram os ânimos. Em Corinto, Alexandre foi eleito comandante-chefe dos exércitos gregos unidos contra a Pérsia no lugar de seu pai.

No entorno de Corinto, Alexandre encontrou-se com Diógenes, o Cínico, que tinha então mais de 70 anos. Ele tomava sol do lado de fora de seu tonel no momento do encontro. Conta-se que Alexandre perguntou a ele se desejava algum favor. Diógenes contemplou o jovem, que era o homem mais poderoso de Grécia, e vociferou: "Sim. Que não fique na frente do sol". Alexandre saiu da frente do sol e, reconhecendo o poder da independência completa, exclamou: "Se eu não fosse quem sou, gostaria de ser Diógenes".

Depois de colocar as coisas em ordem na Grécia, Alexandre marchou rapidamente para o norte na primavera de 335 a.C., onde os bárbaros estavam dispostos a tirar vantagem de um rei jovem. Alexandre esmagou-os tão rapidamente que mal tiveram tempo de perceber o que estava acontecendo. Um raio não os teria surpreendido tanto.

Mas, enquanto estava no norte, correu na Grécia a notícia de que havia morrido. Imediatamente, Tebas se rebelou e sitiou a guarnição macedônia da Cadmeia. Demóstenes transferiu fundos aos tebanos e persuadiu os atenienses a se aliarem a eles.

Assim que ficou sabendo disso, Alexandre partiu de novo para o sul em marcha rápida. Os exércitos travaram combate; por um tempo, os tebanos lutaram com habitual fervor, mas ninguém conseguia resistir a Alexandre e sua falange. Quando os tebanos finalmente fugiram, foram perseguidos tão de perto que tanto eles quanto os macedônios entraram ao mesmo tempo na cidade.

Alexandre decidiu que precisaria convencer os gregos, de uma vez por todas, a não se revoltarem mais contra ele. Planejava marchar sobre a Pérsia e não queria que guerras domésticas fossem obstáculo, como haviam sido meio século antes para Agesilau (ver páginas 190 e 191).

Por conseguinte, destruiu Tebas a sangue-frio. Não tocou nos templos, é claro, mas arrasou qualquer outro edifício, com exceção única do lar do poeta Píndaro, cujos versos Alexandre admirava e que outrora escrevera uma ode em homenagem a seu antepassado, Alexandre I.

O fato teve efeito. Atenas se apressou em se submeter ao conquistador e, uma vez mais, a história passada dela salvou a cidade. Alexandre sequer exigiu a entrega de Demóstenes e dos outros dirigentes do partido antimacedônio.

Prosseguiu então com seus planos de conquista e fez jus plenamente ao nome de Alexandre Magno, com o qual ficou conhecido na história. Enquanto viveu, a Grécia permaneceu tranquila por temor a esse homem extraordinário.

A QUEDA DA PÉRSIA

Na Pérsia, a situação favorecia Alexandre. Artaxerxes II, o vencedor de Cunaxa (ver página 187), havia morrido em 359 a.C., justamente quando Filipe assumira o poder na Macedônia. Foi sucedido por Artaxerxes III, que em 343 a.C., num último esforço, arrasou o Egito, que se rebelara outra vez.

Mas, em 338 a.C., Artaxerxes III foi assassinado. O filho dele, Arses, sucedeu-o no trono e foi também assassinado em 336 a.C.; em seu lugar, um parente distante assumiu o trono, Dario III. A Pérsia, com a comoção de dois assassinatos sucessivos, viu-se comandada por um monarca que, embora bondoso, era fraco e covarde. Certamente era o último homem que seria capaz de enfrentar o grande Alexandre.

Na primavera do ano de 334 a.C., Alexandre colocou um general de seu pai, Antípatro, no comando da Macedônia e da Grécia, e iniciou sua grande aventura com outro dos generais de seu pai, Parmênio, como segundo chefe. Alexandre atravessou o Helesponto com 32 mil infantes e cinco mil soldados de cavalaria. Tinha, então, 21 anos, e jamais retornaria à Europa.

Do outro lado do Helesponto, Alexandre realizou um solene sacrifício no local de Troia. Ele, como antes Agesilau, considerava-se um novo herói homérico. Era um novo Aquiles, como Agesilau se sentira um novo Agamenon (ver página 190). Mas, diferentemente de seu predecessor espartano, Alexandre demonstraria que estava certo.

Os mercenários gregos que combatiam pela Pérsia eram comandados por Mêmnon de Rodes. Era um homem capacitado e, embora houvesse dúvidas de que alguém conseguiria derrotar Alexandre, Mêmnon teria conseguido se defender bem. Já lutara com relativo êxito contra Filipe e conhecia o exército macedônio. Sugeriu que os persas se retirassem para o interior e atraíssem Alexandre durante a perseguição, enquanto a frota persa descia pelo Egeu e cortava as linhas de comunicação e abastecimento. Seu plano era também estimular revoltas na Grécia, o único lugar onde Alexandre poderia encontrar navios que lutassem a seu favor.

Mas os sátrapas persas locais não lhe quiseram dar ouvidos. Imaginavam que Alexandre era apenas outro grego que, como Agesilau e

Cares, perambularia por ali e em certo momento iria embora. Desejavam combater com ele sem abandonar suas províncias.

Os exércitos se enfrentaram no rio Grânico, perto de onde outrora se erguera a antiga Troia. Alexandre fez sua cavalaria avançar em um rápido ataque que desorganizou os persas. Depois, avançou a falange para triturar os duros mercenários gregos. Os persas foram totalmente derrotados.

Alexandre enviou à Grécia um rico saque com a seguinte inscrição: "Alexandre, filho de Filipe, e os gregos, exceto os lacedemônios [espartanos], apresentam essas oferendas do saque tomado aos forasteiros que habitam a Ásia". Somente Esparta não se unira a Alexandre, e este, como Filipe, não tentou obrigá-la a se aliar a ele.

Não havia outro exército persa na Ásia Menor que ousasse resistir, e Alexandre avançou se apoderando de todas as cidades.

Toda a costa egeia era sua, mas Alexandre não estava totalmente seguro. Mêmnon, firme ainda apesar das derrotas, começou a apoderar-se das ilhas egeias e preparava uma batalha naval na retaguarda de Alexandre. Para sorte deste, Mêmnon morreu de forma repentina no início de 333 a.C., enquanto sitiava Lesbos, e com isso foi eliminada a última possibilidade de resistência inteligente por parte dos persas.

Alexandre avançou terra adentro até Górdio, a capital da antiga Frígia. Ali mostraram-lhe o "nó górdio" (ver página 99) e ele ouviu a antiga profecia, vaticinando que quem o desatasse conquistaria toda a Ásia.

"Verdade? Pois, então, irei desatá-lo", disse ele.

E, sacando a espada, cortou-o. Desde então, a frase "cortar o nó górdio" tem sido usada para indicar uma solução direta e violenta a algo que pareça muito difícil de se resolver.

Alexandre se deslocou para o sul até o golfo de Issus, onde setenta anos antes os "Dez Mil" haviam descansado (ver página 186). Tinha toda a Ásia Menor nas mãos, mas até então só havia combatido contra pequenas forças. A batalha de Grânico não fora mais do que um aperitivo.

Agora que Mêmnon estava morto, não havia mais ninguém que pudesse aconselhar prudência aos persas. Dario concluiu que não deveria permitir que Alexandre continuasse avançando, de modo que reuniu um grande exército em Issus e se preparou para a batalha.

O exército persa superava em muitas vezes o pequeno exército de Alexandre, mas nesse caso o número pouco importava. A falange macedônia podia atravessar facilmente qualquer volume de tropas. Além disso, Dario estava na batalha e isso seria fatal, pois sua covardia era incrível. Os mercenários gregos lutaram bem por ele e até rechaçaram a falange por um momento, mas quando o choque dos exércitos se aproximou da posição de Dario e este se sentiu em perigo, fugiu atabalhoadamente. Há retiradas inteligentes, mas o desenfreado galopar de Dario para afastar-se do campo de batalha foi simples deserção. A batalha estava perdida.

Dario, ainda trêmulo, enviou embaixadores para oferecer a Alexandre toda a Ásia Menor e uma grande soma em dinheiro se aceitasse a paz. Ao ouvir a oferta, Parmênio disse: "Se eu fosse Alexandre, aceitaria". E Alexandre, depreciativamente, respondeu: "E eu também, se fosse Parmênio".

Alexandre exigia nada menos do que a total e incondicional entrega de todo o Império Persa, e a guerra continuou. Marchou pela costa Síria e as cidades da Fenícia renderam-se a ele uma após outra. Somente Tiro resistiu. Ofereceu aceitar a soberania de Alexandre se lhe fosse permitido administrar os próprios assuntos internos, mas Alexandre nunca aceitava menos do que a entrega total.

Tiro preparou-se para o bloqueio, e o que se seguiu foi um dos cercos mais obstinados da história. Tiro resistiu durante sete meses com incrível tenacidade, e Alexandre manteve o sítio com igual firmeza. Finalmente, Tiro teve que se render e foi tratada com grande severidade pelos exasperados macedônios. Vários meses se perderam também em Gaza, cidade costeira próxima ao Egito, que havia sido, sete séculos antes, uma das cidades dos filisteus da Bíblia.

Em 332 a.C., Alexandre entrou no Egito. Depois de todas as revoltas contra a Pérsia, os egípcios o receberam como um libertador. Ficaram ao lado dele imediatamente e não houve luta. A Pérsia, ou o que restava dela, estava isolada do mar, e a frota persa havia sido destruída.

Em 331 a.C., na margem ocidental da foz do Nilo, o monarca macedônio fundou uma cidade à qual deu seu nome: Alexandria. Iria se tornar uma das cidades mais famosas do mundo antigo.

Enquanto esteve no Egito, Alexandre também viajou pelo interior até um templo que havia sido dedicado originalmente ao deus egípcio Amon. Os gregos o denominaram "Âmmon", identificando-o como Zeus, de modo que o templo passou a ser dedicado a Zeus-Amon. Nesse templo, Alexandre aceitou ser declarado filho de Amon (ou Zeus); sem dúvida, havia muita gente disposta a acreditar nisso.

Mas ainda restavam grandes regiões da Pérsia a serem conquistadas, e grandes exércitos a se combater e derrotar, de modo que Alexandre voltou à Ásia. Atravessou, então, o Eufrates e o Tigre, onde Dario decidira oferecer nova resistência entre as cidades de Gaugamela e Arbela. O exército persa era maior ainda do que o anterior, o terreno fora escolhido cuidadosamente e todos os preparativos haviam sido feitos com ponderação e cautela.

Em 1º de outubro de 331 a.C. foi travada a batalha de Gaugamela. Os persas puseram suas esperanças em carros dotados de gadanhas atadas às rodas, com as quais imaginavam que, em grande velocidade, semeariam o terror. Mas a cavalaria macedônia atacou os carros quando eles estavam apenas começando a desferir golpes e poucos persas chegaram até a falange.

A falange, como sempre, desbaratou as forças inimigas facilmente. Por um momento, Dario fez seus homens manobrarem quase como se fosse um guerreiro. Mas Alexandre já o conhecia bem. Lançou a falange diretamente contra Dario, e quando as eriçadas lanças se aproximaram, a pouca coragem de Dario fraquejou e novamente ele deu as costas e fugiu. O resto da batalha foi praticamente uma operação de limpeza.

Esse foi o fim do Império Persa dois séculos depois das conquistas de Ciro (ver páginas 105-107), pois não haveria mais uma resistência organizada. Dario não voltaria mais a lutar, só fugiria; e Alexandre teria que enfrentar apenas forças locais pelo resto da guerra.

O FIM DE ALEXANDRE

Depois da batalha de Gaugamela, Alexandre dominou a Babilônia sem resistência, e poucos meses depois estava em Susa, no coração da terra persa. Em 330 a.C. ocupou Persépolis, a capital de Xerxes um século e meio antes. Segundo um episódio relatado, após um festim onde todos terminaram bêbados, Alexandre ordenou o incêndio de Persépolis como vingança pela destruição de Atenas pelos persas na época de Xerxes.

Em seguida, decidiu perseguir Dario, que estava em Ecbátana, capital da Média, a 650 quilômetros a noroeste de Persépolis. Dario não queria travar novas batalhas, e começou a se dirigir para o leste numa fuga desesperada. Os sátrapas que iam com ele, concluindo que estariam melhor sem o seu covarde rei, afinal de contas, assassinaram-no em meados de 330 a.C. e abandonaram o corpo dele a Alexandre.

Durante os dois anos seguintes, Alexandre chegou às fronteiras orientais do Império Persa combatendo sátrapas e tribos selvagens. Eles lutaram melhor do que os exércitos organizados do Império, mas todos caíam invariavelmente diante de Alexandre. Ele nunca foi derrotado, em toda a sua vida, por ninguém em nenhum momento.

Os sucessos de Alexandre parecem tê-lo persuadido finalmente de que era, na verdade, muito diferente dos homens comuns e que não estava sujeito às suas leis ou costumes. Até a época de Filipe, o monarca macedônio havia sido apenas um nobre entre os nobres (como os reis descritos por Homero), mas Alexandre começou a assumir ares de um rei persa. Aceitou desfrutar dos elogios e da adulação e a esperar que os homens se inclinassem diante dele de uma maneira que os rudes macedônios não julgavam correta.

Começaram a surgir conspirações contra ele entre seus oficiais (e se isso não aconteceu, a mente cada vez mais receosa de Alexandre suspeitou que estivesse acontecendo). No final de 330 a.C., quando se encontrava no atual Afeganistão, levou a julgamento um de seus generais, Filotas, sob a acusação de conspiração e mandou executá-lo. Filotas era filho de Parmênio, que comandava as tropas da Média, a 1.600 quilômetros a oeste. Obviamente, não poderia mais confiar em Parmênio caso ele ficasse sabendo da execução de seu filho. Alexandre enviou mensageiros a Ocidente a toda velocidade para que matassem o general, que não suspeitava de nada antes de receber a notícia; a tarefa foi cumprida com êxito.

Isso aumentou ainda mais o ressentimento de alguns dos generais macedônios. Em 328 a.C., Alexandre estava em Maracanda (a moderna Samarcanda), no limite norte-oriental do Império Persa. Ali promoveu um banquete no qual todos se excederam na bebida. Conforme algo que se tornara um hábito, vários homens se levantaram para pronunciar discursos aduladores afirmando que Alexandre era muito maior do que seu pai. Alexandre aceitava isso, e se comprazia mais e mais enquanto seu pai era ridicularizado.

Um velho veterano chamado Clito não conseguiu aguentar mais. Havia combatido com Filipe e salvara a vida de Alexandre na batalha de Grânico. Clito se levantou para defender Filipe, dizendo que fora ele que lançara os alicerces da grandeza macedônia e que Alexandre obtivera suas vitórias com o exército de Filipe. Alexandre, totalmente bêbado e furioso, pegou uma lança e matou Clito.

Por vários dias, Alexandre sentiu o amargo arrependimento, mas isso não devolveu a vida a Clito nem deteve a mudança que estava se produzindo em Alexandre. Não se sentia mais satisfeito em ser rei da Macedônia e general dos gregos. Começou a se considerar monarca universal de todos os homens, tanto de gregos quanto de bárbaros.

Em 327 a.C., casou-se com uma princesa persa, Roxana, e começou a treinar trinta mil persas à maneira macedônia para que servissem no exército.

Naquele mesmo ano, foi convidado à Índia por um governante da região que lutava contra um monarca do Punjab chamado Poros. Alexandre não precisava de muitos pretextos para empreender uma boa guerra, e marchou para o sul imediatamente, chegando ao rio Indo. Com isso, ultrapassou os limites do Império Persa. Nenhum monarca persa, nem mesmo Ciro ou Dario I, haviam chegado até a Índia.

No Punjab, Alexandre encontrou o melhor general que jamais enfrentara. Poros, segundo os testemunhos, media mais de dois metros de altura e tinha uma aparência magnífica. Possuía um grande exército, respaldado por duzentos elefantes, situação que era completamente inédita para Alexandre.

Em 326 a.C., os dois exércitos se encontraram no rio Hidaspes, afluente do Indo, e Alexandre travou a última de suas quatro grandes batalhas na Ásia. Os elefantes foram o maior perigo, mas Alexandre executou uma série de hábeis manobras que desconcertaram Poros, de modo que seus elefantes não tiveram a oportunidade de entrar na batalha com plena efetividade.

Alexandre saiu vitorioso, mas a experiência com os elefantes causou-lhe grande impacto. No século seguinte, os monarcas macedônios usaram elefantes muitas vezes na guerra como exércitos modernos usam tanques.

Nessa batalha, o cavalo de Alexandre, Bucéfalo, que o carregara por milhares de quilômetros, finalmente morreu; Alexandre fundou então uma cidade que, em homenagem ao seu cavalo, chamou de Bucefália.

Depois da batalha, perguntou ao altivo e inflexível Poros como esperava ser tratado. "Como rei", replicou Poros; e assim foi. Alexandre devolveu-lhe seu reino para que o governasse na qualidade de sátrapa, e Poros manteve sua fidelidade durante toda a vida. Foi assassinado em 321 a.C. por um rival.

Alexandre tinha a intenção de atravessar a Índia e chegar ao oceano, que, segundo as ideias geográficas da época, constituía o limite do mundo. Mas nessa hora suas tropas falharam. Os soldados macedônios estavam a quase cinco mil quilômetros da própria pátria. Vinham seguindo-o havia seis anos, combatendo, combatendo e sempre combatendo. Ganhar batalhas já não despertava mais interesse em ninguém exceto Alexandre. Os homens dele só queriam voltar para casa.

Alexandre ficou taciturno por três dias e, segundo lenda posterior, chorou por não ter mais mundos a conquistar. Com relutância, concordou em voltar.

Mandou construir uma frota que navegou acompanhando a correnteza do Indo enquanto o exército seguia pela margem. Novamente, Alexandre teve que submeter tribos hostis à medida que avançava. Em certo lugar, enquanto fazia cerco a uma cidade, perdeu a paciência, saltou por cima da muralha e a invadiu. Apenas três companheiros estavam com ele, e antes que seu perplexo exército pudesse abrir caminho para resgatá-lo, Alexandre foi gravemente ferido e esteve a ponto de morrer. Foi o ferimento mais sério que teve, mas conseguiu se recuperar.

A frota foi enviada de volta saindo da foz do Indo, seguindo pelo mar da Arábia e o golfo Pérsico até a Babilônia, sob o comando de um oficial macedônio chamado Nearco. Era a primeira vez que uma frota ocidental navegava pelo oceano Índico.

Em 325 a.C., Alexandre e seu exército voltaram por terra, atravessando o deserto de Gedrósia, no atual sul do Irã. Isso revela uma obstinação absurda, pois não era possível manter um exército que vivia da terra no deserto. Os soldados macedônios sofreram incríveis tormentos de sede e fome ao atravessarem essa região, e o exército sofreu mais perdas do que em todos os combates anteriores. (Alguns especulam que Alexandre quis deliberadamente castigar o próprio exército por se negar a atravessar a Índia.)

Quando Alexandre voltou à Babilônia, dedicou-se a castigar os funcionários corruptos e a reorganizar o governo. Realizou seu grandioso projeto de fundir gregos e bárbaros e ordenou que dez mil soldados gregos e macedônios se casassem com mulheres asiáticas em uma grande cerimônia coletiva.

Além disso, obrigou as cidades gregas a reconhecê-lo como um deus para governar mais facilmente aqueles homens, que certamente teriam se negado a reverenciar um governante que fosse apenas um homem. As cidades gregas, Atenas incluída, aceitaram a divindade de Alexandre e lhe fizeram grandes elogios. Só Esparta conservou seu antigo orgulho. Os éforos disseram: "Se Alexandre deseja ser um deus, que seja", e deixaram a questão de lado, com total indiferença.

Mas as nuvens se acumulavam sobre o deus Alexandre. No final de 324 a.C., seu mais querido amigo, Heféstion, morreu em Ecbátana, e Alexandre caiu em profunda melancolia. Os homens dele temiam os perigosos caprichos do líder cada vez mais.

Alexandre tinha planos mais grandiosos ainda. Pretendia conquistar a Arábia, ou navegar para o Ocidente e tomar Cartago. Começou os preparativos e o mundo prendeu a respiração.

Mas, no final das contas, nada disso aconteceu. Em junho de 323 a.C., Alexandre ficou doente de repente; há quem pense que tenha sido consequência de um envenenamento por parte daqueles que se sentiriam mais seguros com o grande monarca morto. Em 13 de junho de 323 a.C., Alexandre faleceu.

Tinha apenas 33 anos e só havia governado por treze anos, mas em sua curta vida tivera mais aventuras, vitórias e conquistara mais fama do que qualquer outro homem.

Segundo uma história posterior, Diógenes, o Cínico, com quem Alexandre se encontrara no início de seu reinado, morreu no mesmo dia que ele, a uma idade próxima dos 90 anos. Essa história provavelmente é outra das coincidências fictícias que tanto faziam o gosto dos historiadores gregos.

14.

OS SUCESSORES DE ALEXANDRE

ANTÍPATRO NA GRÉCIA

Esparta foi a única cidade da Grécia que manteve uma espécie de independência sob Filipe e Alexandre. Durante os anos em que Filipe estendia gradualmente seu domínio sobre a Grécia, Esparta foi governada por Arquidamo III, filho de Agesilau. Arquidamo continuou fazendo todo o possível para combater Tebas e recuperar a velha supremacia de Esparta sobre o Peloponeso, mas fracassou e, assim como o pai, terminou seus dias como mercenário.

A cidade de Tarento, na Itália, necessitava de ajuda contra as tribos nativas do norte e apelou a Esparta, a cidade-mãe. Arquidamo atendeu ao chamado e morreu em combate na Itália, e conta-se que no mesmo dia em que a independência da Grécia acabava em Queroneia.

O filho dele, Ágis III, sucedeu-o num dos tronos de Esparta e iniciou seu reinado com a famosa resposta ("Sim...") dada às forças invasoras de Filipe (ver página 228). Esparta, sob seu governo, recusou-se a se aliar a Filipe e a Alexandre, e, embora as conquistas de Alexandre reverberassem pelo mundo, Ágis manteve os olhos no Peloponeso apenas. Era como se Esparta tivesse decidido viver para sempre nos dias das Guerras Messênias.

Com Alexandre na Ásia, Ágis aproveitou sua ausência e começou a solicitar dinheiro e navios à Pérsia, que obviamente se dispunha a fazer qualquer coisa para criar dificuldades domésticas a Alexandre. As notícias de Issus puseram fim temporariamente a essas negociações, mas, à medida que Alexandre se embrenhava nas desconhecidas profundezas da Ásia, Ágis se animou de novo.

Em 331 a.C., iniciou um ataque, respaldado por boa parte do Peloponeso. Durante um tempo, teve alguns êxitos, com navios persas e mercenários pagos com dinheiro persa. Finalmente, sitiou Megalópolis, a única cidade arcádia que, por ódio a Esparta, não se uniu ao levante antimacedônio.

Esparta suportou o cerco, mas Antípatro chegou do norte com um grande exército macedônio. Os espartanos combateram com a valentia dos velhos tempos, mas eram superados em número e estratégia, e Ágis morreu. Esparta precisou entregar reféns a Antípatro e pagar uma alta soma. No entanto, Antípatro, como Filipe e Alexandre antes dele, absteve-se de destruir Esparta.

Atenas permanecera cautelosamente alheia ao combate, mas Demóstenes influenciara Esparta abertamente, e sua política fracassara mais uma vez. O grande rival dela, Esquines, julgou que chegara a hora de atacar Demóstenes e acabar com a influência que exercia para sempre. Em 330 a.C., Atenas outorgou uma coroa de ouro a Demóstenes pelos bons serviços prestados à cidade, e Esquines levantou-se para falar contra ele. O discurso de Esquines foi magistral, mas Demóstenes respondeu com o discurso mais magnífico que já pronunciara: *Sobre a Coroa*.

Tão completa foi a vitória de Demóstenes que o humilhado Esquines viu-se obrigado a abandonar Atenas. Retirou-se para Rodes, onde passou o resto da vida dirigindo uma escola de oratória. (Anos mais tarde, um aluno, ao ler o discurso de Esquines, admirou-se de ele ter perdido o duelo. "Ah! Você não se admiraria se tivesse lido a réplica de Demóstenes", respondeu ele, pesaroso.)

Quando Alexandre, no interior profundo da Pérsia, teve notícia da luta travada no Peloponeso, disse com maus modos que estava sendo incomodado por uma guerra de camundongos. E tinha razão, pois, desde a hora em que Alexandre penetrara na Ásia, os enfrentamentos entre as cidades-Estado gregas não tinham mais nenhuma importância. Tais enfrentamentos prosseguiram por mais um século e meio, mas já estavam agora à margem da história. As batalhas importantes que no futuro seriam travadas na Grécia iriam envolver grandes potências externas, para as quais a Grécia era apenas um conveniente campo de batalha.

De fato, com Alexandre Magno, encerrou-se o maravilhoso Período Helênico, iniciado em 776 a.C. (ver página 37) e durante o qual os olhos da história estiveram fixos na pequena Grécia. Costuma-se considerar como ponto final o ano 323 a.C., o da morte de Alexandre. Os séculos seguintes, nos quais a cultura grega manteve seu predomínio, mas a própria Grécia se tornou insignificante, formam o chamado "Período Helenístico".

Embora Atenas tivesse se poupado de dificuldades ao fazer vista grossa para a rebelião de Ágis, seis anos mais tarde ficou tentada.

Isso se deu da seguinte maneira. Quando Alexandre abandonou a Babilônia, depois da batalha de Gaugamela, e se dirigiu a leste para completar sua conquista, deixou Harpalo encarregado do tesouro persa. Esse Harpalo usou o tesouro em benefício próprio, na suposição de que Alexandre não voltaria. Ao perceber que havia se equivocado e que o retorno de Alexandre era iminente, fugiu para a Grécia com alguns soldados e navios e um grande tesouro que hoje equivaleria a muitos milhões de dólares.

Apresentou-se em Atenas em 324 a.C. e pediu asilo e proteção contra a Macedônia. Dessa vez, Demóstenes freou com prudência seus sentimentos antimacedônios e sustentou que Atenas não deveria permitir que entrasse. Harpalo destacou, então, tudo o que Atenas poderia fazer com aquele dinheiro e que, se o distribuísse de modo adequado, haveria outras cidades ansiosas para se unirem a ela e a toda a Ásia contra Alexandre; por fim, apesar de Demóstenes, foi permitida sua entrada na cidade.

Antípatro apresentou imediatamente a Atenas a exigência de entregar Harpalo. Demóstenes se opôs por julgar que isso era contrário à dignidade da cidade, mas sugeriu que Harpalo fosse preso e que o dinheiro dele fosse guardado no Partenon, para maior segurança e para que fosse devolvido a Alexandre quando este o solicitasse.

Assim foi feito, mas surgiu um inconveniente. Entre o momento em que Harpalo entregou o dinheiro e a hora em que foi feita sua contagem para depositá-lo no Partenon, metade dele havia desaparecido. Talvez Harpalo tivesse mentido quanto ao valor que possuía, mas será que Alexandre acreditaria nisso? Ou acharia mais plausível que os atenienses tivessem se apropriado de parte dele? As coisas pioraram quando Harpalo fugiu de Atenas e foi para Creta, onde em seguida foi assassinado.

Para salvar Atenas, o melhor parecia ser abrir uma investigação e castigar os culpados. E assim foi feito. A lista era composta por uma série de indivíduos, e encabeçada por Demóstenes. Quase com certeza, ele era inocente, mas precisavam encontrar culpados para acalmar um Alexandre possivelmente furioso, e Demóstenes foi o sacrifício mais aceitável. Impuseram-lhe uma multa exorbitante, e como foi encarcerado, não conseguiu pagá-la, mas arrumou um jeito de fugir para a Argólida.

Não se sabe ao certo o que aconteceu em seguida, mas no ano seguinte Alexandre morreu antes de conseguir retornar e castigar Atenas. Imediatamente, como no dia em que morreu Filipe, a Grécia se rebelou de bom grado contra os macedônios. Aristóteles, por temor de que os patriotas atenienses se lembrassem de que havia sido tutor de Alexandre, não quis dar-lhes ocasião de cometer outro crime contra a filosofia. Partiu sigilosamente para a Eubeia, onde morreu em 322 a.C.

Encabeçado por Atenas, formou-se um exército grego contra o qual Antípatro liderou as forças macedônias. Parecia, no entanto, que a magia de Filipe e Alexandre havia desaparecido, pois os macedônios foram totalmente derrotados na Beócia. Antípatro teve que se retirar para a Lâmia, que fica imediatamente ao norte das Termópilas, e foi sitiado ali durante o inverno de 323 a.C. pelas forças gregas aliadas. É por isso que esse conflito tem sido chamado de Batalha de Lâmia.

A situação parecia tão promissora que Demóstenes retornou a Atenas, uma vez mais, como herói de seus compatriotas. A cidade pagou a multa que lhe havia sido imposta e, por um momento, pareceu que a perseverança do grande orador rendera frutos e que ele terminaria sendo o vencedor.

Mas era uma ilusão. Antípatro recebeu reforços da Ásia e, apesar de os gregos continuarem combatendo bem durante um tempo, particularmente graças ao apoio da eficiente cavalaria da Tessália, o fim era previsível. Em 322 a.C., sofreram uma derrota em Crânon, na Tessália central, e a moral dos gregos despencou.

No mar, as coisas foram piores ainda. Os macedônios haviam construído uma frota própria e enfrentaram os barcos atenienses em Amorgos, ilha situada a sudeste de Naxos. Ali, em 322 a.C., a frota ateniense foi destruída, e dessa vez definitivamente.

Até então, cada vez que uma frota ateniense era destruída (até mesmo em Egospótamo), uma nova frota surgia dos estaleiros; mas dessa vez não foi assim. Nunca mais haveria navios atenienses dominando o mar. A era iniciada com Temístocles, um século e meio antes, fora encerrada.

A aliança grega se dissolveu, e as cidades-Estado gregas se submeteram a Antípatro uma após a outra. Atenas também, em setembro de 322 a.C.; como preço para não ser ocupada, os atenienses combinaram de entregar Demóstenes. O orador fugiu até uma pequena ilha em frente à Argólida e os mercenários de Antípatro o seguiram até ali. Tentaram tirá-lo do templo em que havia se refugiado, mas Demóstenes estava cansado pela longa e inútil luta. Tomou um veneno que levara consigo justamente com essa finalidade e morreu em outubro de 322 a.C.

A luta pela liberdade finalmente havia sido perdida.

OS DIÁDOCOS

Mas o que aconteceu com o grande império construído por Alexandre? Com a sua morte, restavam da família real da Macedônia as seguintes pessoas: a mãe de Alexandre, Olímpia; a mulher dele, Roxana; um filho, Alexandre IV, que nasceu meses após a morte de Alexandre; uma meia-irmã, Tessalônica, e um meio- irmão, que era deficiente mental e ficou depois conhecido como Filipe III. Nenhum deles podia governar, de modo que foi preciso escolher um regente.

Mas Alexandre não nomeara nenhum. Ao que parece, ao morrer, quando lhe perguntaram quem devia sucedê-lo respondeu: "O mais forte!".

Infelizmente, ninguém poderia ser considerado o mais forte. Havia uma série de generais no exército de Alexandre, todos preparados por ele, todos decididos, todos capazes, todos ambiciosos e nenhum deles disposto a permitir que qualquer um dos outros ocupasse uma posição de supremacia. Nada menos do que 34 pessoas tinham poder, em alguma parte dos vastos domínios de Alexandre. Esses generais ficaram conhecidos como "diádocos", que significa "sucessores".

Entre os diádocos estava obviamente Antípatro, que voltara à Macedônia para lutar contra os gregos. Na Ásia, os que tinham mais destaque eram Crátero, Antígono, Polispercon, Pérdicas, Lisímaco, Selêuco e Eumenes. No Egito, Ptolomeu.

Esses generais logo se envolveram em confusas e incessantes guerras, como aquelas que haviam arruinado as cidades-Estado gregas, mas numa escala muito maior. Assim que um parecia obter supremacia, os outros se uniam contra ele. As guerras continuaram com os filhos dos diádocos, ou "epígonos", como foram chamados, de uma palavra grega que significa "nascido depois".

A guerra começou com Pérdicas, que era o "primeiro-ministro" quando Alexandre morreu e dominava Filipe III, o meio-irmão deficiente mental de Alexandre. Pérdicas esperava ser aceito como regente de todo o Império, mas a maioria dos diádocos o rechaçou. Liderou um exército contra Ptolomeu, mas não teve êxito. Pérdicas foi assassinado por alguns de seus rudes oficiais em 321 a.C.

A guerra geral prosseguia também na Ásia Menor. De um lado estava Eumenes, que combatia em aliança com Pérdicas. Do outro, estava Crátero, que acabava de voltar da Grécia, onde ajudara Antípatro a derrotar os gregos na Batalha de Lâmia (ver página 249). Na batalha, Crátero foi morto, mas isso não ajudou Eumenes, porque seu aliado Pérdicas também havia morrido. Antígono derrotou Eumenes e se apoderou da Ásia Menor.

Antípatro morreu em 319 a.C. e, preterindo seu próprio filho Cassandro por alguma razão desconhecida, a regência da Macedônia e o controle da Grécia passaram a Polispercon. Mas Cassandro não tinha a menor intenção de aceitar a situação; obteve o apoio da maioria das cidades gregas e tomou Atenas em 317 a.C.

A mãe de Alexandre Magno, Olímpia, teve participação ativa na luta contra Cassandro e mandou assassinar seu enteado Filipe III. Cassandro marchou então contra Olímpia, derrotou-a e mandou executá-la em 316 a.C. Assumiu o controle da Macedônia e colocou na prisão a mulher de Alexandre e seu filho pequeno. Mais tarde, em 310 a.C., mandou matar ambos.

De toda a família de Alexandre, restava apenas sua meia-irmã. Cassandro casou-se com ela e estabeleceu sua hegemonia por mais ou menos vinte anos. Reconstruiu uma cidade no noroeste da Calcídica e a chamou de Tessalônica em homenagem a sua mulher. (Atualmente é conhecida também como Salonica.) Além disso, restaurou Tebas em 316 a.C., recuperando-a da destruição que Alexandre promovera vinte anos antes.

Dos diádocos, os quatro que restaram foram Antígono e Eumenes na Ásia Menor, Selêuco na Babilônia e Ptolomeu no Egito. Além deles, um dos epígonos, Cassandro, governava a Macedônia.

Isso só foi alterado por Antígono, o mais ambicioso de todos, que não se contentava em ficar apenas com uma parte. Em 316 a.C., derrotou Eumenes e mandou executá-lo. Depois marchou pela Babilônia e expulsou Selêuco. Antígono contemplou, então, com seu único olho (era chamado Antígono Monoftalmos, ou "Antígono, o Caolho") um império que já era quase seu.

Mas Selêuco formou com Ptolomeu e Cassandro uma coalizão contra ele. Nenhum dos outros diádocos queria Antígono em posição dominante. Por sua vez, Antígono tinha Demétrio, seu filho, que era um bom general.

Em 312 a.C., Demétrio foi derrotado por Ptolomeu em Gaza, mas essa derrota não foi decisiva. Demétrio decidiu lançar-se ao mar, dominado então por Ptolomeu. Reuniu uma frota, tomou Atenas em 307 a.C. e derrotou Ptolomeu diante de Chipre em 306 a.C. Naquele momento, Demétrio dominava os mares.

Era a vitória que Antígono aguardava. Já tinha 75 anos e não podia esperar mais tempo. Já que não podia desfrutar do poder supremo, pelo menos assumiria o título de "rei". Imediatamente, os outros diádocos sobreviventes proclamaram-se também reis. O que valia para os fatos ficou sendo verdade nominalmente; o império de Alexandre foi desmembrado. Antígono era rei na Ásia Menor, Ptolomeu no Egito, Cassandro na Macedônia e Selêuco (que retomara a Babilônia de Antígono em 312 a.C.) era rei na Babilônia.

Demétrio, para celebrar sua vitória sobre Ptolomeu, mandou esculpir uma figura da deusa alada da Vitória na ilha de Samotrácia, no Egeu setentrional. A estátua (*A Vitória alada*) sobrevive atualmente, embora sem a cabeça e os braços, mas com as asas intactas.

Outra famosa estátua grega desse período que ainda podemos contemplar é uma escultura sem braços de Afrodite, encontrada na ilha de Melos em 1820. Foi esculpida numa época desconhecida do Período Helenístico e ficou conhecida por seu nome italiano, *Vênus de Milo*.

Demétrio atacou primeiro a frota de Ptolomeu e, em seguida, uma aliada dele, a ilha de Rodes. Ao fazer isso, usou grandes armas de cerco destinadas a derrubar muralhas e destruir cidades; o fato é que a guerra havia se mecanizado muito. Demétrio manteve o bloqueio por um ano, mas a população da ilha resistiu bravamente e, em 304 a.C., Demétrio teve que se retirar. Esse cerco ficou tão famoso que Demétrio recebeu o apelido de Poliórcetes, ou "O Sitiador".

Os habitantes de Rodes, então, construíram um monumento para celebrar a vitória, e para isso decidiram utilizar os materiais abandonados pelos sitiadores e erguer uma grande estátua ao deus Sol, que segundo eles fora o responsável por sua salvação.

A construção levou vários anos e só foi concluída em 280 a.C. Quando pronta, segundo descrições que chegaram até nós, media 35 metros de altura. Erguia-se acima do porto, e os navios que se aproximavam podiam avistá-la de muito longe no mar.

Essa estátua do deus Sol foi chamada de "Colosso de Rodes" e registrada pelos gregos como uma das Sete Maravilhas do Mundo. Infelizmente, o Colosso não permaneceu em pé por mais de meio século. Em 224 a.C. foi destruído por um terremoto e, nos anos posteriores, os relatos exageraram suas dimensões. Dizia-se que havia sido tão imenso que as pernas da estátua ficavam abertas sobre o porto e os navios passavam entre elas para entrar. Mas isso já parece mais um conto de fadas.

Depois do fracasso do cerco a Rodes, Demétrio retornou a Atenas, que estava sendo sitiada por Cassandro da Macedônia. Demétrio libertou Atenas e em seguida tomou de Cassandro a maior parte da Grécia. Em 302 a.C. foi nomeado general-chefe das cidades gregas, cargo antes ocupado por Filipe e Alexandre.

Mas Cassandro enviou forças à Ásia Menor para atacar o pai de Demétrio, Antígono. Demétrio viu-se obrigado a voltar rapidamente à Ásia Menor para unir-se ao pai, fazendo a Grécia cair de novo nas mãos de Cassandro.

Antígono e Demétrio enfrentaram todos os demais diádocos em Ipso, no centro da Ásia Menor, em 301 a.C. Essa batalha assinala o auge do uso de elefantes como elemento bélico. Os diádocos usavam elefantes sempre que podiam, depois que conheceram tal recurso na batalha de Hidaspes (ver página 240). Em Ipso, combateram ao todo quase trezentos elefantes, de ambos os exércitos.

Antígono tinha menos elefantes e foi derrotado. Mesmo aos 81 anos de idade, era valente e indomável, e no momento da morte gritou: "Demétrio irá me salvar!", mas Demétrio não pôde salvá-lo; ele mal conseguiu se salvar.

A batalha de Ipso pôs fim a qualquer esperança de que o império de Alexandre pudesse ser unificado novamente.

Mas Demétrio Poliórcetes não estava acabado. Ainda tinha sua frota e esperava uma oportunidade. Cassandro morreu em 298 a.C. e deixou apenas dois filhos pequenos para sucedê-lo. Nenhum dos dois conseguiria conservar a Macedônia, e Demétrio apressou-se em se aproveitar da situação.

Em 295 a.C. sitiou Atenas e, uma vez mais, tomou a cidade. Usando-a como base, Demétrio reconquistou a maior parte da Grécia, e a seguir arrebatou a Macedônia de Filipe IV, o filho de Cassandro, a quem assassinou sem escrúpulos.

Em seguida, entrou no Peloponeso e se dirigiu a Esparta. Desde a tentativa que fizera de lutar contra os macedônios sob Ágis III uma geração antes, Esparta permanecera imóvel. Não participara da Batalha de Lâmia nem se unira a nenhum dos esforços que os gregos fizeram ocasionalmente para se libertarem. Mas, apesar de não ser capaz de resistir a Demétrio, negou-se (como sempre) a se render. No último momento, Demétrio teve de ir embora por problemas que aconteciam em outras partes, e uma vez mais Esparta se salvou de ser ocupada. Qualquer que fosse o feitiço que a livrara de Epaminondas, Filipe, Alexandre e Antípatro, ele funcionou novamente nessa ocasião.

O domínio da Grécia e da Macedônia por Demétrio não durou muito tempo. Ele foi expulso pelas forças de Lisímaco, que estivera no lado vencedor em Ipso e recebera as posses de Antígono na Ásia Menor. Mais tarde, em 288 a.C., Demétrio foi capturado numa batalha e morreu no cativeiro em 283 a.C. Deixou, entretanto, um filho na Grécia, outro Antígono, que mais tarde continuaria a luta de seu pai e de seu avô.

Em 283 a.C., Ptolomeu faleceu de morte natural aos 84 anos (estranhamente, os diádocos foram todos muito longevos). Os dois diádocos restantes, Lisímaco e Selêuco, que tinham quase 80 anos, não haviam se cansado da eterna luta. Travaram combate em Corupédio, na Ásia Menor, terra adentro a partir do litoral jônico, e ali, em 281 a.C., Lisímaco foi derrotado e morto.

Poderia Selêuco sonhar com o poder supremo? Talvez. Tinha uma arma contra o Egito. Ao que parece, Ptolomeu tivera dois filhos, dos quais o mais jovem o sucedeu no trono. O mais velho partira para procurar fortuna em outras partes. Ambos se chamavam Ptolomeu (na realidade, todos os descendentes de Ptolomeu adotaram o nome) e para distingui-los conferiam-lhes apelidos. O filho mais velho era Ptolomeu Keraunos, ou "Ptolomeu, o Raio".

Ptolomeu Keraunos havia chegado à Ásia Menor e ali permaneceu sob a proteção de Selêuco, que imaginou que poderia lhe ser útil contra o novo Ptolomeu que ocupava o trono do Egito. Enquanto isso, Selêuco estendia o próprio domínio na Macedônia, que, graças à derrota de Demétrio Poliórcetes e à morte de Lisímaco, encontrava-se em total confusão.

Mas Ptolomeu Keraunos tinha seus próprios planos. Em 280 a.C. assassinou Selêuco e se apoderou da Macedônia.

Assim, quase um século após a morte do grande Alexandre, desaparecia o último dos diádocos. Qual foi o resultado de cinquenta anos de fatigantes e insensatas guerras? A confirmação da situação que se deu após a morte de Alexandre.

A SICÍLIA HELENÍSTICA

A única parte do mundo grego que escapou totalmente à dominação macedônia foram as cidades da Sicília e da Itália. Para elas, foi como se Filipe e Alexandre nunca tivessem existido. Por um tempo, a Sicília dos tempos helenísticos foi igual à dos tempos helênicos. O inimigo era o mesmo, Cartago, como havia sido nos tempos de Xerxes; e em Siracusa, apesar do brilhante interlúdio de Timoleão (ver página 210), ainda havia tiranias. Entre os democratas que se opunham a elas estava Agátocles, que começou sua vida na pobreza, mas enriqueceu graças a seus encantos, que lhe permitiram casar-se com uma viúva rica.

Foi expulso da cidade pelas atividades políticas que exercia, mas conseguiu recrutar um exército privado e combater em várias partes do mundo como se fosse outro Demétrio. Em 317 a.C., apoderou-se de Siracusa e executou uma sanguinária chacina de oligarcas e defensores da tirania. Na realidade, ele mesmo era um tirano, no sentido de deter um poder absoluto. No entanto, governou de tal modo que ganhou popularidade entre as pessoas comuns. Foi uma espécie de Dionísio (ver página 207), renascido depois de meio século.

Mas os cartagineses não queriam nenhum novo Dionísio. Enviaram um grande exército à Sicília sob o comando de outro Amílcar. Ele teve mais êxito do que o anterior, que havia morrido em Himera cento e setenta anos antes (ver página 130). Obteve uma sequência de vitórias e chegou a sitiar Siracusa.

Cartago nunca estivera tão perto de conquistar toda a Sicília; mas Agátocles, por puro desespero, teve uma ideia digna de um macedônio. Em 310 a.C., saiu sigilosamente de Siracusa com alguns poucos soldados, atravessou o mar até a África e começou a atacar as cidades próximas à própria Cartago.

Os assombrados cartagineses, quando viram gregos em seu litoral pela primeira (e última) vez na história, ficaram desnorteados. Não tinham tropas próximas e os torpes recrutas que reuniram foram simplesmente arrasados pelos experientes combatentes de Agátocles.

Em pânico, mandaram, então, mensagens a Amílcar para que enviasse tropas à África. Mas Amílcar quis primeiro tomar Siracusa, e então atacou-a precipitadamente, sendo derrotado e morto. Foi o ponto final das esperanças cartaginesas de conquistar toda a Sicília.

As forças cartaginesas voltaram à África e os gregos foram derrotados, mas Agátocles já havia retornado à Sicília e reassumido o poder em Siracusa. Em 307 a.C., continuou com o novo costume que os macedônios estavam difundindo por todo o mundo grego e se proclamou rei.

Entre os projetos de Agátocles figurava uma possível conquista da Itália meridional (algo que Dionísio tentara realizar). Na época, a cidade mais importante do sul da Itália era Tarento. Enfrentava contínuos problemas com as tribos nativas italianas, e uns trinta anos antes fora obrigada a pedir ajuda a Esparta. Arquidamo, que atendera ao pedido, morrera na Itália (ver página 245). Agora que as tribos italianas voltavam a ameaçá-la e Agátocles se afigurava como um novo perigo para a Itália, Tarento apelou de novo a Esparta.

Mas em 289 a.C. Agátocles morreu antes de poder realizar seus planos, e Tarento aparentemente neutralizara o perigo.

Mas não de fato, pois surgira uma nova e formidável ameaça. Havia, na Itália central, uma cidade chamada Roma, que durante o século anterior adquirira discretamente um poder cada vez maior; e tão discretamente que na realidade seu crescimento passara quase de forma inadvertida para o mundo grego, concentrado demais no incrível Alexandre e em seus imprudentes sucessores.

À época da morte de Agátocles, Roma encerrara suas longas guerras contra outros povos do centro da Itália e era dona de quase toda a península, incluindo as cidades gregas. Tarento dessa vez não deparou com tribos locais, mas com um estado já altamente organizado e uma maquinaria militar avançada.

Roma começava a intervir nos assuntos das cidades do sul da Itália e havia construído alianças com algumas delas. Tarento sentiu-se ofendida, e quando embaixadores romanos apareceram na cidade, foram rudemente insultados. Imediatamente, Roma declarou guerra, em 282 a.C., e Tarento, que recuperara, de repente, o bom senso, sentiu de novo a necessidade de pedir ajuda.

Era inútil apelar outra vez a Esparta; a emergência exigia medidas mais radicais. Tarento, portanto, olhou para o outro lado do Adriático e escolheu o general macedônio mais forte que conseguiu encontrar. Tratava-se de Pirro, que por um breve período teve seu papel na história.

O MOMENTO DE EPIRO

Pirro era rei do Epiro, que sob seu governo se transformou numa importante potência militar.

A história primitiva de Epiro tem pouca importância, embora os reis que a tenham governado se dissessem descendentes de Pirro, filho de Aquiles. Até o reinado do novo Pirro, Epiro só podia reivindicar fama pelo fato de Olímpia, mãe de Alexandre, ser natural dessa região, o que tornava Alexandre em parte epirota.

Após a morte de Alexandre, um primo de Olímpia assumiu o trono de Epiro. Lutou contra Cassandro e foi derrotado e morto em 313 a.C. Seu filho mais novo, Pirro, era, portanto, primo em segundo grau do grande Alexandre e o único de seus parentes que demonstrou pelo menos um pouco de sua capacidade.

O irmão mais velho de Pirro assumiu o trono de Epiro e, durante um tempo, Pirro foi soldado dos exércitos dos Diádocos. Lutou por Demétrio Poliórcetes em Ipso, por exemplo, quando tinha apenas 17 anos.

Pirro tornou-se rei de Epiro em 295 a.C., mas a paz o entediava. Seu único interesse era a guerra, e necessitava de algum grande projeto ao qual pudesse se dedicar. A ocasião se apresentou em 281 a.C. com o chamado de Tarento, que ele atendeu prontamente.

Desembarcou em Tarento com 25 mil homens e uma quantidade de elefantes, que entravam nas guerras italianas pela primeira vez. Pirro encarou com desprezo a confortável vida dos tarentinos. Ordenou o fechamento dos teatros, suspendeu todas as festas e começou a treinar o povo. Os tarentinos se mostraram perplexos e contrariados. Obviamente queriam derrotar os romanos, mas não estavam dispostos a fazer nada para isso. Queriam que outros cuidassem da tarefa. Pirro simplesmente enviou alguns dos que protestavam a Epiro. Os demais então se aquietaram.

Pirro enfrentou os romanos em Heracleia, cidade costeira a setenta quilômetros ao sul de Tarento. Enviou à frente seus elefantes e arrasou os romanos, que nunca haviam visto tais animais. Após a vitória, no entanto, Pirro contemplou com preocupação o campo de batalha. Os romanos não haviam fugido, os mortos estavam feridos na parte frontal do corpo e nem os temíveis elefantes haviam feito com que virassem as costas e retrocedessem. Não seria uma guerra fácil.

Tentou selar a paz com os romanos, mas eles não estavam dispostos a discutir um acordo de paz enquanto Pirro permanecesse na Itália. Por isso, a guerra prosseguiu. Em 279 a.C., Pirro enfrentou um novo exército romano em Áusculo, a 160 quilômetros a noroeste de Tarento. Saiu vitorioso novamente, mas dessa vez com dificuldades ainda maiores, pois os romanos estavam aprendendo a combater os elefantes.

Quando Pirro contemplou, dessa vez, o campo de batalha, alguém tentou parabenizá-lo pela vitória, no que ele respondeu amargamente: "Mais uma vitória dessas, e estarei perdido". Daí vem a expressão "vitória de Pirro", que significa uma vitória com vantagem tão estreita e à custa de tantas perdas que quase equivale a uma derrota.

As batalhas de Heracleia e Áusculo foram a primeira ocasião em que uma falange macedônia enfrentou uma legião romana. A falange havia se deteriorado desde a época de Alexandre, tornando-se cada vez mais pesada e torpe e, portanto, mais difícil de manobrar. Precisava de um terreno plano, pois qualquer pequena irregularidade alterava a formação cerrada dela e a enfraquecia. A legião, ao contrário, tinha um ordenamento flexível; com homens adequadamente treinados, podia estender-se para a frente como uma mão ou contrair-se como um punho. Era capaz de lutar muito bem em terreno irregular.

A falange derrotou a legião nessas duas batalhas, em parte graças aos elefantes e em parte pela habilidade estratégica de Pirro. Mas a falange nunca voltaria a derrotar uma legião.

Enquanto isso, em Siracusa ocorriam sérios tumultos após a morte de Agátocles, e afigurava-se de novo a ameaça cartaginesa. Os siracusanos chamaram Pirro, que de bom grado levou seu exército à Sicília.

Sem dúvida, Pirro teve mais êxito contra os cartagineses do que contra os romanos. Por volta de 277 a.C., encurralara os cartagineses na região mais ocidental da ilha, como Dionísio fizera um século antes. Mas não conseguiu expulsá-los dali, como tampouco Dionísio conseguira. Além disso, precisaria de uma frota que lhe permitisse atacar diretamente Cartago, como fizera Agátocles um quarto de século antes, o que não tinha. Portanto, decidiu voltar à Itália, pois os romanos haviam feito firmes progressos durante a ausência dele. Em 275 a.C., Pirro enfrentou-os em uma terceira batalha, em Benevento, a cinquenta quilômetros a oeste de Áusculo. Agora os romanos já sabiam perfeitamente como combater elefantes. Atiravam flechas flamejantes e os animais, queimados e enlouquecidos, retrocediam e fugiam, esmagando as próprias tropas de Pirro. Foi uma vitória completa dos romanos.

Pirro apressou-se em reunir as tropas que lhe restavam e abandonou a Itália sem mais. Roma ocupou, então, todo o sul da Itália; a partir desse dia, a Magna Grécia passou a ser romana.

De volta a Epiro, Pirro continuou batalhando, pois a guerra era a única coisa que o atraía. Chegou a ele outra solicitação de ajuda, dessa vez de Cleônimo, príncipe espartano que tentava ascender ao trono.

Pirro invadiu o Peloponeso em 272 a.C. e atacou Esparta. Os espartanos resistiram, obviamente, mas Pirro teve pouca dificuldade para destruir quase totalmente o exército inimigo. No entanto, pela sexta vez, Esparta se salvou de ser ocupada, pois Pirro foi embora, atendendo a solicitações mais urgentes.

Avançou sobre as ruas de Argos e morreu lá quando, segundo alguns relatos, uma mulher arremessou-lhe uma telha do alto de uma edificação. Foi um fim ignóbil para um guerreiro como ele. Com sua morte, Epiro perdeu importância.

OS GAULESES

Enquanto Pirro estava na Itália, Ptolomeu Keraunos consolidou seu domínio sobre a Macedônia (ver página 255) e tinha razões evidentes para celebrar a ausência de seu rival bélico.

No entanto, infelizmente para Ptolomeu, o desastre viria de uma nova direção e por obra de um novo inimigo.

Fazia quase mil anos que a Grécia não sofria uma grande invasão bárbara, mas agora estava acontecendo. Dessa vez os bárbaros eram os gauleses, que vinham ocupando boa parte do interior da Europa, no mínimo desde a Era do Bronze. Grupos dessas tribos haviam se estabelecido ao norte do Danúbio desde época desconhecida.

Ocasionalmente, em razão de pressões demográficas ou de movimentações que obedeciam a derrotas bélicas, tribos de gauleses irrompiam do sul em direção ao Mediterrâneo. Assim, em 390 a.C., tribos gaulesas se lançaram em grande quantidade pela península italiana e se apoderaram de Roma, que era, então, uma pequena cidade insignificante.

Agora, um século depois, era a vez da Grécia. Em 279 a.C., invasores gauleses, conduzidos por um líder chamado Breno, lançaram-se sobre a Macedônia.

Ptolomeu Keraunos viu-se, de repente, enfrentando hordas selvagens, e mal teve tempo de reunir forças. O exército dele foi arrasado e ele mesmo encontrou a morte. Durante alguns anos não houve governo algum na Macedônia, apenas bandos errantes de selvagens aos quais as diversas cidades resistiam como podiam.

Entretanto, os gauleses, à procura de um saque mais atraente, dirigiram-se ao sul, até a Grécia, em 278 a.C. Assim como dois séculos antes havia encabeçado a resistência contra os persas, Atenas liderava agora a resistência contra os gauleses. Ao lado dela não estava Esparta, mas os etólios, que viviam impotentes a oeste da Fócida pela invasão dória mil anos antes. Não haviam tido nenhuma importância na história grega durante os tempos helênicos, mas a adquiriam agora.

Juntos chegaram às Termópilas, onde as coisas ocorreram exatamente como outrora. Os gregos resistiram firmemente até que alguns traidores mostraram aos invasores o velho caminho pelas montanhas. Dessa vez, porém, por sorte, o exército grego foi evacuado por mar e não sofreu o destino de Leônidas e seus homens.

Os gauleses continuaram avançando para o sul e atacaram Delfos, que era um objetivo particularmente valioso em razão dos tesouros ali acumulados ao longo dos séculos e que nenhum conquistador grego ou macedônio teria ousado tocar.

Ali, porém, os gauleses foram derrotados, provavelmente pelos etólios. A história é obscura, pois em épocas posteriores a derrota foi atribuída à milagrosa intervenção dos deuses. Dizia-se que o estrondo de um trovão aterrorizara os gauleses, e que grandes penhascos rolaram pelas montanhas e mataram muitos deles. É bem provável que se tratasse de algum terremoto.

Mas que fossem os etólios, um terremoto ou os deuses, o certo é que Breno foi derrotado e morreu, e os gauleses tiveram que abandonar a Grécia. Alguns deles permaneceram na Trácia e outros foram para a Ásia Menor.

Quanto à Macedônia, um homem que havia enfrentado com sucesso os gauleses após o primeiro embate foi Antígono Gônatas, algo como "Antígono, o Trôpego". Era filho de Demétrio Poliórcetes e neto de Antígono Monoftalmos.

Anteriormente, encontrara consolo nas belezas da filosofia e estudara com Zenão, o Estoico (ver página 202), mas agora aproveitava a oportunidade de assumir o trono que não fora tomado nem pelo pai nem pelo avô. O velho Caolho e o Sitiador teriam ficado felizes, se estivessem vivos, ao ver o feito conseguido por Antígono Gônatas.

Em 276 a.C., ele assumiu o trono da Macedônia. Quando Pirro de Epiro voltou da Itália, Antígono combateu-o e permaneceu no trono, mantendo uma relativa paz durante quase quarenta anos até morrer em 239 a.C. Além disso, seus descendentes governaram a Macedônia por um século após sua morte.

15.

O CREPÚSCULO DA LIBERDADE

A LIGA AQUEIA

Na Época Helenística, a Grécia decaiu rapidamente. As conquistas de Alexandre haviam lhe proporcionado grandes ganhos, mas o resultado principal dessa riqueza, por não ter sido acompanhada de um desenvolvimento industrial, foi a inflação, na qual uns poucos enriqueceram e muitos ficaram mais pobres.

A situação foi similar à que imperou no período da expansão colonial, mas daquela vez a solução encontrada foi desenvolver a democracia. Agora, na Época Helenística, a dominação estrangeira impedia a Grécia de se ajustar livremente à nova situação. As tentativas de revolução social foram esmagadas.

Pior ainda, a população grega mostrou tendência a abandonar a velha Grécia, onde parecia ter pouco futuro, e emigrar a novas regiões do exterior, mais vastas e mais ricas, onde os monarcas macedônios estavam dispostos a pagar pelo ensino e pela energia dos gregos à custa das populações nativas. À medida que as novas monarquias se tornavam cada vez mais gregas, passaram a competir com a própria Grécia na indústria e no comércio, e com isso as cidades gregas decaíram ainda mais. A população declinava de modo constante, e as outrora grandes cidades se transformaram em cidades pequenas, enquanto as que haviam sido pequenas desapareciam de vez.

Mas houve algumas compensações. O domínio absoluto da Macedônia se enfraquecera e já não era o que havia sido nos tempos de Filipe e Antípatro. Além disso, a própria Macedônia se debilitara; primeiro, porque boa parte de seu povo emigrou a terras recentemente conquistadas, e, segundo, em razão das devastações promovidas pelos gauleses, embora algumas guarnições tivessem sido mantidas em certas cidades, por exemplo, em Corinto. Em 262 a.C., a Macedônia ocupou também Atenas e em 255 a.C. mandou derrubar os Longos Muros. Sem dúvida, a essa altura Atenas não tinha mais nenhuma necessidade deles. Não travava nenhuma guerra e tampouco voltaria a guerrear.

Contudo, a maior parte da Grécia (com a ajuda dos Ptolomeus do Egito, sempre desejosos de colocar dificuldades à Macedônia) conseguiu manter relativa independência em relação à Macedônia. Mas era uma independência não mais baseada no conceito de cidade-Estado, que já beirava a morte. (Em todo o mundo grego, as únicas cidades-Estado ao estilo antigo que mantinham um mínimo de prosperidade eram Siracusa e Rodes.) No lugar delas, a independência grega se baseou nas ligas de cidades.

Por volta de 370 a.C., as tribos da Etólia se organizaram na Liga Etólia, que começou a ter certa importância na história grega.

Uma segunda liga, um pouco mais urbanizada e refinada, foi fundada no Peloponeso em 280 a.C. Começou com a união de algumas das cidades da Acaia situadas ao longo das costas meridionais do golfo de Corinto, e por isso foi chamada de Liga Aqueia.

Durante uma geração, continuou sendo uma organização local de escassa importância, mas a situação mudou com Arato de Sícion.

A meta principal de Arato foi unir todo o Peloponeso na Liga Aqueia. Liderou uma ousada incursão contra Corinto em 242 a.C., e, com poucos soldados, capturou sua fortaleza central, a Acrocorinto. A guarnição Macedônia foi expulsa, e Corinto, incorporada à Liga Aqueia. Em 228 a.C., até Atenas conseguiu expulsar sua guarnição macedônia e se aliou à Liga, que chegou então ao auge de seu poder.

Chama a atenção que houvesse outra potência de importância na Grécia além das duas Ligas (que, mantendo o costume grego, estavam em conflito constante, o que só favorecia a Macedônia); tratava-se de Esparta.

A cidade-Estado, que ainda se aferrava à lembrança dos dias de Agesilau, um século e meio antes, não entrava em nenhuma organização de cidades que ela não fosse capaz de dominar. Por isso era a grande inimiga da Liga Aqueia.

Para preocupação de Arato, Esparta também começou a dar sinais de renovado poder. Sofria, como o resto da Grécia, de desajustes econômicos, e apenas seiscentos espartanos eram cidadãos com plenos direitos. Os demais podiam ser considerados praticamente pobres, e era normal que os hilotas (ainda havia hilotas) morressem de fome.

Em 245 a.C., Ágis IV assumiu o trono. Era uma pessoa fora do comum, um espartano revolucionário. Tentou impor uma nova ordem e sugeriu que se distribuísse terra entre 4.500 cidadãos, incluindo os periecos. Não mencionou os escravos, mas era um início. No entanto, os poucos espartanos que concentravam tudo não aceitaram a reforma. Conseguiram o apoio de outro rei, Leônidas II, que tomou o poder em 241 a. C., promoveu o julgamento de Ágis e mandou executá-lo.

Isso, no entanto, não acabou com as tentativas de reforma em Esparta. Em 235 a.C., Leônidas II morreu, e seu filho, Cleômenes III, assumiu o trono. Havia se casado com a viúva de Ágis IV e herdado os avançados planos dele. Além disso, era uma pessoa mais enérgica.

Reuniu todos os homens que conseguiu e levou-os a combater do jeito tradicional de Esparta. Marchou até a Arcádia, derrotou a Liga Aqueia em várias batalhas e tomou a maior parte da região. Depois do prestígio dessa empreitada, retornou a Esparta em 226 a.C., mandou executar os éforos e colocou em prática as reformas econômicas necessárias.

Estava, então, mais forte do que nunca, e em 224 a.C. partiu novamente e derrotou os exércitos da Liga Aqueia, capturando e saqueando Megalópolis. Também tomou Argos, enquanto Corinto e outras cidades entravam voluntariamente em aliança com ele.

Arato viu, diante dos olhos, a derrocada da Liga Aqueia. Antes de permitir que isso acontecesse, dirigiu-se ao inimigo comum e pediu ajuda à Macedônia. Na época, seu rei era Antígono Dóson, isto é, "Antígono, o Prometedor". Foi a ele que Arato apelou; Antígono prometeu ajuda e cumpriu sua promessa, não sem antes estabelecer duras condições: Corinto deveria ser entregue a uma guarnição macedônia; ele mesmo teria que ser reconhecido como chefe da Liga Aqueia, que, por sua vez, precisaria apoiar seus exércitos. Era óbvio que isso supunha entregar a Grécia à Macedônia, mas Arato, por seu ódio aos espartanos, concordou com a ideia.

Antígono dirigiu seu exército para o sul, e ali, em 222 a.C., enfrentou os espartanos em Selásia, cidade situada oito quilômetros ao norte de Esparta. Cleômenes e os espartanos combateram com a energia dos velhos tempos, mas repetiu-se o desfecho de Queroneia um século antes. Os macedônios saíram vitoriosos de forma inquestionável.

Finalmente, o feitiço que mantivera Esparta livre da ocupação inimiga durante um século e meio, mesmo em seus momentos de maior fragilidade, perdeu o efeito. Epaminondas, Filipe, Alexandre, Antípatro, Demétrio e Pirro haviam se afastado das muralhas da cidade, mas Antígono Dóson, um homem inferior a qualquer um deles, entrou em Esparta, restaurou os éforos e se obrigou a fazer parte da Liga Aqueia.

Cleômenes fugiu para o Egito, mas em 219 a.C., incapaz de suportar a vida depois da derrota de Esparta, suicidou-se. Realizou grandes coisas, a julgar pelos meios de que dispunha; e não era apenas um valente guerreiro, mas também um governante esclarecido. Cabe especular: o que poderia ter conseguido se tivesse sido rei na época da grandeza de Esparta? Há razões para sustentar que Cleômenes, apesar de ter se suicidado após o fracasso, foi o maior espartano de todos os tempos.

Em 219 a.C., Antígono Dóson morreu, e Filipe IV assumiu o trono macedônio. Filipe continuou fortalecendo aos poucos seu domínio sobre a Grécia, particularmente depois de 213 a.C., quando Arato morreu. Mas os planos de Filipe para a Grécia não se realizariam. Roma ficava cada vez mais forte, depois de absorver as cidades gregas do sul da Itália, e era evidente para Filipe que se tratava de um inimigo muito mais perigoso do que todas as cidades gregas juntas.

A QUEDA DE SIRACUSA

No entanto, por um momento, pareceu (enquanto Filipe IV prendia a respiração) que Roma, apesar de todo o seu crescente poderio, ainda podia ser destruída. Isso porque, meio século antes da época de Filipe, depois de Roma derrotar Pirro e conquistar o sul da Itália, ela havia sido obrigada a enfrentar um novo inimigo: Cartago.

Os problemas começaram na Sicília, onde um general siracusano, Hierão, ganhava cada vez mais poder. Lutara ao lado de Pirro e agora tentava dominar algumas das tropas mercenárias italianas que haviam saqueado a Sicília desde que levadas ali por Agátocles. Hierão derrotou-as e os siracusanos fizeram-no rei em 270 a.C., com o título de Hierão II.

Em 264 a.C., Hierão retomou o ataque contra os mercenários, que haviam se fortificado em Messina, na região da Sicília mais próxima à Itália. Os mercenários buscaram urgentemente a ajuda de Roma, a nova potência italiana, que atendeu ao chamado. Hierão foi derrotado várias vezes e teve sabedoria o suficiente para perceber que Roma dominaria a região mediterrânea. Selou uma aliança com ela, que manteve com absoluta fidelidade.

Os cartagineses, que consideravam que a Sicília deveria se submeter apenas à própria intervenção, ficaram furiosos com a entrada de tropas romanas na região. Assim, teve início a Primeira Guerra Púnica. (Chamou-se de "púnica" porque Cartago, originalmente, era uma colônia fenícia, e a palavra latina para designar os fenícios era *poeni*.)

A guerra durou vinte anos e ambas as partes sofreram tremendas perdas. Roma, entretanto, construiu uma frota, combateu Cartago no mar e, finalmente, conseguiu vencer; em 241 a.C., depois de quinhentos anos, os cartagineses foram expulsos da Sicília para sempre. Os romanos se apoderaram da ilha, apesar de deixarem a metade oriental dela para o seu aliado, Hierão; Siracusa manteve a independência.

Em seu conjunto, o mundo grego estava satisfeito. Cartago era uma velha inimiga que o ameaçara muitas vezes, enquanto Roma parecia mais amável e mais acessível à cultura grega. Os gregos chegaram a admitir os romanos nos mistérios eleusinos e nos Jogos Ístmicos. Era uma espécie de reconhecimento formal por parte dos gregos de que os romanos constituíam uma potência civilizada e não eram considerados bárbaros.

Siracusa floresceu sob a dominação romana. O reinado de Hierão II é lembrado, sobretudo, por um parente seu, Arquimedes, que foi o maior dos cientistas gregos.

Há muitas histórias famosas sobre Arquimedes. Ele descobriu o princípio da alavanca e explicou sua ação por meio de uma fórmula matemática simples. (Obviamente não descobriu a própria alavanca, que já era usada desde tempos pré-históricos.) Compreendeu que não havia nenhum limite teórico à multiplicação da força que tornava possível o efeito da alavanca, e conta-se que teria afirmado: "Dê-me uma alavanca e um apoio e levantarei o mundo".

Hierão achou a afirmação divertida e desafiou Arquimedes a mover algo de grande peso; não o mundo, mas algo muito pesado. Assim, segundo a lenda, Arquimedes escolheu um navio atracado no cais e o encheu de carga e de passageiros. Em seguida, criou um aparato de polias (que na realidade era uma espécie de alavanca) e com ele arrastou o navio sozinho, lançando-o sobre a costa com o mesmo esforço com o qual empurraria um navio de brinquedo.

Mais famosa ainda é a história da coroa. Em certa ocasião, Hierão pediu que Arquimedes determinasse se uma coroa de ouro que havia encomendado de um ourives seria realmente inteira de ouro ou se o artesão misturaria desonestamente algum material mais barato, como prata ou cobre. Para isso, Arquimedes precisava conhecer o peso e o volume da coroa. Determinar o peso era fácil, mas o volume parecia impossível de se conhecer sem fundir a coroa em uma massa sólida (algo que não podia ser feito!).

Um dia, Arquimedes mergulhou em uma banheira cheia de água e observou que ela transbordava quando ele submergia. Concluiu, então, que o volume de água que transbordava era igual ao volume de seu próprio corpo, que ocupava o lugar da água despejada para fora. Isso significava que ele podia medir o volume da coroa submergindo-a em água e medindo o quanto o nível aumentava. Eufórico, saltou da banheira e, segundo a lenda, correu nu até o palácio de Hierão, gritando *Eureka! Eureka!* ("Encontrei! Encontrei!"). De fato, havia descoberto o que agora recebe o nome de "princípio do empuxo", ou "princípio de Arquimedes".

Mas a paz geral de Siracusa e de Roma viu-se alterada pela vingativa Cartago, que não se resignara à derrota. Aos poucos, criara colônias na Península Ibérica, como nova fonte de riqueza e nova base para atacar Roma. Além disso, entrou em cena um general chamado Aníbal que demonstrou, sem dúvida, ser um dos grandes militares da história.

Passou da península Ibérica à Itália em 218 a.C. (pouco depois de Filipe V assumir o trono da Macedônia), dando assim início à Segunda Guerra Púnica. Na Itália, Aníbal enfrentou um exército romano superior, mas manobrou habilmente suas forças e soube aproveitar muito bem o excesso de confiança de Roma para infligir-lhe três derrotas seguidas e gradativamente piores.

A terceira derrota, em 216 a.C., em Canas, na costa meridional do Adriático, foi o modelo clássico para todos os tempos de uma batalha aniquiladora; um exemplo perfeito de como um exército mais fraco manobra de tal modo diante de outro mais forte que provoca a completa destruição dele. Nunca em sua história Roma sofreria uma derrota tão esmagadora.

Depois de Canas, Roma parecia acabada. Com certeza foi o que pensou Filipe V, da Macedônia, pois logo selou aliança com Cartago.

Hierão II, de Siracusa, manteve sua fé em Roma e continuou fiel à aliança, mas morreu em 215 a.C. O neto dele, Hierônimo, que o sucedeu no trono, seguiu o pensamento de Filipe V. Também achou que Roma estava acabada e logo se aliou a Cartago.

Mas Roma *não* estava acabada. Os anos posteriores a Canas foram, na realidade, os de maior esplendor da história, e ela nunca se assemelhou tanto aos espartanos em seu apogeu. Com determinação quase sobre-humana, continuou a luta que travava contra Aníbal.

Apesar de estar acossada, ainda teve força o suficiente para enfrentar Siracusa. Em 214 a.C. uma frota romana sitiou a cidade siciliana (o primeiro cerco desde que a frota ateniense a circundara dois séculos antes; ver página 171).

Siracusa resistiu valentemente por três anos graças, principalmente, a Arquimedes. O cientista, segundo relatos posteriores de historiadores gregos que se deleitavam em destacar a inteligência grega diante do poderio bélico romano, inventou todo tipo de engenho mecânico para combater os romanos; construiu espelhos incendiários, arpões, catapultas especiais, entre outros, cujos detalhes provavelmente foram exagerados ao longo do tempo. Dizia-se que assim que uma corda ou um pedaço de madeira aparecia sobre as muralhas de Siracusa, os navios romanos começavam a se afastar a toda velocidade tentando sair do alcance do mais recente e fatídico invento do siracusano.

No final, entretanto, foi a força que triunfou. No ano de 211 a.C., apesar de tudo o que fez Arquimedes, Siracusa foi tomada pelos romanos. O chefe deles dera ordens de capturar Arquimedes vivo, e quando um soldado romano o encontrou, estava trabalhando em alguma questão geométrica desenhada na areia. O soldado, então, ordenou ao velho Arquimedes (na época com quase 75 anos) que viesse com ele. Arquimedes vociferou: "Não pise nos meus círculos!", e o soldado, julgando não ter tempo a perder com bobagens, matou o grande homem.

A partir de então, a Sicília foi totalmente romana, e a história dos gregos como povo independente no Ocidente, iniciada cinco séculos antes durante a expansão colonial, foi encerrada.

A QUEDA DA MACEDÔNIA

Depois de Canas, Filipe V assumiu, durante um breve período, o controle da Grécia. Até mesmo a Liga Etólia temia uma invasão da vitoriosa Cartago e pediu proteção a Filipe (aliado dos cartagineses).

Mas Roma, apesar de seu duelo de vida ou morte com Aníbal e de estar com sua frota ocupada no cerco à Siracusa, conseguiu enviar algumas tropas à Grécia. Não eram suficientes para dominar a situação, mas impediram que Filipe prestasse a Cartago algo mais do que um apoio moral. Filipe, na realidade, não se atreveu a enviar tropas a Aníbal.

Além disso, Roma estimulou a Grécia a rebelar-se contra a Macedônia. Com essa finalidade, aliou-se à Liga Etólia e a Esparta. No entanto, a ameaça cartaginesa impediu Roma de obter um acordo completo, e o que foi chamado de Primeira Guerra Macedônica terminou em uma espécie de empate.

Esse conflito romano-macedônio teve reflexos no Peloponeso, e ali prosseguia a luta entre a Liga Aqueia (sob o comando de Filopêmen, de Megalópolis), auxiliada pela Macedônia, e Esparta, com a ajuda romana.

Em 207 a.C., um espartano revolucionário, Nábis, depôs os últimos reis (nove séculos após a ocupação dória de Esparta) e assumiu o poder como tirano. Completou as reformas de Ágis IV e Cleômenes III, abolindo todas as dívidas, e voltou a distribuir a terra. Chegou, inclusive, a libertar os escravos, e encerrou o horrível sistema dos hilotas.

Enquanto isso, a Segunda Guerra Púnica chegava ao ponto culminante. Roma encontrou um general particularmente brilhante chamado Públio Cornélio Cipião. Para ele, a única maneira de derrotar

Aníbal era imitar o velho Agátocles, um século antes, e levar a guerra à própria Cartago.

Foi o que fez em 202 a.C. Aníbal foi chamado de volta pelos angustiados cartagineses. Em Zama, a sudoeste de Cartago, Cipião derrotou Aníbal. A Segunda Guerra Púnica terminou com a vitória de Roma.

Roma, então, voltou a atenção para todos aqueles que, em seus dias sombrios, haviam se voltado contra ela ou tentado apressar sua queda; o primeiro da lista era Filipe V da Macedônia.

Em 200 a.C., Roma encontrou um pretexto (e sempre procurava por um, mesmo que às vezes fosse trivial). Aconteceu quando a ilha de Rodes pediu a ajuda dela contra Filipe. Imediatamente, Roma declarou-lhe guerra (a Segunda Guerra Macedônica).

O general romano Tito Quinto Flamínio agiu com cautela. Assegurou-se de que a Grécia estivesse do seu lado e se mantivesse à margem. Em 197 a.C., a falange macedônia e a legião romana se enfrentaram novamente em Cinoscéfalos, na Tessália, como nos dias de Pirro, quase um século antes. A legião venceu, e Filipe V, com seu exército destroçado, teve que pedir a paz. Conservou a Macedônia, mas isso foi tudo. O domínio que tinha sobre a Grécia se encerrou, e a hegemonia macedônia imposta à Grécia desde a época de Filipe II, um século e meio antes, terminou para sempre.

Nos Jogos Ístmicos de 197 a.C., Flamínio anunciou publicamente a restauração da antiga liberdade a todas as cidades gregas; a Grécia exultou de alegria.

Mas o primeiro uso que as cidades fizeram da liberdade recém-adquirida foi tentar conseguir a ajuda de Roma em seu velho intento de destruírem-se mutuamente. A Liga Aqueia persuadiu Flamínio a ajudá-la a destruir Nábis, o temido revolucionário da odiada Esparta. Flamínio concordou com relutância e, apesar da valorosa resistência espartana, expulsou Nábis de Argos (que este havia ocupado). Assim se encerrou a luta de quinhentos anos entre Esparta e Argos. Mas Flamínio impediu que a Liga tomasse Esparta.

Flamínio abandonou a Grécia em 194 a.C., e isso ofereceu a oportunidade que a Liga Aqueia e Filopêmen aguardavam. Atacaram Esparta, derrotaram-na e obrigaram-na a se juntar à Liga Aqueia. Nábis foi assassinado por um grupo de etólios e Esparta se desmantelou.

Filopêmen foi o último general grego com vitórias em guerras entre cidades gregas, e por essa razão foi chamado posteriormente de "o último dos gregos". Morreu na Messênia, em 184 a.C., quando tentava sufocar uma revolta contra a Liga Aqueia.

O FIM DA LIGA AQUEIA

As cidades gregas descobriram, no entanto, que com a liberdade recebida da Macedônia haviam, na realidade, apenas trocado de amo, pois estavam agora sob domínio romano. A Liga Etólia não aceitou essa situação e procurou ajuda externa.

Obviamente, não se podia esperar mais nada de Filipe V, que nunca mais se atreveria a enfrentar os romanos. Mas no leste havia outro macedônio, Antíoco III, rei do Império Selêucida. Fizera conquistas no Oriente e julgava-se um novo Alexandre. Além disso, em sua corte estava Aníbal, que nunca se esquecera do próprio sonho de humilhar Roma, e incentivou Antíoco a empreender aventuras no Ocidente. Até se ofereceu para liderar um exército à Itália, se Antíoco fizesse algo na Grécia que pudesse dispersar os romanos.

Esse plano poderia ter dado certo, mas os etólios pediram a Antíoco que concentrasse os esforços principais na Grécia, prometendo que ela toda se levantaria contra Roma. Mas não foi o que ocorreu. A Grécia nunca se ergueu, unida, contra um inimigo externo. E já que a Liga Etólia era anti-Roma, a Liga Aqueia, naturalmente, decidiu ser pró-Roma.

Antíoco definiu que a Grécia seria o campo de batalha, como pediam os etólios, e em 192 a.C. se transportou até lá; perdeu o tempo em prazeres fúteis, e quando os decididos romanos o enfrentaram, viu-se arrasado nas Termópilas, em 191 a.C., e voltou como pôde à Ásia.

O resultado da derrota de Antíoco foi que a Liga Etólia ficou totalmente dominada por Roma. Somente a Liga Aqueia conservou uma centelha da liberdade grega, e Roma passou a vigiar de perto para que essa centelha não brilhasse demais.

Perseu, filho de Filipe V, planejou uma nova guerra contra Roma e fez de tudo para obter apoio dos etólios. Em 171 a.C., eclodiu a Terceira Guerra Macedônica. Os romanos finalmente forçaram uma batalha decisiva em Pidna, cidade da costa egeia macedônia, em 168 a.C., e de novo os macedônios foram totalmente derrotados. Foi a última batalha da falange macedônia. Perseu fugiu, mas foi capturado e enviado a Roma. A monarquia macedônia chegava ao fim.

Os romanos estavam exasperados, porque a Grécia apoiava qualquer levante antirromano, e decidiram levar com eles um grupo de reféns aqueus para assegurar que não teriam mais problemas.

Entre os reféns estava Políbio, nascido em cerca de 201 a.C. em Megalópolis e que foi um dos líderes da Liga Aqueia após a morte de Filopêmen.

Em Roma, Políbio fez amizade com vários romanos destacados, entre eles Cipião, o Jovem (neto por adoção do Cipião que derrotara Aníbal), portanto sua vida em Roma não foi difícil. Cipião se beneficiou disso, pois Políbio foi o maior dos historiadores gregos da Época Helenística e escreveu uma história da Segunda Guerra Púnica na qual relatou de maneira cuidadosa e favorável as façanhas do velho Cipião.

Quando os reféns aqueus, entre eles Políbio, foram finalmente libertados, em 151 a.C., o historiador não permaneceu na Grécia por muito tempo e partiu logo para a África, levado por seus interesses de historiador, e lá se uniu a seu amigo Cipião às vésperas de um novo triunfo romano.

Roma desejava levar Cartago à ruína definitiva, pois, embora já fosse totalmente inofensiva na época, nunca foi esquecido que meio século antes Roma estivera a ponto de ser destruída por ela. Inventou, então, um pretexto para atacar Cartago e deu início à Terceira Guerra Púnica, em 149 a.C.

Cartago, apesar de tão enfraquecida quanto Esparta, conseguiu achar meios para resistir. Por puro heroísmo obstinado (como seus compatriotas de Tiro diante de Alexandre quase dois séculos antes; ver página 236), resistiu por mais de dois anos. Mas a destruição final de Cartago era inevitável, e ocorreu em 146 a.C.

A cidade foi totalmente arrasada. Foi assim que o povo que por seis séculos disputara a supremacia no Mediterrâneo com gregos e romanos deixou de existir.

A atenção que Roma vinha dedicando a Cartago despertou novas esperanças na Grécia. A Macedônia rebelou-se de novo em 149 a.C., conduzida por um homem que se dizia filho de Perseu, o último rei da Macedônia. Nesta Quarta Guerra Macedônica, Roma logo varreu toda resistência e, em 148 a.C., transformou a Macedônia em província romana.

Nesse ínterim, a Liga Aqueia aproveitou a oportunidade para atacar Esparta novamente. Os romanos haviam proibido toda guerra entre as cidades, mas os aqueus só tinham olhos para Esparta. Roma, pensaram, estava ocupada demais com a Macedônia para se incomodar com eles.

Mas os exasperados romanos não estavam ocupados demais, e se incomodaram, sim. Um exército liderado por Lúcio Múmio entrou no Peloponeso. A Liga Aqueia, paralisada de terror, não ousou oferecer resistência, mas isso não fez diferença para Múmio. Não era daqueles romanos que, na época, estavam encantados com a cultura grega. Tomou Corinto em 146 a.C.; era a cidade mais rica da Grécia e, apesar de ela não oferecer resistência, usou-a como exemplo: os homens foram mortos, as mulheres e crianças, vendidas como escravas, e a cidade, saqueada.

A Liga Aqueia dissolveu-se e todas as cidades foram governadas por oligarquias. Extinguia-se, assim, a última centelha de liberdade grega, embora a aparência se mantivesse. Em 27 a.C., a Grécia transformou-se diretamente em parte dos domínios romanos com o nome de Província da Acaia.

16.

AS MONARQUIAS HELENÍSTICAS

A ÁSIA MENOR HELENÍSTICA

Apesar de a Grécia ter entrado em um período crepuscular durante os tempos helenísticos, as conquistas de Alexandre haviam difundido a cultura grega por todo o Oriente. Isso a fez se tornar mais poderosa e influente nos dias da decadência grega do que durante o apogeu ateniense.

Assim, por exemplo, surgiu na Ásia Menor uma série de pequenas monarquias helenísticas. Uma delas foi a cidade de Pérgamo, situada a trinta quilômetros da costa, em frente à ilha de Lesbos.

Ao norte de Pérgamo, bordejando a Propôntida, encontrava-se a Bitínia. A região conseguira independência efetiva apenas nos últimos anos, quando a Pérsia já se encontrava debilitada. Conservara liberdade enquanto Alexandre viveu (pois ele nunca enviou um exército a essa região) e também posteriormente. Em 278 a.C., o então governante, Nicomedes, assumiu o título de rei.

Sua hegemonia, porém, não estava assegurada, pois ele tinha rivais para o trono. Em busca de ajuda, tentou o apoio dos gauleses, que já haviam saqueado a Macedônia e a Grécia anos atrás (ver páginas 261 e 262). Assim, convidou uma tribo gaulesa a penetrar na Ásia Menor. Mas os gauleses tinham seus próprios planos. Começaram imediatamente a saquear as prósperas e pacíficas cidades da região.

Durante uma geração, os gauleses foram o terror da Ásia Menor ocidental. Foi como se tivesse voltado o tempo dos cimérios, quatro séculos e meio antes (ver página 100). Finalmente, Pérgamo consertou a situação.

Em 241 a.C., Atalo I assumiu o trono de Pérgamo depois de seu pai, Eumenes, e deu início à fase de grandeza do reino. Combateu e derrotou os gauleses em 235 a.C., pondo fim à ameaça que representavam, e recebeu por isso o nome de Atalo Sóter, ou "Atalo, o Salvador".

Para celebrar essa vitória, Atalo mandou erguer uma estátua, *O gaulês moribundo*, em Atenas. Com frequência é chamada erroneamente de *O gladiador morto*, e é uma das artes helenísticas mais famosas que chegaram até nós.

Os gauleses foram encurralados em uma região da Ásia Menor central que, por isso, recebeu a denominação de Galácia. Ao serem obrigados a se assentar, acabaram civilizando-se.

Atalo I, assim como seu contemporâneo Hierão de Siracusa, reconheceu que Roma era a potência dominante e aliou-se a ela. Sob seu filho Eumenes II, que o sucedeu em 197 a.C., Pérgamo chegou ao seu apogeu. Conquistou territórios (com a ajuda de Roma) e chegou a dominar a maior parte da Ásia Menor, como se fosse uma nova Lídia (ver páginas 100-102).

Eumenes interessou-se pelo saber e criou uma biblioteca que foi a segunda em importância no mundo helenístico. A principal estava em Alexandria, no Egito, que dominava o comércio de papiro do mundo e era o suporte dos livros na época. Os governantes helenísticos do Egito não queriam que o papiro (que se tornava cada vez mais escasso) circulasse livremente e chegasse facilmente a seus rivais, por isso os bibliotecários de Pérgamo precisaram encontrar um substituto.

No lugar dele, usaram peles de animais muito mais duráveis que o papiro, mas também muito mais caras. Alguém em Pérgamo idealizou um método que permitia preparar as peles de tal modo que fosse possível escrever nelas de ambos os lados, o que possibilitou dobrar a quantidade de escritos em cada pele e reduzir à metade o custo. Esse tipo de pele é chamado agora de "pergaminho", palavra que deriva de Pérgamo.

À época de Atalo III, em 138 a.C., Roma dominava firmemente a Macedônia e a Grécia, e não havia mais dúvidas de que chegaria a dominar todo o mundo antigo. Atalo achou que o melhor que poderia fazer por seu povo era aceitar pacificamente o inevitável. Ao morrer, em 133 a.C., deixou o reino de Pérgamo nas mãos de Roma, que o aceitou e o transformou na maior porção da província da Ásia.

Os reis da Bitínia haviam demonstrado, em algumas ocasiões, um viés anti-Roma e sofrido as consequências disso, mas seus dois últimos reis, Nicomedes II e Nicomedes III, haviam aprendido a lição. Também decidiram aliar-se a Roma. Quando Nicomedes III morreu, em 74 a.C., seguiu o exemplo de Atalo III e deixou seu reino aos romanos.

Mas houve pelo menos um monarca da Ásia Menor que não seguiu as tendências que pareciam definir o futuro.

A leste da Bitínia e bordejando as costas meridionais do mar Negro situava-se o reino do Ponto, cujo nome derivava da denominação que os gregos davam ao mar Negro. A cidade mais importante da região era Trapezonta, à qual haviam chegado os "Dez Mil" de Xenofonte.

O primeiro a se intitular rei do Ponto foi Mitrídates I, que assumiu o título em 301 a.C. Durante os dois séculos e meio seguintes, seus sucessores ocuparam o trono do reino. O último membro dessa linhagem foi Mitrídates VI, que governou mais de meio século, de 120 a 63 a.C. Foi um homem eficiente que estendeu o território do Ponto à custa dos reinos helenísticos vizinhos.

Mas ao expandir sua influência, Mitrídates entrou, obviamente, em conflito com Roma, e a guerra foi inevitável. Mitrídates desferiu o primeiro golpe, em 88 a.C. Surpreendentemente, teve grandes êxitos iniciais, o que lhe permitiu ocupar a maior parte da Ásia Menor e promover matanças de cidadãos romanos.

A seguir, cruzou o mar Egeu e entrou na Grécia. Atenas não participou da guerra – havia tempos não tinha mais ânimo para tanto –, mas tomou uma importante decisão política ao apoiar Mitrídates, permitindo-lhe entrar na cidade.

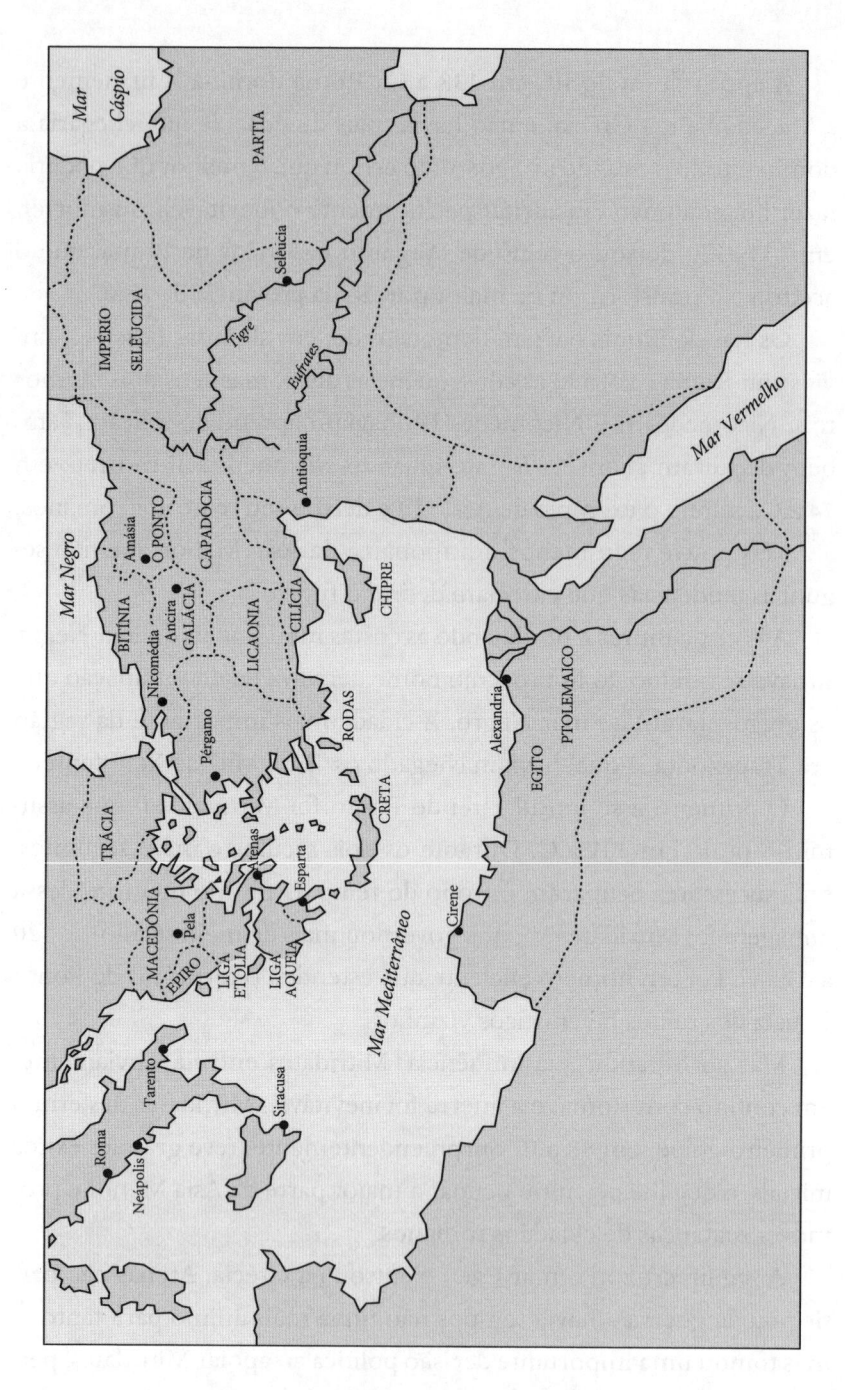

Figura 6: O mundo helenístico, século III a.C.

Mas os romanos só perderam terreno porque, após a conquista de Cartago e da Macedônia, haviam se dado ao luxo de entrar em uma sangrenta guerra civil. A guerra chegou ao fim, temporariamente, com o triunfo de Lúcio Cornélio Sila. Comandando novos exércitos romanos, Sila entrou na Grécia em 87 a.C., tomou Atenas e submeteu-a a uma pilhagem. Depois disso, Atenas nunca mais tomaria decisões políticas desse tipo.

Em 86 a.C., Sila enfrentou Mitrídates no fatídico campo de Queroneia e o derrotou. Mitrídates teve de fugir para a Ásia e os romanos o perseguiram. Em 84 a.C., Mitrídates viu-se obrigado a aceitar a paz nos termos ditados pelos romanos.

Duas outras vezes travou furiosas batalhas contra os romanos e duas vezes mais foi derrotado. Em 65 a.C., sofreu a terceira e última derrota nas mãos de Cneu Pompeu Magno, mais conhecido como Pompeu, e em 63 a.C., suicidou-se.

No final, toda a Ásia Menor ficou sob o firme domínio romano, embora algumas partes conservassem, por alguns anos, uma independência nominal.

O IMPÉRIO SELÊUCIDA

A porção do império de Alexandre situada a leste da Ásia Menor ficou nas mãos de Selêuco. O reino dele se assentou principalmente na Síria e na Babilônia, de modo que foi quase um ressurgimento do velho Império Caldeu de dois séculos e meio antes (ver página 103). As vastas regiões iranianas ao norte e a leste estavam mais ou menos sob seu domínio, de modo que no mapa parecia ter herdado a maior parte do império de Alexandre. Por isso foi chamado de Selêuco Nicátor, ou "Selêuco, o Conquistador".

Em 312 a.C., Selêuco mandou construir uma nova capital às margens do rio Tigre, não muito distante da Babilônia, situada junto ao

Eufrates. Deu-lhe o nome de Selêucia por causa de seu próprio nome. À medida que Selêucia crescia, Babilônia decaía.

Babilônia tivera seu momento de fama e glória quando, pela primeira vez, dirigira um império nos tempos do patriarca hebreu Abraão. Mas a morte de Alexandre foi o último evento de importância ao qual esteve vinculada. No início da era cristã, Babilônia estava tão morta quanto Nínive.

Em 300 a.C., Selêuco também fundou uma cidade no norte da Síria. Em homenagem a seu pai, Antíoco, deu-lhe o nome de Antioquia.

O tataraneto de Selêuco tentou afastar os judeus do judaísmo e obrigou-os a aceitar a cultura grega. Em 168 a.C., declarou ilegal o judaísmo, e os judeus se rebelaram. Sob a liderança de uma família que conhecemos como macabeus, conseguiram, contra todas as previsões, criar um reino judeu independente em 164 a.C.

Não obstante, até mesmo esse reino macabeu tinha um forte tom helenístico. Dois de seus reis adotaram o nome grego de Aristóbulo e, em 103 a.C., um rei chamado Alexandre governou a Judeia. O último dos macabeus foi Antígono.

O Império Selêucida continuou em declínio após a revolta judaica. Em 141 a.C. perdeu a Babilônia, ocupada por invasores orientais, e Antioquia se tornou a única capital do Império. Em 64 a.C., o general romano Pompeu, que acabava de derrotar Mitrídates, reuniu os miseráveis restos do vasto império de Selêuco Nicátor e converteu-os em província romana. No ano seguinte, 63 a.C., a Judeia também foi convertida em província de Roma.

ALEXANDRIA

O reino helenístico de maior êxito de todos foi o criado no Egito pelo general de Alexandre, Ptolomeu, cujos descendentes governariam o Egito durante quase três séculos. O primeiro Ptolomeu ajudou os rodeus a derrotarem Demétrio Poliórcetes, e estes, como agradecimento, apelidaram-no de Ptolomeu Sóter ("Ptolomeu, o Salvador"), nome que entrou para a história.

Ptolomeu Sóter deu a base para transformar sua capital, Alexandria, em um centro de saberes; convidou os sábios do mundo grego com a promessa de apoio financeiro e de oportunidades para a realização de estudos continuados. Como o centro foi dedicado às Musas, as deusas gregas do saber, ficou conhecido como "Museu".

Foi a mais famosa instituição do conhecimento de todo o mundo antigo e a ela pertencia a maior e mais bela biblioteca criada nos dias anteriores à imprensa. Alexandria tornou-se uma das mais famosas cidades de fala grega, e foi o centro do saber antigo durante cerca de sete séculos.

A ciência grega permanecera viva durante todas as turbulências que aconteceram após a morte de Alexandre. A escola de Aristóteles, o Liceu, manteve seu vigor durante um século. Como Aristóteles lecionava enquanto caminhava pelo jardim, os seguidores dessa escola foram chamados de *peripatéticos* (os "caminhantes").

Um desses peripatéticos foi Teofrasto, nascido em Lesbos por volta de 372 a.C. Estudou com Platão e depois se associou a Aristóteles. Este, ao morrer, legou sua biblioteca a Teofrasto, que assumiu a direção do Liceu e levou adiante os estudos de biologia do mestre.

Teofrasto concentrou-se principalmente no mundo vegetal e descreveu laboriosamente mais de quinhentas espécies, e por isso pode-se dizer que fundou a ciência botânica. Ficou responsável pelo Liceu até morrer, em 287 a.C.

O sucessor de Teofrasto foi Estratão de Lâmpsaco, que realizou importantes experimentos de física e teve ideias corretas sobre questões como o vácuo, o movimento de queda dos corpos e as alavancas.

No entanto, após a morte de Estratão, o Liceu decaiu. O próprio Estratão havia se instruído em Alexandria, sinal de que a ciência grega se deslocava de Atenas à nova capital dos Ptolomeus, onde magnânimos monarcas sempre se dispunham a financiar o conhecimento.

Um dos primeiros membros do Museu de Alexandria foi Euclides, cujo nome estará para sempre ligado à geometria, pois escreveu um manual (os *Elementos*) sobre essa disciplina que desde então foi o modelo a se seguir, embora evidentemente com algumas modificações.

Como matemático, porém, a fama de Euclides não decorre de suas próprias investigações, pois poucos dos teoremas de seu livro foram criados por ele. Muitos foram tomados da obra de Eudoxo (ver página 204). O que Euclides fez, e que constitui sua grandeza, foi reunir todo o conhecimento acumulado em matemática pelos gregos e codificar dois séculos e meio de trabalho em uma só estrutura sistemática.

Em particular, elaborou como ponto de partida uma série de axiomas e postulados, admiráveis pela brevidade e elegância. Depois, ordenou uma sequência de demonstrações de maneira tão lógica que se tornou quase impossível melhorá-la.

Não se sabe praticamente nada da vida de Euclides, exceto que trabalhou em Alexandria por volta de 300 a.C. Um episódio que costuma ser narrado a seu respeito (e também de outros matemáticos da Antiguidade) é que, enquanto tentava explicar a geometria a Ptolomeu, o rei solicitou que tornasse suas demonstrações mais fáceis de compreender. Euclides respondeu, sem concessões: "Não há nenhum caminho régio para o conhecimento".

Outro matemático, posterior a Euclides em cerca de cinquenta anos, foi Apolônio de Perga, cidade litorânea da Ásia Menor meridional. Ele estudou as curvas formadas pela intersecção de um plano e um cone (as "seções cônicas"). São elas o círculo, a elipse, a parábola e a hipérbole.

O mundo ampliou-se na Era Helenística, e alguns gregos foram grandes viajantes. Talvez o maior deles tenha sido Pítias da Messália, contemporâneo de Alexandre Magno, que procurou por novos mundos no distante Ocidente, enquanto Alexandre adentrava o Oriente.

Pítias viajou pelo Atlântico, e a partir de seus informes foi possível depreender que ele chegou às ilhas Britânicas e à Islândia, e talvez tenha explorado as águas setentrionais da Europa até o mar Báltico. No oceano Atlântico, pôde observar as marés (que não são tão perceptíveis no Mediterrâneo, cercado de terras) e pressupôs serem causadas pela Lua, observação que estava dois mil anos à frente de seu tempo.

Outro geógrafo foi Dicearco de Messina, que estudou com Aristóteles e foi amigo íntimo de Teofrasto. Ele usou os informes trazidos pelos exércitos de Alexandre e seus sucessores sobre regiões distantes para confeccionar mapas melhores do mundo antigo. Foi o primeiro a usar linhas de latitude em seus mapas.

Mas Eratóstenes de Cirene, sem sair de casa, realizou uma façanha geográfica maior do que as de Pítias ou Dicearco. Eratóstenes, que dirigia a Biblioteca de Alexandria por volta de 250 a.C. e era amigo íntimo de Arquimedes, conseguiu calcular o tamanho de nosso planeta – nada menos do que isso!

Registrou o fato de que, no dia do solstício de verão (21 de junho no hemisfério Norte), o Sol podia ser observado em linha reta quando visto de Siena, cidade a sul do Egito, mas ficava a sete graus do zênite em Alexandria. Essa diferença só podia acontecer pela curvatura da superfície terrestre entre Siena e Alexandria. Conhecendo a distância entre as duas cidades, foi fácil calcular a circunferência da Terra por meio da geometria de Euclides. Acredita-se que a cifra obtida por Eratóstenes tenha sido de quarenta mil quilômetros, que é a cifra correta da circunferência terrestre.

Eratóstenes também tentou criar uma cronologia científica que permitisse datar todos os acontecimentos desde a guerra de Troia. Foi o primeiro homem na história preocupado em fazer uma datação precisa.

A ciência grega não era forte em seus aspectos aplicados, pois nos tempos antigos os escravos eram responsáveis pelo trabalho físico e havia escassa necessidade de aliviar seu trabalho. (Além disso, o interesse por aquilo que dissesse respeito aos escravos era considerado indigno de um homem livre.)

Mesmo assim, alguns gregos tiveram que se dedicar à engenharia. Arquimedes, com suas alavancas e polias, foi um deles. Outro foi Ctesíbio, nascido em Alexandria por volta de 285 a.C. Ele usou cargas de água e jorros de ar comprimido para mover máquinas. Sua invenção mais famosa foi um relógio movido pela água, que deslizava num recipiente em ritmo constante, fazendo um ponteiro indicar uma posição sobre um tambor. A hora podia ser lida observando essa posição. Esses relógios de água foram os melhores indicadores do tempo no mundo antigo.

Além do Museu e da Biblioteca, que foram muito bem-sucedidos, Ptolomeu Sóter também concebeu a ideia de construir uma almenara que servisse de guia aos navegantes para entrar no porto de Alexandria à noite. Encomendou-a de um arquiteto grego, Sóstrato de Cnido, que a ergueu numa ilha situada justamente na frente de Alexandria. A ilha se chamava Faro, o que fez com que a edificação recebesse o nome de farol.

Tinha uma base de trinta metros quadrados e, no topo, uma fogueira que era mantida perpetuamente acesa. Os gregos ficaram admirados e o consideraram uma das Sete Maravilhas do Mundo. Permaneceu em pé por mil e quinhentos anos, até ser parcialmente destruído por um terremoto, que o deixou em ruínas. (Das Sete Maravilhas, só sobreviveram as pirâmides do Egito.)

OS PTOLOMEUS

Em 285 a.C., Ptolomeu Sóter abdicou em favor de seu segundo filho. (O mais velho, Ptolomeu Keraunos, havia partido para a Macedônia, onde morreu; ver página 262.)

Ptolomeu II adotou o velho costume dos governantes egípcios de se casar com suas próprias irmãs, pois consideravam que nenhuma outra família era suficientemente nobre para proporcionar-lhe uma esposa. Deu sequência ao mecenato de seu pai em relação à ciência e à literatura.

Em 246 a.C., foi sucedido por Ptolomeu III, cuja esposa era Berenice de Cirene. Segundo uma lenda, Berenice cortou o cabelo e o dependurou no templo de Vênus para dedicá-lo à deusa, na esperança de que ela fizesse seu marido voltar sempre vitorioso das guerras. O cabelo desapareceu (provavelmente foi roubado) e o astrônomo da corte, Conão de Samos, anunciou imediatamente que havia sido levado aos céus pela deusa; assinalou, então, algumas tênues estrelas que, segundo dizia, eram o cabelo ofertado. Essas estrelas formam a constelação chamada em latim *Coma Berenices*, que significa "Cabeleira de Berenice".

Com esses três reis o Egito teve um século de bom governo; talvez melhor, no conjunto, do que qualquer governo de épocas posteriores ou anteriores de sua longa história. Infelizmente, isso não durou muito. Depois de Ptolomeu III, todos os governantes foram fracos ou ineptos, de modo que o Egito ptolemaico entrou gradualmente em decadência.

Essa decadência trouxe também um crescente declínio da ciência grega. Apenas um cientista de primeiro escalão brilhou nesse período, e não trabalhou exatamente em Alexandria. Foi Hiparco de Niceia, nascido por volta de 190 a.C. e talvez o maior astrônomo da Antiguidade. Estudou em um observatório situado na ilha de Rodes.

Rodes não fora muito importante nos tempos helênicos, mas, após a morte de Alexandre, obteve independência, e enriqueceu e prosperou graças ao comércio, enquanto o resto do mundo helenístico arruinava-se em incessantes guerras. Durante o século e meio que durou sua triunfal resistência ao assédio de Demétrio, foi a cidade-Estado mais próspera em um mundo no qual as demais cidades-Estado já estavam mortas ou agonizantes. Após a queda de Siracusa em 211 a.C. (ver página 269), Rodes foi, de fato, a única cidade-Estado próspera que restou.

Mas na época de Hiparco, essa situação estava chegando ao fim. Em 167 a.C., após a Terceira Guerra Macedônica, Roma desviou deliberadamente o curso do comércio para arruinar Rodes, que se viu obrigada a se aliar e servir de satélite de Roma em 164 a.C. Depois disso, voltou de novo lentamente à insignificância.

Hiparco deu sequência ao trabalho de Aristarco (ver páginas 205 e 206) voltado a determinar a distância da Lua e do Sol, mas rechaçou a ideia de Aristarco de que a Terra girava em volta do Sol. Elaborou detalhadamente um universo no qual todos os corpos celestes giravam em torno da Terra e justificou tal afirmação a partir de uma utilização cuidadosa e minuciosa da matemática. Foi Hiparco quem criou bases firmes para a "teoria geocêntrica"; eram tão firmes que a noção resistiu dezessete séculos para ser abandonada, novamente e para sempre, em favor da "teoria heliocêntrica" de Aristarco.

Em 134 a.C., Hiparco observou na constelação de Escorpião uma estrela da qual não encontrou registro em observações anteriores. Isso era algo importante, pois existia a firme crença (respaldada por Aristóteles) de que os céus eram permanentes e imutáveis. Como Hiparco não conseguia discernir facilmente se essa estrela era um exemplo do contrário, em razão do caráter assistemático das observações anteriores, decidiu que os futuros astrônomos não iriam padecer de dificuldades similares. Procedeu, então, ao registro da posição exata de mais de mil estrelas, as mais brilhantes. Foi o primeiro mapa estelar elaborado com relativa exatidão. Hiparco situou nele as estrelas segundo sua latitude e longitude, um sistema que logo transferiu aos mapas da Terra. Hiparco também classificou as estrelas por graus de brilho (primeira grandeza, segunda grandeza etc.), sistema utilizado até hoje. Depois, ao estudar antigas observações, descobriu a "precessão dos equinócios", um movimento do eixo polar da Terra pelo qual o ponto do céu que aponta para o Polo Norte terrestre muda lentamente de um ano a outro.

Depois de Hiparco, houve um astrônomo não tão destacado, Posidônio de Apameia, cidade síria próxima de Antioquia. Por volta de 100 a.C.,

Posidônio repetiu o experimento de Eratóstenes para determinar o tamanho da Terra. Usou uma estrela em vez do Sol, e isso por si já foi uma contribuição valiosa. Mas, por alguma razão desconhecida, obteve a cifra de 29 mil quilômetros para a circunferência da Terra, que é pequena demais.

Por volta de 50 a.C., Roma se destacava como um colosso sobre o mundo helenístico. Tomara posse da Macedônia e do Egito, estava em vias de apoderar-se da Ásia Menor, trecho por trecho, e logo dominou também o que restava do Império Selêucida.

O Egito, porém, continuava sob o domínio formal dos Ptolomeus. Era o único sobrevivente das grandes conquistas macedônias de quase três séculos atrás.

Surgiu então, no Egito, a última grande majestade helenística, uma pessoa que poderíamos chamar de "a última dos macedônios". Era uma mulher: Cleópatra.

Vale relembrar que Cleópatra não era egípcia, mas macedônia. O nome dela tampouco é egípcio. É grego, e significa "pai famoso", ou seja, "de nobre ascendência". Era um nome comum entre as mulheres macedônias. Quando Filipe II se divorciou de Olímpia, casou-se com uma jovem (ver página 228) de nome Cleópatra.

Cleópatra, a última governante dos macedônios, nasceu em 69 a.C. Seu pai, Ptolomeu XI Auleta, ou "Ptolomeu, o Flautista", morreu em 51 a.C., deixando dois filhos que, em tese, deveriam ser reis mais tarde. Cleópatra, a mais velha, pediu ajuda a Roma e a recebeu do maior dos romanos: Caio Júlio César.

As guerras civis romanas continuaram depois de Sila, e ocasionalmente a Grécia virou um palco para batalhas. Assim, César guerreou contra Pompeu (o vencedor de Mitrídates), a quem perseguiu até a Grécia. Ali, em 48 a.C., derrotou-o em Farsália, um distrito da Tessália.

Pompeu fugiu para o Egito, mas logo foi assassinado ali por egípcios que não queriam ter problemas com César, que chegaria ali pouco depois. Foi quando conheceu Cleópatra e ficou deslumbrado pela beleza dela. Fez com que o irmão compartilhasse o trono com ela e, mais tarde, levou-a a Roma consigo.

Em 44 a.C., César foi assassinado, e a guerra civil começou de novo. Cleópatra voltou sigilosamente ao Egito, onde imaginou estar mais segura. Desfez-se de seus irmãos e virou a única ocupante do trono.

Mas um colaborador antigo de César, Marco Antônio, viajou para o leste em perseguição aos assassinos. Alcançou-os na Macedônia e derrotou-os em 42 a.C., em Filipos, cidade que havia sido fundada pelo grande Filipe três séculos antes. Em 41 a.C., Marco Antônio encontrou-se com Cleópatra e também se apaixonou por ela.

Na verdade, largou suas obrigações na ânsia de ficar com ela e viver no prazer. O mesmo não fez o capacitado sobrinho e filho adotivo de César, Caio Otaviano, que fazia a própria força crescer em Roma, enquanto Marco Antônio a perdia no Egito.

Era inevitável um confronto entre os dois. Em 31 a.C., a frota de Cleópatra e Marco Antônio defrontou-se com a de Otaviano junto a Áccio, cidade da costa ocidental da Grécia, oitenta quilômetros ao norte do golfo de Corinto. Pela última vez, o poder helenístico enfrentou o poder de Roma, e era significativo que isso ocorresse diante da costa grega.

No ponto mais crítico da batalha, Cleópatra foi tomada pelo pânico e fugiu com seus navios. Imediatamente, Marco Antônio abandonou seus homens e seguiu navegando atrás dela. Otaviano saiu vencedor da batalha. Ao chegar ao Egito, Marco Antônio ouviu a falsa notícia de que Cleópatra havia morrido, e então se suicidou, em 50 a.C.

Otaviano, em sua perseguição, levou o exército a Alexandria. Cleópatra fez uma última tentativa de conquistar um romano com seu encanto. Mas Otaviano não era o tipo de homem que pudesse ser enfeitiçado por alguém. Deixou bem claro que Cleópatra teria que voltar a Roma com ele, mas na condição de inimiga vencida. Cleópatra só tinha uma carta para jogar e decidiu jogá-la. Diz a tradição que se suicidou deixando-se picar por uma serpente venenosa.

O Egito foi anexado a Roma e, assim, em 30 a.C., desapareceu o último dos reinos helenísticos. Dois séculos e meio após o primeiro enfrentamento entre gregos e romanos nos tempos de Pirro, Roma finalmente tomou e absorveu todo o mundo grego. Até as cidades gregas que sobreviviam na Crimeia, na costa setentrional do mar Negro, aceitaram a hegemonia romana.

Quanto a Otaviano, mudou seu nome para Augusto e, apesar de manter as aparências da República, transformou-se em algo similar a um rei. Proclamou-se *Imperator*, que significa simplesmente "líder". (Dessa palavra provém o nosso termo "imperador".)

Com Augusto, em 31 a.C. (ano da batalha de Áccio), a história do mundo antigo se funde com a do Império Romano.

17.

ROMA E CONSTANTINOPLA

A "PAZ ROMANA"

Embora as monarquias helenísticas tivessem desaparecido, a cultura grega permaneceu. Na realidade, ficou mais forte do que nunca. A própria Roma absorvera o pensamento grego e, por volta da época em que Augusto estabeleceu o Império, havia virado um império helenístico, o maior de todos.

A Grécia, porém, continuou em declínio. O Império Romano produziu dois séculos de paz absoluta no mundo Mediterrâneo (a *Pax Romana*, ou "Paz Romana"), mas para a Grécia isso significou a paz da morte. Em seu período de expansão, Roma tratou a Grécia com implacável crueldade. A destruição de Corinto, a ruína deliberada de Rodes, o saque a Atenas e as batalhas das guerras civis romanas em solo grego haviam devastado a Grécia.

O geógrafo grego Estrabão deixou uma descrição da Grécia nos tempos de Augusto. É um melancólico quadro de cidades arruinadas e regiões despovoadas.

No entanto, já então se faziam sentir na Grécia os primórdios de uma nova e grande força. Na Judeia surgira um profeta: Jesus Cristo ("Joshua, o Messias"). Ele reuniu alguns discípulos, para os quais era a manifestação de Deus em forma humana.

Jesus foi crucificado em 29 d.C., mas seus discípulos levaram adiante suas crenças. Os seguidores de Cristo (os "cristãos") sofreram perseguições na Judeia por serem considerados heréticos; um dos mais ativos perseguidores foi um judeu chamado Saulo, nascido na cidade de fala grega de Tarso, nas costas meridionais de Ásia Menor.

Vários anos após a morte de Jesus, Saulo experimentou uma repentina conversão e se transformou em um cristão tão convicto quanto havia sido antes perseguidor de cristãos. Mudou o nome para Paulo e começou a pregar o cristianismo aos não judeus, particularmente aos gregos.

Por volta de 44, Paulo viajou a Antioquia, e depois a Chipre e à Ásia Menor. Posteriormente, visitou a Macedônia e a própria Grécia, onde pregou em Corinto. No ano de 53, pregou em Atenas. Por último, em 62, foi até Roma, e ali encontrou a morte.

Durante seus anos de missão, Paulo dirigiu uma série de cartas (ou *epístolas*) aos gregos que havia convertido. Elas estão na Bíblia com os nomes dos habitantes das cidades aos quais eram dirigidas. Duas epístolas foram dirigidas aos coríntios, isto é, aos cidadãos de Corinto; outras três foram dedicadas às cidades de Tessalônica e Filipos, na Macedônia: duas aos tessalonicenses e uma aos filipenses; e há outras dirigidas a cidades da Ásia Menor: uma aos efésios, uma aos gálatas e uma aos colossenses. Esta última era para uma igreja da cidade de Colossas, no interior de Ásia Menor, 190 quilômetros a leste de Mileto.

Segundo a tradição, Paulo morreu no martírio durante a primeira perseguição ao cristianismo, que aconteceu a mando do imperador Nero, que governou do ano 54 ao 68.

Nero foi um daqueles imperadores que, com a Grécia já quase morta, fazia questão de enaltecê-la e de viajar por ela com a pretensão de reviver os grandes dias de outrora. Seu maior desejo era participar da celebração dos mistérios de Elêusis, mas não se atrevia a fazê-lo, pois havia mandado executar a própria mãe!

O imperador Adriano, que reinou de 117 a 138, levou ao extremo o amor romano por uma Grécia morta. Visitou Atenas em 125. Ali presidiu as festas, foi iniciado nos mistérios de Elêusis e mandou concluir, ampliar e embelezar seus templos. Também ordenou a construção de um canal através do istmo e permitiu às cidades gregas que ainda restavam (agora mais parecidas com aldeias) algumas "liberdades" numa simulação dos velhos tempos.

À medida que a Grécia declinava lentamente, a ciência grega também perdia força. São poucos os nomes dignos de menção dessa época.

Sosígenes foi um astrônomo alexandrino que teve destaque na época de Júlio César, ao ajudá-lo a elaborar um novo calendário para os domínios romanos, o chamado "calendário juliano". Nele, três anos de cada quatro têm 365 dias, e ao quarto ano acrescenta-se um dia, ou seja, passa a ter 366. Tal calendário ainda existia (com algumas melhorias) quinze séculos mais tarde, e é o usado hoje no mundo.

Nos tempos de Nero, um médico grego, Dioscórides, viajou com os exércitos romanos e estudou as plantas até então desconhecidas que ia encontrando, particularmente atento às propriedades medicinais que oferecem.

Herão foi um engenheiro grego que trabalhou em Alexandria pouco antes do início do Império Romano. É famoso por sua invenção de uma esfera oca à qual eram unidos dois tubos curvos. Quando se fervia água na esfera, o vapor escapava pelos tubos e a girava rapidamente. Tratava-se de uma "máquina a vapor" simples.

Herão usou a energia do vapor para abrir portas e fazer com que as estátuas nos templos se movimentassem. Eram mecanismos por meio dos quais os sacerdotes podiam assombrar os ingênuos fiéis, ou então pequenas maravilhas destinadas a divertir os ociosos. A ideia de utilizar a energia do vapor para substituir os fatigados e doloridos músculos dos escravos não parece ter despertado interesse em ninguém na época.

O último dos astrônomos gregos foi Claudius Ptolemaeus, ou, como costumamos chamá-lo, Ptolomeu, embora não tivesse nenhum parentesco com os reis macedônios do Egito. Viveu até por volta do ano de 150.

Ptolomeu adotou o modelo de universo elaborado por Hiparco (ver página 290) e acrescentou suas contribuições. O maior valor de

Ptolomeu reside no fato de todos os seus livros terem sobrevivido, enquanto os de Hiparco se perderam. Pelos catorze séculos seguintes, os livros de Ptolomeu foram os textos básicos de astronomia, e é por isso que o sistema de representação do universo centrado na Terra é conhecido como "sistema ptolemaico".

Ptolomeu também escreveu sobre geografia e aceitou a cifra de Posidônio de 29 mil quilômetros para a circunferência terrestre (ver página 291), em lugar da cifra correta de Eratóstenes, de quarenta mil quilômetros. A cifra menor foi aceita até o início dos tempos modernos; na realidade, quando Colombo propôs navegar para o Ocidente para chegar à Ásia, pensava realizar uma viagem de cinco mil quilômetros, com base nas cifras de Ptolomeu. Se soubesse que havia dezoito mil quilômetros a percorrer até a Ásia, talvez não tivesse empreendido a viagem.

O último dos biólogos gregos foi Galeno, nascido em Pérgamo por volta do ano de 130. Em 164, estabeleceu-se em Roma e foi médico da corte dos imperadores por um tempo.

Os melhores trabalhos de Galeno são os relativos à anatomia. Como a dissecção de seres humanos tinha má fama, Galeno trabalhou com animais. Elaborou uma teoria geral do funcionamento do corpo humano que foi a mais avançada do mundo antigo e constituiu a base da ciência médica durante os treze séculos posteriores a sua morte.

O último matemático grego de alguma importância foi Diofanto, que trabalhou em Alexandria por volta do ano de 275. Deixou de lado aquilo em que se haviam especializado os gregos, a geometria, e fez os primeiros avanços em direção à álgebra.

A ciência grega recebeu também a influência do saber de outras terras (o que, na verdade, sempre havia ocorrido). Do Egito, os gregos recolheram o antigo saber dessa terra sobre o estudo da estrutura das substâncias, assim como os métodos para transformar uma substância em outra. Os gregos chamaram essa ciência de *khemeia* (palavra derivada, talvez, do nome que os egípcios davam ao seu país, *Khem*). Foi a precursora de nossa química. Por volta do ano de 300, um experimentador grego da *khemeia*, Zósimo, escreveu uma série de volumes nos quais resumiu os conhecimentos gregos nesse campo.

Entre os historiadores gregos da época romana estava Diodoro Sículo, que viveu na época de Júlio César. Ele escreveu uma história em quarenta volumes, dos quais só foram recuperados do primeiro ao quarto e do décimo primeiro ao vigésimo. Boa parte da informação que temos sobre os diádocos provém de Diodoro.

Um autor muito mais importante foi Plutarco de Queroneia. Nascido por volta do ano de 46, é conhecido principalmente por suas biografias. Ansioso para demonstrar que os gregos também haviam tido seus grandes homens, tanto quanto os romanos, escreveu uma série de *Vidas paralelas*, nas quais cada personagem grego é comparado e contraposto a um romano. Assim, traçou um paralelismo entre Alexandre e Júlio César no qual examina as semelhanças e diferenças entre os dois homens. O estilo de Plutarco é tão agradável que seus relatos em tom coloquial sobre grandes figuras históricas constituem uma leitura agradável até hoje.

Outro biógrafo foi Arriano, da Nicomédia. Nascido em torno do ano de 96, tem como obra mais importante uma biografia de Alexandre Magno. Baseava-se na obra testemunhal de Ptolomeu Sóter (hoje perdida) e é o relato histórico mais confiável que temos das façanhas do grande Alexandre.

Cabe mencionar, por último, Diógenes Laércio, de quem não sabemos nada, exceto que viveu por volta de 230. Reuniu uma coleção de biografias e ditos dos antigos filósofos. Na realidade, é pouco mais do que um álbum de recortes, e não muito bom, mas sua importância está no fato de que a maior parte dele sobreviveu e de ser tudo o que temos sobre muitas das grandes figuras do pensamento grego.

O TRIUNFO DO CRISTIANISMO

A filosofia grega manteve sua importância durante o período da *Pax Romana* (ver página 295). Em particular, o estoicismo, que chegou ao auge de sua popularidade.

Esse saber foi ensinado ao mundo romano com grande êxito por um filósofo grego, Epicteto. Nascido por volta do ano de 60, em Hierápolis, cidade do interior da Ásia Menor, foi escravo no início da vida, mas logo libertado, e na idade adulta viveu em Nicópolis; essa cidade, cujo nome significa "Cidade da vitória", havia sido fundada por Augusto um século antes, perto de onde foi travada a batalha de Áccio (ver página 292).

Assim como Sócrates, Epicteto não registrou por escrito seus ensinamentos. Mas os discípulos dele (Arriano foi um deles) difundiram suas ideias.

O imperador Marco Aurélio, que governou de 161 a 180, foi um firme seguidor da doutrina estoica, e por isso é chamado de "imperador estoico". Foi um dos homens mais bondosos e civilizados que já ocuparam uma posição de poder absoluto. No entanto, seu período como governante marcou o fim dos bons tempos do Império Romano.

Marco Aurélio foi sucedido por uma série de imperadores cruéis ou incompetentes. Tribos não civilizadas atacaram as fronteiras do Império; as legiões romanas passaram a impor imperadores fantoches, e revoltas e guerras civis tornaram-se ocorrências comuns. Em suma, a *Pax Romana* terminou e o Império entrou em prolongada decadência.

As pessoas do mundo antigo passaram a achar insatisfatórias as áridas e severas ideias do estoicismo e da filosofia grega em geral em parte por essa decadência e pelas desgraças geradas por ela. Sentiam falta de algo mais emocional, que propusesse um objetivo superior possível de ser alcançado neste mundo e que oferecesse maiores promessas de uma gloriosa libertação da vida dura, antes e depois da morte.

As religiões dos mistérios foram uma resposta a esses anseios, mas do leste não grego chegaram também várias religiões que ofereciam maiores estímulos e esperanças do que os mistérios gregos. Entre elas o culto de Ísis, originário do Egito; o de Cibeles, da Ásia Menor, e o de Mitra, da Pérsia.

A resposta da filosofia grega à crescente importância dessas religiões orientais foi dada por Plotino, nascido no Egito por volta do ano de 205. Seus ensinamentos começaram com o platonismo, a filosofia de Platão, mas ele incorporou muitas ideias místicas que se assemelhavam às das religiões orientais. Assim, o "neoplatonismo" foi uma mescla de filosofia grega e de cultos orientais de mistérios.

Mas o neoplatonismo não tinha a força e o atrativo da nova e revolucionária religião que invadia o mundo romano. Homens como Paulo e os que vieram depois estavam dispostos a morrer pelas próprias crenças enquanto pregavam o Evangelho, e o cristianismo continuou ganhando força, até que metade da população do Império se tornou cristã. Finalmente, em 313, Constantino I, que governou de 306 a 337, oficializou o cristianismo no Império Romano.

Houve, porém, uma última tentativa de ressurgimento do paganismo. Em 361, Juliano, sobrinho de Constantino, foi coroado imperador. Apesar de receber educação cristã, era admirador dos antigos. O sonho dele era restaurar os dias de Platão e, ao se tornar imperador, tentou fazê-lo.

Proclamou a liberdade religiosa e tirou do cristianismo sua posição hegemônica como religião do Império. Havia se iniciado nos mistérios eleusinos e caminhava por Atenas com trajes antigos, dialogando com os filósofos.

Mas isso não tinha nenhum futuro. Era impossível impor a supremacia da filosofia grega, da mesma forma que era impossível reviver Platão. Juliano morreu em combate em 363, e o cristianismo foi restabelecido. Desde então, tem sido a religião dominante no mundo ocidental.

Assim que o cristianismo recuperou o poder, o paganismo extinguiu-se rapidamente. Os seguidores de ambas as correntes de pensamento ainda entraram em choques violentos, que eclodiram em diversas partes do Império. Em 415, esses motins provocaram sérios danos à Biblioteca de Alexandria. A cidade deixou de ser um centro do saber grego; e o fim de Alexandria significou também o fim da ciência grega.

Outros símbolos antigos da cultura grega também desapareceram. Os Jogos Olímpicos foram celebrados pela última vez em 393. A seguir, por um édito do imperador Teodósio I, foram suspensos, após quase doze séculos de existência. A grande estátua de Zeus, que Fídias esculpira oito séculos antes, foi retirada, e um incêndio a destruiu em 476.

As diversas religiões rivais foram desaparecendo gradualmente e os velhos templos foram derrubados ou transformados em igrejas. O Partenon, por exemplo, foi convertido numa igreja, e dele foi retirada a estátua de Atena, que mais tarde desapareceu.

O golpe final foi dado em 529, quando o imperador Justiniano fechou a Academia de Atenas, fundada por Platão nove séculos antes. Os mestres pagãos tiveram que se retirar para a Pérsia (a antiquíssima inimiga passava agora a ser seu refúgio), e o último rastro da vida grega pré-cristã foi apagado.

No entanto, a Grécia subsistiu. Os livros que havia criado, sua arte, arquitetura e as tradições estavam ainda vivos. Se o mundo mediterrâneo era agora cristão, o cristianismo, sobretudo na parte oriental do Império Romano, foi solidificado em alicerces gregos. A cultura grega, embora modificada pelo cristianismo, não foi destruída.

Na realidade, o declínio do Império Romano libertou a parte oriental do Império e permitiu que a variedade grega do cristianismo adquirisse grande importância. Esse processo ocorreu do modo como será dito a seguir.

O Império Romano vinha decaindo constantemente desde a época de Marco Aurélio; para mantê-lo, o imperador Diocleciano, que governou de 284 a 305, decidiu que era necessário mais de um homem para a tarefa. Em 285, dividiu o Império em duas metades, uma ocidental, outra oriental, colocando à testa de cada uma delas um colega e encarregando-se, ele mesmo, do governo da metade oriental.

Em tese, os dois imperadores cooperavam e governavam juntos um só Império, mas a realidade era que às vezes um dos imperadores obtinha a supremacia nas duas metades, mesmo depois da época de Diocleciano. Cada vez mais tinha-se a sensação de que tal divisão era natural, e que a sua linha divisória era o mar Adriático. A metade ocidental, incluindo a Itália, falava latim e era fortemente romana em suas tradições. A metade oriental, que incluía a Grécia, falava grego e suas tradições eram vigorosamente gregas.

Constantino I, o primeiro imperador cristão, comandou todo o Império, mas entendeu que a metade oriental era mais rica e valiosa. Por isso decidiu estabelecer ali sua capital. Reconstruiu e ampliou a velha cidade de Bizâncio, no Bósforo, rebatizando-a de Constantinopla ("a cidade de Constantino"). Ela se tornou capital em 330 e chegou a ser a maior e mais poderosa cidade de fala grega de todos os tempos.

O último imperador a governar todo o Império foi o próprio Teodósio, que pôs fim aos Jogos Olímpicos. Depois de sua morte, em 395, o Império ficou dividido de forma permanente.

No século seguinte, o Império Romano sofreu repetidas invasões de povos bárbaros, e, em 476, Rômulo Augusto, o último dos imperadores ocidentais, foi obrigado a abdicar. A partir de então, Roma não teria mais nenhum imperador. É a esse fato que se faz referência quando falamos na "queda do Império Romano".

O Império Romano de Oriente conseguiu escapar desse temporal e se manteve, com uma série de imperadores que governariam numa sucessão ininterrupta por mais quase mil anos.

No entanto, havia rompido politicamente com o Ocidente, e prosseguiu cada vez mais por um caminho próprio. Também seu cristianismo seguiu caminho independente. No Ocidente, os cristãos aceitaram a condução pelo bispo de Roma, isto é, o papa.

Já os cristãos do Império Romano do Oriente consideravam como seu chefe espiritual o Patriarca de Constantinopla. Houve contínuas brigas entre esses dois ramos da Igreja, até que, finalmente, em 1054, eles se separaram definitivamente. Desde então, a igreja ocidental passou a ser a Igreja Católica Romana, e a oriental, a Igreja Ortodoxa Grega.

Ambas atuaram para converter os pagãos do norte, antes e depois da cisão final. A Igreja Ortodoxa Grega obteve sua maior vitória ao converter não apenas búlgaros e sérvios da península Balcânica, mas também russos das grandes planícies situadas ao norte do mar Negro. Os russos passaram a ser ortodoxos desde então, e isso contribuiu para que se separassem da Europa ocidental católica, fato que teve importantes consequências até os dias atuais.

O ADVENTO DO ISLÃ

O Império Romano do Oriente não era todo de tradição grega. Partes dele, como o Egito e a Síria, tinham raízes próprias que remontavam a tempos bem anteriores, e embora a cultura grega tivesse se sobreposto a essa velha tradição, aconteceu de maneira superficial. Os egípcios e sírios diferiam em suas versões do cristianismo e não aceitavam todos os dogmas propostos por Constantinopla e pelas regiões de cultura totalmente grega, isto é, a Grécia e a Ásia Menor.

Por isso, os invasores estrangeiros tiveram relativa facilidade para ocupar a Síria e o Egito. Seus habitantes tendiam a encarar os invasores com menor rejeição que o governo de Constantinopla.

Isso se demonstrou pela primeira vez quando um antigo perigo proveniente do leste ressurgiu. O reino parto, situado a leste da Síria, nunca havia sido conquistado pelos romanos, mas vivia afetado por sucessivas guerras civis. Em 226, o poder foi tomado por uma nova linhagem de monarcas de origem persa, chamados Sassânidas, em razão do avô do primeiro rei dessa linhagem, que se chamava Sasan. Isso representou praticamente uma recriação do Império Persa, tal como havia sido seis séculos antes, salvo as partes mais ocidentais do velho império, que estavam agora sob a dominação romana.

Durante quatro séculos, romanos e persas haviam travado frequentes guerras, sem que nenhum dos lados obtivesse uma vitória decisiva. Mas em 590, subiu ao trono persa Cosroes II. Suas guerras contra o Império Romano do Oriente tiveram um êxito assombroso. Em 603, ele iniciou a conquista da Ásia Menor, em 614 tomou a Síria, em 615 a Judeia e em 616 o Egito. Em 617, estava do outro lado do estreito de Bósforo, a 1,5 quilômetro da própria Constantinopla.

Praticamente tudo o que restava do Império Romano do Oriente resumia-se à Grécia continental, à Sicília e a uma faixa do litoral africano. Foi como se Xerxes tivesse renascido e a Grécia estivesse de novo à mercê dele.

Em 610, Heráclio assumiu o trono do Império, e depois de dez anos de preparativos desferiu o golpe, decidindo de modo audacioso levar a guerra ao território inimigo. Graças à sua frota (os persas não dispunham de frota), o exército de Heráclio chegou a Issus em 622. Durante os cinco anos seguintes, foi como um novo Alexandre, e atravessou o coração da Pérsia derrotando seus exércitos. As províncias perdidas foram recuperadas em 630.

Mas essas guerras encarniçadas enfraqueceram de maneira fatal ambas as partes. Enquanto as duas lutavam, um novo profeta, Maomé, criava uma religião, o Islã, na península Arábica. Maomé morreu em 632, e os árabes, que até então não haviam desempenhado nenhum papel importante na história, iniciaram uma série de conquistas a partir de sua península.

Derrotaram as forças do Império Romano do Oriente no rio Yarmuk, tributário do Jordão, em 636. O Império, desgastado, e Heráclio, desalentado, não conseguiram enfrentar esse novo desafio.

Depois de dedicar a década seguinte a derrotar e conquistar o Império Sassânida, os árabes se dirigiram à África. Em 642, tomaram Alexandria, e se algo ainda restava da grande Biblioteca, foi destruído. Por volta de 670, os árabes haviam tomado o resto da África do Norte.

A conquista árabe apagou a camada de cultura grega que havia se estendido pela Síria e pelo Egito. Nessas regiões, o Islã substituiu o cristianismo, e o árabe tomou o lugar da língua grega.

A cultura grega, no entanto, não morreu. Os árabes experimentaram seu fascínio, como havia acontecido com os romanos; adotaram a *khemeia* grega e deram-lhe o nome de "alquimia"; traduziram as obras de Aristóteles, Euclides, Galeno e Ptolomeu para o árabe, estudaram-nas e elaboraram os próprios comentários a respeito. Conservaram o saber grego numa época em que ele estava quase esquecido na Europa ocidental bárbara.

Na realidade, quando o saber grego reviveu na Europa Ocidental, depois do ano 1000, foi estimulado principalmente por esses livros vertidos para o árabe, que foram, então, traduzidos para o latim.

O que restava do Império Romano do Oriente após a conquista árabe era formado principalmente pela península Balcânica, a Ásia Menor e a Sicília. Ainda era chamado de "Império Romano" (na verdade, manteve essa denominação até o final), mas sua tradição era totalmente grega e, nos tempos de Heráclio, o grego passou a ser a língua oficial, em lugar do latim.

Os europeus ocidentais, durante toda a Idade Média, chamaram, com razão, o reino governado por Constantinopla de "Império Grego". Historiadores posteriores começaram a chamar o Império Romano do Oriente da época de Heráclio e imperadores posteriores de "Império Bizantino", de Bizâncio, antigo nome de Constantinopla, e este é o nome pelo qual é mais comumente conhecido hoje.

O Império Bizantino resistiu aos ataques árabes. Em 673, os árabes sitiaram Constantinopla, que durante cinco anos ficou bloqueada por terra e por mar. De novo, como no cerco a Siracusa pelos romanos, quase cinco séculos antes, tratou-se de uma luta entre a inteligência grega e a coragem não grega. O novo Arquimedes, segundo a tradição, era um alquimista chamado Calínico, um refugiado da Síria ou do Egito. Ele inventou uma mistura inflamável que, uma vez acesa, continuava ardendo mesmo depois de submergida na água. Não se conhece a composição exata dela, mas é provável que contivesse um líquido inflamável como a gasolina, junto com nitrato de potássio, que lhe proporcionava oxigênio, e cal viva, que uma vez quente mantém a mistura ardendo, apesar da presença de água.

Mais uma vez, a inteligência derrotou a bravura. O fogo grego incendiou os navios árabes, que foram obrigados a levantar acampamento. Os exércitos bizantinos recuperaram a Ásia Menor, mas a Síria, o Egito e o norte da África foram perdidos para sempre.

A guerra entre gregos e árabes prosseguiu por mais quatro séculos, mas foi fronteiriça, sem vitórias importantes de nenhuma das duas partes. As únicas perdas importantes do mundo grego foram algumas ilhas, por exemplo a Sicília, tomada por forças islâmicas procedentes da África em 825. A cultura grega chegou ao fim na ilha e no sul da Itália, depois de ter predominado ali durante quinze séculos (mesmo sob os romanos). Posteriormente, a Sicília foi recuperada para a cristandade, mas por forças procedentes da Europa Ocidental; desde então, sua cultura tem sido ocidental.

Um novo perigo surgiu vindo do norte. Pouco depois do ano 700, tribos de fala eslava começaram a invadir a península Balcânica e se estabeleceram na Trácia e na Macedônia. Houve lutas constantes entre elas e as forças do Império Bizantino. Finalmente, foram totalmente derrotadas em 1014 pelo imperador bizantino Basílio II.

Vários povos eslavos permaneceram nas regiões situadas ao norte da Grécia (na realidade, até hoje), mas aceitaram a versão grega do cristianismo e a cultura oriental.

Sob Basílio II, o Império Bizantino chegou ao auge de seu poder. Infelizmente, isso não iria durar.

AS CRUZADAS

Por volta do ano 1000, um novo grupo de nômades se lançou em direção ao sul vindo da Ásia Central. Eram os turcos. A primeira tribo de turcos que ganhou proeminência considerava-se descendente de um antepassado chamado Seljuk, e por isso ficaram conhecidos como turcos seljúcidas. Fizeram estragos nas terras islâmicas, mas adotaram o Islã como religião.

Com a fúria dos convertidos, voltaram-se contra o Império Bizantino. O imperador da época era Romano IV. Ele derrotou os turcos seljúcidas várias vezes, mas em 1071 travou combate com eles nas fronteiras orientais de seu reino e sofreu uma desastrosa derrota. Os turcos foram para oeste e ocuparam o interior da Ásia Menor, confinando a dominação grega ao litoral.

Esse foi o início do processo que varreria a cultura grega da Ásia Menor para sempre, transformando-a até hoje em território turco. Com efeito, depois de 1071, o mundo grego ficou reduzido ao que havia sido nos primórdios da expansão colonial, dezoito séculos antes. (Os turcos, vale mencionar, chamaram seus domínios da Ásia Menor de *Rum*, que era como se referiam a "Roma", pois consideravam ter conquistado o Império Romano.)

O Império Bizantino viu-se, então, em sérias dificuldades, e foi buscar ajuda entre as nações do Ocidente. Fez isso com grande relutância, pois os bizantinos viam os ocidentais como bárbaros e heréticos.

Os ocidentais, por sua vez, tinham uma opinião igualmente negativa dos bizantinos e não mostraram nenhum interesse em socorrê-los. Mas estavam preocupados com os turcos seljúcidas, que haviam arrancado a Síria dos tolerantes árabes e maltratavam os cristãos ocidentais que faziam peregrinações a Jerusalém. Por isso, os ocidentais se dispuseram a atender ao chamado bizantino.

O resultado disso foi um período de duzentos anos, a partir de 1090, durante o qual exércitos ocidentais marcharam ou navegaram periodicamente para o Oriente para lutar contra os turcos. Esses movimentos ficaram conhecidos como "Cruzadas", da palavra latina para "cruz", já que os ocidentais lutavam pela cruz, isto é, pelo cristianismo.

De maneira crescente, o Império Bizantino (ou o que restara dele) foi caindo nas mãos de guerreiros ocidentais e, mais ainda, de comerciantes ocidentais, particularmente mercadores de Veneza e Gênova.

Depois do ano 1000, uma boa parcela de regiões da Grécia recebeu novos nomes desses mercadores italianos, e alguns desses nomes se popularizaram no Ocidente. Alguns ainda são conhecidos. O Peloponeso, por exemplo, virou Moreia, de uma palavra latina que significa "folha de amora", porque é parecida com o perfil irregular da península. Naupacto, a cidade da costa setentrional do golfo de Corinto onde Atenas havia outrora estabelecido hilotas espartanos (ver página 141), foi chamada de Lepanto; por conseguinte, o golfo de Corinto foi renomeado para golfo de Lepanto. Do mesmo modo, uma cidade de Creta que ostentava o nome grego de Herakleion foi rebatizada de Cândia pelos comerciantes venezianos, e depois o mesmo nome foi aplicado a toda a ilha de Creta. A Córcira se transformou em Corfu e assim por diante.

Mas os cruzados, apesar de terem ajudado os bizantinos a derrotar os turcos, representaram um grande desastre para o povo grego.

Isso ocorreu porque uma fração dos cruzados (durante a chamada Quarta Cruzada) foi convencida pelos venezianos, de quem emprestava barcos, a atacar Constantinopla em vez de continuar até a Síria. Sem barcos venezianos, os cruzados não podiam ir a lugar nenhum; após refletirem um pouco, portanto, começaram a pensar no saque que poderiam obter e concordaram.

O imperador bizantino daquela época era um homem sem caráter chamado Aleixo IV, que tinha a intenção de tirar proveito dos cruzados para suas batalhas particulares. Mas o que acabou conseguindo foi simplesmente preparar o caminho para a ruína. Por meio da violência, do engano e da traição, os cruzados capturaram a grande capital em 1204.

A tragédia principal, entretanto, foi a seguinte: atualmente, a imprensa tornou possível a existência de milhares de exemplares de cada livro. No entanto, nos dias anteriores ao advento da imprensa, mesmo os livros mais importantes existiam apenas em poucas centenas de exemplares, pois cada cópia precisava ser feita à mão, o que era muito trabalhoso.

Aos poucos, nas desordens que se seguiram à decadência do Império Romano, os poucos exemplares dos livros em que estavam registrados a literatura e o saber gregos acabaram sendo perdidos. As multidões cristãs destruíram boa parte deles. Os bárbaros que tomaram posse do Império do Ocidente destruíram o que tinha restado. Os exércitos islâmicos arrasaram as bibliotecas de lugares como Alexandria, Antioquia e Cartago, embora tenham poupado alguns dos livros científicos mais importantes.

Em resumo, por volta de 1204, o único lugar onde o corpo total do saber grego continuava intacto era Constantinopla. Mas, como resultado de sua conquista pelos cruzados, Constantinopla foi saqueada e destruída implacavelmente, e quase todo o grande tesouro do antigo saber grego foi perdido para sempre. É por causa desse saque, por exemplo, que das mais de cem obras de Sófocles temos conhecimento apenas de sete.

A tragédia de 1204 nunca poderá ser reparada; do maravilhoso mundo grego, ficamos condenados a conhecer apenas alguns poucos fragmentos.

18.

O IMPÉRIO OTOMANO

A QUEDA DE CONSTANTINOPLA

Durante duas gerações, a Grécia foi dominada por ocidentais, que criaram o chamado Império Latino. Seguindo o estilo feudal ocidental, os chefes importantes repartiram entre eles o território. A Grécia do noroeste transformou-se em Reino de Tessalônica, cuja capital era a cidade que Cassandro fundara quinze séculos antes (ver página 251). O Peloponeso virou o Principado de Acaia, enquanto Ática, Beócia e Fócida formaram o Ducado de Atenas.

Mas os gregos não ficaram totalmente sob domínio ocidental. Um membro da velha família real dominava a Grécia do noroeste e chamou seu domínio de Despotado de Epiro (evidente homenagem ao rei Pirro).

Um parente por matrimônio da família real criou um reino na Ásia Menor ocidental, em terras reconquistadas aos turcos durante as Cruzadas. A capital dele era Niceia, e ficou conhecido como Império de Niceia. Seu território foi uma espécie de ressurreição da antiga Bitínia.

Finalmente, ao longo da costa sudeste do mar Negro havia uma estreita faixa de terra grega, na qual ficavam localizadas as cidades de Sinope e Trapezonta, além de algumas poucas cidades gregas que ainda sobreviviam na península da Crimeia, ao norte do mar Negro. A cidade de Trapezonta era agora chamada de Trebisonda, de modo que o reino se tornou conhecido como Império de Trebisonda.

O Império Latino nunca foi muito sólido e viu-se em crescente perigo diante dos brilhantes governantes de Epiro. Em 1222, por exemplo, o déspota de Epiro conquistou o Reino de Tessalônica.

Constantinopla, no entanto, recuperou-se graças a Niceia, e não a Epiro. Miguel Paleólogo assumiu o poder em Niceia em 1259. Aliou-se, em seguida, aos búlgaros e aos genoveses, e aguardou o momento em que a frota veneziana (que guardava a Constantinopla latina) se ausentasse. Então, em um ataque surpresa, tomou Constantinopla em 1261.

Transformou-se, então, em Miguel VIII, e o Império Bizantino foi governado novamente por gregos. Durante os dois séculos restantes de sua história, todos os imperadores bizantinos foram descendentes de Miguel.

Mas o Império Bizantino era apenas uma pálida sombra do que havia sido. Epiro e Trebisonda tinham governos independentes, enquanto Veneza conservava Creta, as ilhas egeias, o Ducado de Atenas e boa parte do Peloponeso.

Na verdade, Atenas nunca voltou a ser bizantina. Pouco depois de 1300, um bando de aventureiros sem escrúpulos chegou à Grécia vindo do Ocidente. A maioria provinha da Catalunha, e por isso tal bando ficou conhecido como a Grande Companhia Catalã. Em 1311, conseguiram tomar posse do Ducado de Atenas, que desde então permaneceu sob o domínio de uma ou outra fração ocidental, até a derrota final dos cristãos pelos turcos.

Por volta de 1290, um novo grupo de turcos havia adquirido importância. Seu primeiro líder destacado foi Osmã ou, em árabe, Utman. Os seguidores dele foram então chamados de turcos osmanitas, ou turcos otomanos.

Em 1338, os turcos otomanos haviam se apoderado de quase toda a Ásia Menor, arrasando o território que antes havia sido o Império de Niceia. Em 1345, os turcos otomanos foram chamados à Europa pelo imperador bizantino João VI, que buscava ajuda contra um rival. Isso se mostrou um tremendo erro. Em 1354, os turcos se estabeleceram de modo permanente na Europa (e hoje ainda têm uma pequena parte do continente).

Rapidamente, os turcos começaram a se espalhar pela península Balcânica. À época, o povo predominante na península eram os sérvios, de fala eslava. Haviam construído um estado forte ao norte da Grécia sob Estêvão Dusan, que começou seu reinado em 1331; ele conquistou o Epiro, a Macedônia e a Tessália, e preparava-se para atacar Constantinopla.

Talvez tivesse conseguido deter os turcos, mas morreu em 1355 e seu reino começou a se fragmentar. Em 1389, sérvios e turcos entraram finalmente em choque em Kosovo. Os turcos conseguiram uma vitória contundente e toda a península Balcânica ficou em seu poder.

O que restava do Império Bizantino teria caído em mãos turcas, não fosse a inesperada aparição de um poderoso inimigo no Oriente.

Um chefe nômade chamado Timur havia assumido o poder em 1360 e iniciado uma série de conquistas. Era chamado de Timur Lenk ("Timur, o Coxo"), que em português ficou Tamerlão.

Com sucessivos ataques-relâmpago, conquistou toda a Ásia Central e montou a capital em Samarcanda, antiga Maracanda, onde Alexandre havia assassinado Clito dezessete séculos antes. Tamerlão estendeu seus domínios em todas as direções, se aprofundando na Rússia até chegar a Moscou, além de invadir a Índia e capturar Délhi.

Finalmente, em 1402, quando já tinha 70 anos, invadiu a Ásia Menor. O sultão turco Bajazeto enfrentou Tamerlão perto de Angorá, na Ásia Menor central. (Sob seu nome anterior, Ancira, essa cidade havia sido capital da Galácia.) Bajazeto foi derrotado e aprisionado.

O vitorioso Tamerlão saqueou a Ásia Menor e destruiu definitivamente Sardes, que havia sido capital da Lídia dois mil anos antes. Mas quando Tamerlão morreu, em 1405, o vasto reino dele imediatamente se desfez. O ataque de Tamerlão havia transtornado de tal modo o Império Otomano que Constantinopla desfrutou de meio século adicional de existência. Mas passado esse meio século, os turcos otomanos recuperaram totalmente a própria força.

Em 1451, Mehmed II (ou Maomé II) foi proclamado sultão do Império Otomano e estava disposto a ajustar contas com Constantinopla de uma vez por todas. Em 29 de maio de 1453, depois de um cerco de cinco meses, Constantinopla foi tomada pelos turcos; Constantino XI, o último dos imperadores romanos de uma série que havia se iniciado com Augusto quinze séculos antes, morreu na batalha, combatendo valentemente.

Constantinopla foi turca para sempre e seu nome mudou de novo. Os gregos, quando viajavam a Constantinopla, diziam estar indo *eis ten polin*, que significa "à cidade". Os turcos entenderam essa frase e a transformaram em Istambul, cidade que passou a ser a capital do Império Otomano.

Em 1456, Mehmed tomou o Ducado de Atenas de seus governantes ocidentais, e em 1460, o Peloponeso. Em 1461, apoderou-se também do Império de Trebisonda. A cidade na qual o exército de Xenofonte chegara ao mar, quase dezenove séculos antes, havia sido o último trecho de território grego independente.

A NOITE TURCA

A resistência de povos não gregos contra os turcos continuou durante alguns anos nos Bálcãs. Restava um foco de poder cristão em Epiro, cuja parte setentrional começou a ser chamada de Albânia, de uma palavra latina que significa "branco", em razão das montanhas cobertas de neve da região. A Albânia era governada por Jorge Castriota. O governante estava na terra natal dos antepassados maternos de Alexandre Magno, e ele mesmo era chamado pelos turcos *Iskander Bey* ("Senhor Alexandre"), que acabou virando Scanderbeg. Enquanto viveu, manteve os turcos a distância, mas após sua morte, em 1467, a Albânia foi conquistada e incorporada ao Império Otomano.

Só restavam as ilhas gregas nas mãos dos cristãos, mas tratava-se de cristãos ocidentais. Em 1566, a luta se centrou nas ilhas de Creta e Chipre, dominadas pelos venezianos, onde a população grega (como em outras partes da Grécia) geralmente apoiava os turcos contra os ocidentais. Isso não surpreende. Os turcos toleravam a forma ortodoxa do cristianismo, enquanto os ocidentais faziam o possível para converter seus súditos ortodoxos ao catolicismo. Os ocidentais também cobravam impostos mais altos do que os turcos.

A maioria dos gregos de Chipre, portanto, ficou satisfeita quando os venezianos foram expulsos da ilha pelos turcos em 1571.

Essa vitória turca foi contrabalançada por uma derrota sofrida naquele mesmo ano, por ocasião de uma grande batalha entre uma frota otomana e uma frota cristã (principalmente, espanhola) no golfo de Lepanto (ou Corinto, para usar seu nome grego). Foi a última batalha importante entre navios impulsionados por remos, e significou uma importante vitória cristã. Os turcos otomanos se recuperaram da batalha de Lepanto e conservaram seu vigor por um período considerável, mas a batalha mostrou claramente que o apogeu dos turcos havia sido ultrapassado e que o futuro pertencia à Europa ocidental, cujo poderio aumentava cada vez mais.

Um século depois de Lepanto, os turcos fizeram uma última tentativa de conquista. No mar, arrancaram Creta dos venezianos em 1669, e em terra avançaram para noroeste até chegar à periferia de Viena em 1683; a Áustria parecia prestes a cair.

Tanto venezianos quanto austríacos contra-atacaram com sucesso. Os venezianos invadiram o Peloponeso e uma frota veneziana estacionou diante de Atenas. Isso provocou uma grande tragédia: para defender a cidade, os turcos armazenaram pólvora no Partenon, que até então, por dois mil anos, se mantivera intacto. Em 1687, um disparo de canhão veneziano acertou o edifício, explodiu a pólvora e destruiu a mais magnífica construção de todos os tempos. Restaram apenas os pilares sem teto como triste lembrança da extinta glória da Grécia.

Quando os turcos foram obrigados a assinar a paz, em 1699 (a primeira paz que aceitaram assinar com as potências cristãs), cederam o Peloponeso aos venezianos. Mas foi algo temporário, pois os peloponenses logo perceberam que a mão veneziana era mais pesada do que a dos turcos. Por isso, deram boas-vindas à reconquista da região pelos turcos em 1718.

Sob o domínio turco, a Grécia se recuperou lentamente em população e vigor. Graças à tolerância e à ineficiência de seus dominadores, conservaram a própria língua e religião. Alguns até enriqueceram e se tornaram poderosos, especialmente os descendentes da velha nobreza bizantina que viviam em um distrito de Istambul chamado Fanar.

Depois de 1699, quando os turcos compreenderam que deviam estabelecer relações diplomáticas com as nações ocidentais, pois já não podiam confiar num poderio militar superior, apelaram a esses gregos fanariotas. Desde então, os fanariotas praticamente dirigiram o serviço exterior turco, e em muitas ocasiões foram o poder efetivo por trás do trono.

No entanto, ao longo de todo o século XVIII, o Império Otomano decaiu e foi vítima de incompetência e corrupção crescentes. Cada vez mais, os gregos sonhavam com a liberdade em relação aos turcos; não queriam, entretanto, pagar o preço do domínio ocidental, mas alcançar uma liberdade de fato: queriam a Grécia independente, governada por gregos.

Esse sonho ganhou força quando a Rússia, ao longo de todo esse período, envolveu-se numa série de guerras com a Turquia e conquistou todas as regiões turcas situadas ao norte do mar Negro. Isso deixou evidente a fragilidade dos turcos e trouxe aos gregos uma nova possibilidade de ajuda estrangeira. Como os russos eram de religião ortodoxa, os gregos consideravam-nos bem mais aceitáveis do que os venezianos.

Com o alento da Rússia, bandos gregos rebelaram-se contra os turcos em 1821, tomaram posse do Peloponeso e, em seguida, das regiões situadas ao norte do golfo de Corinto. Muitos ocidentais comoveram-se com as vitórias gregas, pois para eles os gregos eram ainda o povo de Temístocles e Leônidas. Um exemplo foi o grande poeta inglês George Gordon, ou Lord Byron, extravagante admirador dos antigos gregos, que marchou para a Grécia para se incorporar às forças revolucionárias. Em Missolonghi, cidade da Etólia, ele encontrou a morte pela malária em 1824, aos 36 anos de idade.

Mas os turcos se recuperaram e, em particular, apelaram à ajuda de seus correligionários do Egito, que se encontrava sob o forte governo de Mehmed Ali. Os turcos e os egípcios recuperaram Atenas em 5 de julho de 1827 e começaram a assolar o Peloponeso. A revolta parecia sufocada.

Na época, entretanto, a simpatia ocidental pelos gregos era simplesmente avassaladora. A Grã-Bretanha e a França aliaram-se à Rússia e as três potências ordenaram que a Turquia cessasse as hostilidades. Uma frota anglo-franco-russa atacou a frota turco-egípcia em Navarino em 20 de outubro de 1827, arrasando-a simplesmente. (Navarino é o nome italiano de Pilos, onde havia sido travada a grande batalha de Esfactéria vinte e dois séculos antes; ver página 164.)

A guerra não terminou imediatamente, mas a Turquia viu-se diante do inevitável. Em 1829, aceitou com relutância uma paz que outorgava autonomia à Grécia. A princípio, a suposição era de que a Grécia ficaria sob uma vaga soberania turca, mas em 1832 foi reconhecida formalmente a independência do país.

Na época, a Grécia abrangia apenas o território situado ao sul das Termópilas e mais a ilha de Eubeia. Atenas, é claro, passou a ser a capital; era a capital livre de um reino grego livre pela primeira vez desde os tempos de Demóstenes, mais de vinte e um séculos antes.

A GRÉCIA MODERNA

O novo reino tinha uma população de oitocentos mil habitantes, que constituíam apenas a quinta parte das pessoas de fala grega daquela região do mundo. Havia duzentos mil gregos nas ilhas Jônicas ocupadas pelos britânicos, e por volta de três milhões ainda viviam em territórios dominados pelos turcos. Durante quase um século, o grande impulso que moveu a política grega foi seu esforço dirigido a incorporar ao reino esses outros gregos e as terras que ocupavam.

Esse esforço foi apoiado pela Rússia, que desejava enfraquecer o Império Otomano para seus próprios fins (a Rússia sonhava em tomar posse de Istambul). Por sua vez, a Grécia se opôs à Grã-Bretanha, interessada em um Império Otomano forte que servisse de freio às ambições russas na Ásia.

Em 1854, a Grã-Bretanha e a França uniram-se para dar início à Guerra da Crimeia contra a Rússia. Posto que as simpatias gregas estavam do lado da Rússia, uma frota britânica ocupou o Pireu para impedir que os gregos aproveitassem a oportunidade e para atacar território turco. Posteriormente, em 1862, a Grã-Bretanha compensou essa atitude cedendo à Grécia as ilhas Jônicas que estavam em seu poder desde os tempos napoleônicos.

Mas outra oportunidade se apresentou à Grécia em 1875, quando a Rússia entrou novamente em guerra com a Turquia. Após uma dura luta de três anos, os russos conseguiram a vitória (apesar de não ocuparem Istambul, como esperavam fazer). No último instante, os britânicos intervieram para impedir que os russos destruíssem totalmente o Império Otomano. A Grã-Bretanha recompensou-se pelo apoio que cedeu aos turcos apoderando-se de Chipre.

Tudo o que a Grécia conseguiu (depois das grandes esperanças que alimentara com a derrota turca) foi recuperar Tessália e parte de Epiro em 1881.

Enquanto isso, na ilha de fala grega de Creta eclodiram várias rebeliões contra os senhores turcos. Em 1897, o governo grego tentou prestar ajuda aos rebeldes cretenses, mas acabou totalmente derrotado pelos turcos. Foi a intervenção ocidental que obrigou o Império

Otomano a conceder autonomia a Creta; em 1908, ela passou a fazer parte do Reino da Grécia.

Esse fato acabou trazendo um benefício que não se conhecia, pois Elefterios Venizelos, que se tornaria o mais brilhante estadista da Grécia moderna, veio de Creta. Em 1909, assumiu o poder em Atenas e logo começou a se interessar pela península Balcânica.

Durante o século XIX, as derrotas turcas levaram à gradual formação de vários reinos no norte dos Bálcãs: Montenegro, Sérvia, Bulgária e Romênia. Estavam separados da Grécia por uma faixa de território que ainda era turca e incluía a Albânia, a Macedônia e a Trácia. Todos os reinos balcânicos tinham suas ambições direcionadas a esse território turco; o resultado disso é que passaram a nutrir maior ódio entre eles do que pelos próprios turcos.

Venizelos, com o incentivo da Rússia, conseguiu unir os países balcânicos. Formaram, então, uma aliança, e em 1912, atacaram o Império Otomano. Os turcos sofreram uma rápida derrota. Mas, assim que os reinos balcânicos se livraram dos turcos, tiveram plena liberdade para se enfrentar. Em uma segunda guerra, a Bulgária lutou contra os outros países balcânicos e, em 1913, foi derrotada.

Como resultado dessas Guerras Balcânicas, o Império Otomano foi praticamente expulso da Europa seis séculos após ter entrado nela. Os domínios europeus do Império Otomano foram reduzidos a uma pequena região, centrada nas cidades de Istambul e Edirne. (Edirne é o nome turco de Adrianópolis, cidade que teve o nome derivado do imperador romano Adriano, que a fundara dezoito séculos antes.) A região em questão ainda é turca atualmente.

Quanto à Grécia, obteve a Calcídica, além de partes de Epiro e da Macedônia, e a maior parte das ilhas egeias. Seu território e população quase dobraram. Também as outras nações balcânicas obtiveram territórios; uma Albânia independente se formou.

A grande catástrofe da Primeira Guerra Mundial abateu-se sobre a Europa em agosto de 1914. A Grã-Bretanha, a França e a Rússia (os

"Aliados") estavam de um lado do conflito; a Alemanha e a Áustria-Hungria (as "Potências Centrais"), do outro. O Império Otomano aliou-se às Potências Centrais em novembro de 1914, e a Bulgária, a vizinha setentrional da Grécia, uniu-se a elas em outubro de 1915.

A Grécia simpatizava com a Rússia, como sempre, e a Bulgária era sua inimiga tradicional, de modo que tudo a levou a se unir aos Aliados, particularmente porque Venizelos era um vigoroso defensor da causa aliada. A Grécia se uniu aos Aliados em 1917, apesar do desejo contrário de seu rei, Constantino I, que era pró-Alemanha e foi obrigado a abdicar.

Foi um golpe de sorte para a Grécia, pois os Aliados ganharam a guerra em 1918 e ela estava do lado vitorioso. Como resultado, ficou com a costa setentrional do mar Egeu, a Trácia Ocidental, que estava nas mãos da Bulgária. O norte da Grécia, Sérvia e Montenegro se uniram e, com um território adicional, transformaram-se no que mais tarde seria a Iugoslávia.

Mas a Grécia conseguiu não só a Trácia. Na costa egeia da Turquia estava a cidade de Izmir, que é o nome turco de Esmirna, a cidade que havia sido destruída por Aliates da Lídia vinte e cinco séculos antes e que fora refundada por Antígono Monoftalmos. Metade de sua população era grega, e por isso os gregos a reclamaram como conquista de guerra. Os Aliados foram persuadidos pelos argumentos gregos e, no tratado de paz que se seguiu à Primeira Guerra Mundial, Izmir e a região em volta foram outorgados à Grécia. Como consequência disso, desembarcou na Ásia Menor um exército grego para ocupá-la.

Em 1920, porém, os gregos destituíram o brilhante Venizelos e chamaram de volta seu incompetente rei. Constantino sonhava em realizar grandes conquistas e se sentia um novo Alexandre ou, pelo menos, outro Agesilau. Afinal, por que os gregos não poderiam se apoderar das costas orientais do mar Egeu e transformá-lo novamente em um lago grego, como havia sido outrora por mais de dois mil anos, de 900 a.C. a 1300 d.C.?

Assim, em 1921, Constantino ordenou que o exército grego avançasse para o leste e esmagasse os turcos. Mas a Turquia vinha se reorganizando. Depois de mais de dois séculos de contínuas derrotas sob uma monarquia inepta, as coisas começaram a mudar. Um enérgico general, Mustafá Kemal, reorganizou o exército.

Em Angorá (onde quinhentos anos antes Tamerlão arrasara os turcos), o exército de Kemal enfrentou os gregos, em agosto de 1921, e os deteve. Em 1922, os turcos passaram à contraofensiva. Os exércitos gregos, que haviam avançado bastante em território hostil, cederam e fugiram em desordem. Em 9 de setembro de 1922, os turcos tomaram Izmir, que, na luta, foi quase inteira incendiada.

Em seguida, as duas nações decidiram colocar seus assuntos internos em ordem. Na Grécia, Constantino foi obrigado a abdicar, e Venizelos foi reconduzido ao cargo. Na Turquia, o sultão foi obrigado a abdicar, o que pôs um ponto-final no Império Otomano depois de seis séculos de existência. Em seu lugar surgiu a República da Turquia, sob a condução de Mustafá Kemal.

A Grécia e a Turquia chegaram a um acordo final, pelo qual toda a costa oriental do Egeu continuaria sendo turca. Além disso, foram feitos acertos para um intercâmbio de populações, de modo que os gregos que moravam na Turquia voltassem à Grécia e os turcos que viviam na Grécia retornassem à Turquia.

Com isso, pela primeira vez em três mil anos não havia mais população de fala grega nas costas orientais do mar Egeu. Isso, entretanto, também tornou possível a paz entre gregos e turcos depois de mil anos de guerra.

APÓS A PRIMEIRA GUERRA MUNDIAL

Mesmo depois da Primeira Guerra Mundial, ainda havia ilhas de fala grega que não eram gregas. A Grã-Bretanha tinha Chipre em seu poder desde 1878. Além disso, a Itália travara uma guerra vitoriosa contra a Turquia em 1911, e como parte das conquistas de guerra, ficara com a ilha de Rodes e algumas ilhas menores nas proximidades. Era uma dúzia de ilhas no total, e por isso foram chamadas de Dodecaneso, que significa "doze ilhas".

O Dodecaneso votou por se unir à Grécia depois da Primeira Guerra Mundial, mas em 1922 o poder na Itália foi tomado pelo líder fascista Benito Mussolini, cuja política era ganhar territórios, e não os perder. Com isso, Mussolini transformou-se, de fato, no principal inimigo da Grécia. Em 1936, a Grécia também se juntou ao crescente número de nações europeias que estavam abandonando a democracia em favor das ditaduras. O ditador grego foi Ioannis Metaxas.

A ameaça de Mussolini aumentou naqueles anos, especialmente depois que ele se uniu a Adolf Hitler, ditador muito mais poderoso e perigoso de uma Alemanha que se recuperara totalmente de sua derrota na Primeira Guerra Mundial.

Em abril de 1939, Mussolini invadiu e ocupou a Albânia sem luta, detendo-se na fronteira norte-ocidental da Grécia. Meio ano mais tarde, em setembro, tinha início a Segunda Guerra Mundial.

Os alemães conseguiram notáveis vitórias na Europa durante o primeiro ano da guerra, derrotando a França completamente, e em junho de 1940 a Itália julgou que era seguro unir-se ao lado alemão. Mussolini estava ansioso por realizar grandes façanhas bélicas que pudessem ser comparadas às de Hitler. Por isso, em 1940, sem provocação alguma, ordenou que seus exércitos invadissem a Grécia.

Para sua surpresa, e do mundo inteiro (exceto, talvez, dos próprios gregos), foi como se os velhos tempos estivessem de volta. Os gregos, apesar de superados em número, resistiram tenazmente nas montanhas de Epiro e detiveram os italianos; mais adiante, fizeram-nos voltar à Albânia. Metaxas morreu em janeiro de 1941, e, apesar de ainda manterem uma vantagem, os gregos lentamente foram se desgastando.

Essa batalha, que lembra um pouco as dos gregos contra a Pérsia, não teve, no entanto, o mesmo fim. Um inimigo muito mais forte do que o ditador italiano entrou em cena. Em março de 1941, o exército alemão ocupou a Bulgária; em abril, destruiu os exércitos iugoslavos e se dirigiu para o sul, em direção à Grécia.

Os britânicos (naquele momento, a única nação que continuava enfrentando os conquistadores alemães) enviaram ajuda, mas não foi suficiente. Gregos e britânicos recuaram, e em 27 de abril de 1941 a bandeira alemã tremulou sobre a Acrópole.

Mas a guerra não terminara. Em julho de 1941, a Alemanha cometeu o supremo erro de invadir a Rússia (que, após a revolução promovida durante a Primeira Guerra Mundial, adotara uma forma de governo comunista e recebia agora o nome de União Soviética). Hitler esperava obter outra vitória fácil, mas não foi assim. A seguir, em dezembro de 1941, os japoneses atacaram Pearl Harbor e os Estados Unidos entraram em guerra contra a Alemanha e contra o Japão ao mesmo tempo.

Com a União Soviética e os Estados Unidos entre seus inimigos, a Alemanha já não podia nutrir esperanças de vitória. Em todas as frentes, as forças alemãs foram lentamente obrigadas a recuar.

Em 26 de julho de 1943, Mussolini foi forçado a se demitir, e seis semanas mais tarde, a Itália estava fora da guerra. Em 13 de outubro de 1944, as forças aliadas entraram na Grécia, e a bandeira grega voltou a tremular sobre a Acrópole. Em 1945, os ditadores tiveram seu fim. Mussolini foi aprisionado por guerrilheiros italianos e executado em 28 de abril de 1945. Hitler suicidou-se entre as ruínas de Berlim em 1º de maio. Em 8 de maio, terminou a guerra na Europa.

Uma consequência imediata da guerra foi que Rodes e o Dodecaneso, ocupados pela Itália, foram cedidos à Grécia.

O fim da guerra não trouxe, porém, paz à Grécia. Quando a tirania nazista foi eliminada da Europa pelos esforços do exército soviético no leste e dos exércitos anglo-americanos no oeste e no sul, surgiu uma nova questão. Que tipo de governo as nações libertadas adotariam? Governos nos moldes britânicos e norte-americanos ou do tipo soviético?

O exército soviético ocupara a península dos Bálcãs, ao norte da Grécia, e a Albânia, a Iugoslávia e a Bulgária, as três vizinhas setentrionais da Grécia, adotaram governos do tipo soviético. Qual seria o destino da Grécia?

Durante os quatro anos posteriores ao fim de Hitler, a questão não foi respondida de forma definitiva, pois eclodiu na Grécia uma guerra civil. As forças guerrilheiras gregas, cujas simpatias orientavam-se para a União Soviética, fortaleceram-se no norte, onde recebiam ajuda dos vizinhos setentrionais. Em contrapartida, o governo de Atenas era pró-britânico e recebia ajuda da Grã-Bretanha.

A questão era que a Grã-Bretanha ainda tentava se recuperar do grande esforço realizado durante a Segunda Guerra Mundial e avaliou que não poderia apoiar o governo grego indefinidamente. Os Estados Unidos, mais ricos e fortes, assumiram o encargo. Em 12 de março de 1947, o presidente dos Estados Unidos, Harry Truman, concordou em fazê-lo. Assim, com a aplicação da "Doutrina Truman", as guerrilhas gregas ficaram em desvantagem.

Além disso, a Iugoslávia se distanciou da União Soviética em 1948 e negou-se a continuar apoiando as guerrilhas na Grécia. Por fim, em 1949, os guerrilheiros abandonaram a luta e a paz voltou à Grécia com um governo alinhado ao lado ocidental.

No início da década de 1950, portanto, o governo de Atenas exercia sua autoridade sobre todas as regiões de fala grega, com a exceção de Chipre, que, depois de setenta anos, continuava sob domínio britânico.

Chipre, entretanto, tinha um problema adicional. Não era totalmente grega, como Creta e Corfu, por exemplo. Das seiscentas mil pessoas que viviam na ilha, cem mil eram de língua e simpatia turcas. Além disso, Chipre está relativamente distante da Grécia, pois fica quinhentos quilômetros a leste de Rodes, o território mais oriental da Grécia. Em compensação, está a apenas oitenta quilômetros da costa meridional da Turquia.

Depois da Segunda Guerra Mundial, surgiu em Chipre um forte movimento em favor da união com a Grécia (o *Enosis*), mas deparou com a firme oposição da minoria turca e da própria Turquia. Os turcos propuseram, em vez disso, a divisão de Chipre: a parte grega se uniria à Grécia, e a parte turca, à Turquia. Mas os gregos cipriotas não queriam sequer ouvir falar nessa divisão.

Tumultos e desordens de todo tipo sacudiram a ilha a partir de 1955 sem que os britânicos conseguissem achar uma solução satisfatória para todos. Por último, a decisão foi tornar Chipre uma nação independente, com um presidente grego e um vice-presidente turco. Os cipriotas gregos teriam em suas mãos o governo, mas os cipriotas turcos contariam com uma forma de veto para impedir que fossem oprimidos.

Em 16 de agosto de 1960, portanto, Chipre transformou-se em república independente. O arcebispo Macários, chefe da Igreja ortodoxa na ilha, assumiu como presidente, e Fazil Kutchuk, como vice-presidente. Chipre foi aceita nas Nações Unidas e tudo parecia acertado.

*

Seria um prazer colocar um ponto-final nessa história da Grécia com essa nota de paz e concórdia. Infelizmente, isso não é possível.

Em 1963, o presidente Macários tentou modificar a Constituição de Chipre para diminuir o poder da minoria turca, que segundo ele impedia, com o poder de veto, o bom funcionamento do governo.

Em dezembro, eclodiram motins de cipriotas turcos. No início de 1964, os motins se agravaram e os britânicos foram obrigados a enviar tropas. Depois de alguns meses, as tropas foram substituídas pelas das Nações Unidas, e estabeleceu-se na ilha uma trégua instável.

A história é um processo sem fim. Quase desde seus primórdios, a história grega foi uma batalha entre a Europa e a Ásia, entre os homens de um lado do mar Egeu e os do outro; foi a guerra entre Grécia e Troia; depois entre Grécia e Pérsia; mais tarde, entre a Grécia e o Império Otomano; e a guerra continua.

CRONOLOGIA

A.C.
± **3000** Creta entra na Era do Bronze.
± **2000** Os gregos entram na Grécia.
1700 Cnossos é arrasada por um terremoto.
1400 Os micênicos destroem Cnossos. Fim da Era Minoica.
1184 Guerra de Troia.
1150 Os tessálios ocupam a Tessália.
1120 Os beócios ocupam a Beócia.
1100 Os dórios invadem o Peloponeso. Fim da Era Micênica.
1068 Morre Codro, último rei lendário de Atenas.
1000 Os gregos começam a colonizar a costa da Ásia Menor.
850 Criação da lendária Constituição de Esparta por Licurgo. Homero compõe a *Ilíada*.
814 Os fenícios fundam Cartago.
776 Primeiros Jogos Olímpicos. Começo do período Helênico.
753 Data lendária da fundação de Roma.
750 Fidão, rei de Argos. Hesíodo escreve *Os trabalhos e os dias*.
738 O rei Midas governa a Frígia.
735 Os coríntios fundam a Córcira.
734 Os coríntios fundam Siracusa.
730 Começa a Primeira Guerra Messênia.
721 Fundação de Síbaris.
710 Fundação de Crotona.
700 Unificação da Ática. Invasão da Ásia Menor pelos cimérios.

687 Giges cria o Reino da Lídia.
685 Início da Segunda Guerra Messênia.
683 O arcontado vira um cargo anual em Atenas.
671 A Assíria conquista o Egito.
660 Fundação de Bizâncio e início da colonização do mar Negro. Fundação de Neápolis e Massália. O Egito saíta liberta-se da Assíria.
640 Teágenes, tirano de Mégara.
635 Fundação de Náucratis.
632 Cílon tenta estabelecer a tirania em Atenas. Maldição dos Alcmeônidas.
625 Periandro, tirano de Corinto.
621 Código de Drácon de Atenas.
617 Aliates, rei da Lídia. Fim da ameaça ciméria.
612 Destruição de Nínive e queda da Assíria.
610 Trassímbulo, tirano de Mileto.
605 Nabucodonosor, rei da Caldeia.
600 Tales cria a filosofia grega. Clístenes, tirano de Sícion. Aliates ocupa as cidades gregas da Ásia Menor. Nascimento de Ciro.
594 Sólon, arconte de Atenas.
590 Primeira Guerra Sagrada.
589 Pítaco, tirano de Lesbos.
586 Nabucodonosor destrói Jerusalém. Morte de Periandro.
585 Batalha entre a Média e a Lídia suspensa por um eclipse solar.
582 Criação dos Jogos Píticos. Nascimento de Pitágoras.
570 Atenas conquista a Salamina.
562 Morre Nabucodonosor.
561 Pisístrato, tirano de Atenas. Esparta, sob Quílon, estabelece supremacia sobre a Arcádia.
560 Morte de Sólon. Creso assume o trono da Lídia.
550 Ciro conquista a Média e cria o Império Persa.
546 Ciro conquista a Lídia.

544 Fundação de Abdera.
540 A frota grega é derrotada diante da Sardenha por cartagineses e etruscos. Fim do período da colonização grega.
538 Ciro conquista a Caldeia.
535 Polícrates, tirano de Samos.
530 Morte de Ciro. Nascimento de Aristides.
529 Pitágoras emigra à Itália.
527 Morre Pisístrato. Nascimento de Temístocles.
525 Cambises conquista o Egito. Nascimento de Ésquilo.
522 Morte de Polícrates. Morte de Cambises.
521 Dario I, rei da Pérsia.
520 Cleômenes I, rei de Esparta.
514 Hiparco, tirano de Atenas, é assassinado.
512 Dario conquista a Trácia.
510 O tirano Hípias é expulso de Atenas. Crotona derrota Síbaris.
507 Clístenes cria a democracia ateniense.
500 Nascimento de Fídias e de Anaxágoras.

499 Os gregos da Jônia se rebelam contra a Pérsia.
498 Atenienses e jônios incendeiam Sardes.
495 Nascimento de Sófocles.
494 Os persas saqueiam Mileto e a revolta jônia termina. Cleômenes I derrota Argos.
492 Mardônio da Pérsia reconquista a Trácia.
490 Os atenienses derrotam os persas em Maratona. Nascimento de Péricles.
489 Morte de Milcíades e de Cleômenes I.
486 Morte de Dario I.
485 Gelão, tirano de Siracusa.
483 O Egito se rebela contra a Pérsia. Nascimento de Heródoto e de Eurípides.
482 Ostracismo de Aristides.
481 Congresso de cidades gregas em Corinto.
480 Os espartanos morrem na batalha das Termópilas. A frota grega derrota os persas em Salamina. Os siracusanos derrotam os cartagineses em Himera.
479 Os gregos derrotam os persas em Plateias e Micala.

478 Fundação da Confederação de Delos. Morte de Gelão.
477 Címon é colocado no comando da frota ateniense.
474 Os siracusanos derrotam os etruscos em Cumas.
472 Ostracismo de Temístocles.
471 Morre Pausânias. Nascimento de Tucídides.
470 Nascimento de Demócrito.
469 Nascimento de Sócrates.
468 Címon derrota os persas em Eurimedonte. Morre Aristides.
464 Um terremoto destrói Esparta. Terceira Guerra Messênia. Morre Xerxes.
461 Ostracismo de Címon.
460 Péricles assume o poder em Atenas.
458 Conclusão dos Longos Muros de Atenas.
457 Esparta derrota Atenas em Tanagra.
456 Morte de Ésquilo.
454 Destruição das forças atenienses no Egito.
450 Morte de Címon. Nascimento de Alcibíades.
449 Segunda Guerra Sagrada.
448 Nascimento de Aristóteles.
447 Início da construção do Partenon. Tebas derrota Atenas em Coroneia.
443 Atenas funda Túrios.
436 Atenas funda Anfípolis. Nascimento de Isócrates.
434 Nascimento de Xenofonte.
431 Começo da Guerra do Peloponeso.
430 A peste assola Atenas. Nascimento de Dionísio. Heródoto escreve sua *História*.
429 Morte de Péricles.
427 Morte de Anaxágoras.
425 Os atenienses capturam os espartanos em Esfactéria.
424 Os espartanos dominam Anfípolis. Morte de Heródoto.
422 Morte de Brásidas e Cléon.
421 Paz de Nícias.
415 Atenas envia uma expedição contra Siracusa.
413 As forças atenienses são arrasadas em Siracusa.
412 Nascimento de Diógenes.
407 Lisandro toma lugar à frente da frota espartana.

405 Os espartanos derrotam os atenienses em Egospótamo. Morte de Sófocles.
404 Termina a Guerra do Peloponeso. Os Longos Muros de Atenas são derrubados. Governo dos Trinta Tiranos. Morte de Alcibíades.
403 Restaura-se a democracia ateniense.
401 Batalha de Cunaxa. Retirada dos Dez Mil.
399 Execução de Sócrates. Agesilau II assume o trono de Esparta.
398 Nascimento de Antípatro.
396 Agesilau invade a Ásia Menor.
394 Derrota da frota espartana em Cnido. Atenas recupera a hegemonia marítima.
393 Reconstrução dos Longos Muros.
390 Ifícrates destrói uma coluna espartana.
387 Platão funda a Academia. Paz de Antálcidas.
384 Nascimento de Aristóteles e de Demóstenes.
383 Siracusa domina as cinco sextas partes da ilha da Sicília.
382 Nascimento de Filipe da Macedônia.
378 Pelópidas de Tebas derrota os espartanos e toma a Cadmeia.
377 Mausolo assume o poder em Cária.
371 Epaminondas de Tebas derrota os espartanos em Leuctra.
370 Jasão de Feras é assassinado.
369 Fundação de Messene.
367 Morte de Dionísio. Filipe da Macedônia é levado como refém a Tebas.
364 Morte de Pelópidas.
362 Tebas derrota Esparta em Mantineia. Morte de Epaminondas.
361 Nascimento de Agátocles.
360 Morte de Agesilau II.
359 Filipe II domina a Macedônia; casa-se com Olímpia.
358 Filipe II toma Anfípolis.
356 Nascimento de Alexandre, o Grande. Incêndio do templo de Ártemis em Éfeso.
355 Morre Xenofonte. Terceira Guerra Sagrada.

353 Filipe II conquista a Tessália. Morte de Mausolo.
352 Filipe II conquista a Trácia.
351 "Primeira Filípica" de Demóstenes.
348 Filipe II conquista Olinto.
344 "Segunda Filípica" de Demóstenes.
343 Timoleão vai à Sicília.
342 Aristóteles é designado tutor de Alexandre. Nascimento de Epicuro.
341 "Terceira Filípica" de Demóstenes.
335 Filipe II derrota Atenas em Queroneia. Morte de Isócrates.
337 Morte de Timoleão. Nascimento de Demétrio Poliórcetes. Filipe II divorcia-se de Olímpia.
336 Assassinato de Filipe II. Seu filho, Alexandre, assume o trono.
335 Alexandre destrói Tebas. Aristóteles funda o Liceu.
334 Alexandre invade a Pérsia e sai vitorioso sobre o Grânico.
333 Alexandre derrota os persas em Issus e toma a cidade de Tiro.
332 Alexandre conquista todo o Egito.
331 Alexandre funda Alexandria e derrota os persas em Gaugamela. Antípatro derrota Ágis II de Esparta.
330 Alexandre incendeia Persépolis. Discurso de Demóstenes *Sobre a Coroa*.
326 Alexandre derrota Poros em Hidaspes.
324 Harpalo em Atenas. Desterro de Demóstenes.
323 Morre Alexandre. Morre Diógenes. Batalha de Lâmia.
322 Antípatro derrota Atenas. Morte de Demóstenes e de Aristóteles.
319 Morte de Antípatro.
318 Nascimento de Pirro.
317 Agátocles domina Siracusa.
316 Cassandro domina a Macedônia e funda a Tessalônica. Antígono funda Niceia. Morte de Olímpia.
312 Selêuco funda a Selêucia.

310 Agátocles invade a África. Zenão cria sua escola em Atenas.
306 Epicuro começa a ensinar em Atenas.
305 Demétrio Poliórcetes fracassa no cerco a Rodes.
301 Batalha de Ipso. Morre Antígono Monoftalmos.
300 Euclides em Alexandria. Selêuco funda Antioquia.
298 Morte de Cassandro.
295 Pirro assume o trono de Epiro.
290 Fundação da Liga Etólia.
289 Morte de Agátocles.
287 Nascimento de Arquimedes.
283 Morte de Demétrio Poliórcetes e de Ptolomeu Sóter. Fundação do Reino de Pérgamo.
282 Tarento, em guerra com Roma, chama Pirro.
280 Liga Aqueia. Colosso de Rodes. Ptolomeu Keraunos domina a Macedônia. Morte de Selêuco. Pirro derrota os romanos em Heracleia.
279 Pirro derrota os romanos em Ausculta. Os gauleses na Macedônia. Morre Ptolomeu Keraunos.
278 Os gauleses são derrotados em Delfos. Nicomedes I, da Bitínia, chama os gauleses à Ásia Menor.
277 Pirro expulsa da Sicília quase todos os cartagineses.
276 Antígono Gônatas assume o poder na Macedônia.
275 Os romanos derrotam Pirro em Benevento.
272 Morte de Pirro. Nascimento de Arato.
270 Hierão II, rei de Siracusa.
266 Os Longos Muros são derrubados de novo. Nascimento de Filopêmen.
251 Arato à frente da Liga Aqueia.
250 Eratóstenes dirige a Biblioteca de Alexandria.
249 Reino da Pártia.
245 Ágis IV assume o trono de Esparta.
241 Morte de Ágis IV. Roma expulsa os cartagineses da Sicília.
235 Atalo I de Pérgamo derrota os gauleses. Cleômenes III, rei de Esparta.

229 Antígono Dóson, rei da Macedônia. Roma esmaga os piratas ilírios.
228 Atenas alia-se a Roma.
226 Cleômenes III faz reformas em Esparta.
224 Um terremoto destrói o Colosso de Rodes. Cleômenes III captura Megalópolis.
221 Antígono Dóson derrota Esparta na Selásia. Cleômenes III parte para o exílio.
219 Morrem Cleômenes III e Antígono Dóson. Filipe V, rei da Macedônia.
216 Aníbal de Cartago derrota os romanos em Canas.
215 Morte de Hierão II.
213 Morte de Arato.
211 Roma conquista Siracusa. Morte de Arquimedes.
210 Filopêmen derrota Esparta.
207 Nábis acaba com a monarquia espartana e assume o poder; fim do hilotismo.
202 Filopêmen derrota Nábis. Roma derrota Cartago em Zama.
201 Nascimento de Políbio.
197 Roma derrota Filipe V da Macedônia em Cinoscéfalos e concede a "liberdade" às cidades gregas.
191 Roma derrota Antíoco III nas Termópilas.
190 Roma derrota Antíoco III em Magnésia.
184 Morte de Filopêmen.
179 Morte de Filipe V.
168 Roma derrota a Macedônia em Pidna. Fim da monarquia macedônia.
167 Roma arruína a prosperidade de Rodes. Hiparco faz observações em Rodes.
164 Criação do Reino Macabeu da Judeia.
148 A Macedônia vira província romana.
146 Roma destrói Cartago, dissolve a Liga Aqueia e saqueia Corinto.
134 Hiparco elabora o primeiro mapa estelar.
133 Pérgamo, província romana.
88 Mitrídates VI do Ponto obtém vitórias sobre Roma na Ásia Menor.
87 Sila derrota Mitrídates. Saque de Atenas.
75 Roma anexa Cirene.
74 Bitínia, província romana.

69 Nascimento de Cleópatra.
65 O Ponto, província romana.
64 Síria, província romana. Fim do Império Selêucida.
63 Judeia, província romana. Morte de Mitrídates.
58 Roma ocupa Chipre.
48 César derrota Pompeu em Farsália e conhece Cleópatra.
44 Assassinato de César.
42 Marco Antônio derrota os assassinos de César em Filipos.
41 Marco Antônio conhece Cleópatra.
31 Marco Antônio e Cleópatra são derrotados em Áccio por Otaviano. Ele adota o nome de Augusto e funda o Império Romano.
30 Egito, província romana. Morte de Marco Antônio e Cleópatra.
27 Grécia, província romana.
25 Galácia, província romana.

D.C.
100 Epicteto ensina em Nicópolis. Plutarco escreve suas biografias.
120 Arriano escreve a biografia de Alexandre.
125 Adriano em Atenas; funda Adrianópolis.
150 Ptolomeu resume a astronomia grega.
180 Morte de Marco Aurélio. Começa a decadência de Roma.
190 Galeno resume a biologia grega.
226 Fundação do Império Sassânida.
230 Diógenes Laércio escreve sobre os filósofos gregos.
240 Plotino funda o neoplatonismo.
275 Diofanto escreve sobre álgebra.
300 Zósimo resume a química grega.
313 O cristianismo torna-se a religião oficial do Império Romano.
330 Constantino estabelece sua capital em Constantinopla (antiga Bizâncio), fundada por ele.
361 Juliano tenta restabelecer o paganismo, mas fracassa.
394 Teodósio põe fim aos Jogos Olímpicos.

395 Morte de Teodósio. O Império Romano fica definitivamente dividido em Oriente e Ocidente.
415 Hipatia é assassinada em Alexandria. Destruição da Biblioteca.
426 O Partenon é transformado em uma igreja cristã.
476 Queda do Império Romano do Ocidente.
529 Justiniano fecha a Academia.
610 Heráclio, imperador de Bizâncio.
617 O Império Sassânida toma a Síria e o Egito.
630 Heráclio derrota os sassânidas e recupera os domínios bizantinos.
636 Os árabes tomam a Síria.
642 Os árabes conquistam o Império Sassânida. Tomam Alexandria.
673 Os árabes fracassam em seu cerco a Constantinopla em razão do fogo grego.
827 Os árabes dominam a Sicília.
1014 Basílio II derrota os búlgaros.
1054 Cisão final entre as Igrejas Ortodoxa Grega e Católica Romana.
1071 Os turcos seljúcidas derrotam os bizantinos e ocupam a maior parte da Ásia Menor.
1096 Primeira Cruzada.
1204 Os cruzados saqueiam Constantinopla e fundam o Império Latino.
1261 Miguel Paleólogo, imperador bizantino, recupera Constantinopla.
1303 O Farol de Alexandria é destruído por um terremoto.
1311 A Grande Companhia Catalã se apodera de Atenas.
1338 Os turcos otomanos dominam a Ásia Menor.
1354 Os turcos otomanos colocam o pé na Europa pela primeira vez.
1389 Os turcos otomanos derrotam os sérvios em Kosovo.
1402 Tamerlão derrota os turcos otomanos em Angorá.
1451 Mehmed II, o conquistador sultão otomano.
1453 Mehmed II toma Constantinopla.

1456 Mehmed II toma Atenas.
1460 Mehmed II toma Mistra.
1461 Mehmed II toma Trebisonda.
1467 Mehmed II ocupa a Albânia.
1481 Mehmed II não consegue tomar Rodes.
1522 Solimão, o Magnífico, torna-se sultão dos turcos otomanos e toma Rodes.
1565 Solimão é derrotado em Malta.
1571 Os turcos otomanos arrebatam Chipre dos venezianos. São derrotados em Lepanto pelos espanhóis.
1669 Os turcos otomanos tiram Creta dos venezianos.
1687 O Partenon é destruído por um bombardeio dos venezianos.
1699 Os turcos otomanos são obrigados a assinar um tratado de paz. Apelam aos gregos fanariotas para que administrem suas relações com o Ocidente.
1718 Os turcos otomanos reconquistam o Peloponeso dos venezianos.
1797 A Grã-Bretanha anexa as ilhas Jônicas.
1821 Os gregos se rebelam contra os turcos.
1824 Lord Byron morre em Missolonghi.
1827 Uma frota britânica, francesa e russa destrói a frota turco-egípcia em Navarino.
1829 A Grécia fica independente do Império Otomano.
1854 Os britânicos ocupam Pireu.
1862 Jorge I, rei da Grécia. A Grã-Bretanha cede as ilhas Jônicas à Grécia.
1878 Ocupação de Chipre pela Grã-Bretanha.
1881 A Grécia obtém a Tessália.
1908 A Grécia obtém Creta.
1909 Venizelos assume o poder na Grécia.
1911 A Itália derrota os turcos otomanos e toma Rodes.
1912 A Grécia anexa a Calcídica após a Primeira Guerra dos Bálcãs.
1913 Constantino I assume o trono da Grécia.

1917 A Grécia se une aos aliados na Primeira Guerra Mundial. Constantino I é exilado.

1919 A Grécia anexa a Trácia Ocidental após a Primeira Guerra Mundial. Ocupa Izmir. Venizelos é destituído e Constantino é chamado de volta.

1921 A Grécia invade a Turquia.

1922 A Turquia derrota a Grécia, toma Izmir e a incendeia. Constantino marcha de novo para o exílio. Jorge II assume o trono.

1923 Mussolini bombardeia Corfu.

1924 Jorge II é exilado.

1935 Jorge II é chamado de volta.

1936 Metaxas, ditador da Grécia.

1939 A Itália ocupa a Albânia.

1940 A Itália invade a Grécia. O exército grego contra-ataca com sucesso.

1941 Hitler invade a Grécia. A Alemanha ocupa a Grécia e toma Creta.

1944 A Grécia é liberada pelos Aliados.

1945 A Grécia recupera Rodes.

1947 "Doutrina Truman". Os Estados Unidos apoiam o governo grego na guerra civil.

1949 Fim da guerra civil. Vitória do governo pró-ocidental.

1960 Chipre se torna nação independente.

1963 Gregos e turcos lutam entre si em Chipre.

1964 As tropas das Nações Unidas impõem uma trégua em Chipre.

ÍNDICE ONOMÁSTICO

Abdera, 151-152
Abraão, patriarca, 282282
Academia, *ver* Atenas
Academo, proprietário, 185
Acaia, 22, 43, 152, 164, 264
    Principado, 312
    Província, 277
Áccio, batalha, 292
Acragas, 132
Adriano, imperador romano, 296, 321
Adrianópolis, *ver* Edirne
Adriático, mar, 207, 220, 258, 271, 303
Afeganistão, 239
África, 22, 108, 256-257, 276, 306-307
Agamenon, rei de Micenas, 13-15, 20, 22, 24, 31, 33, 190-191, 234
Agátocles, tirano de Siracusa, 256-257, 260, 269, 274
Agesilau II, rei de Esparta, 190-192, 194-196, 198-199, 233-234, 245, 267, 322
Ágis II, rei de Esparta, 168, 173, 175, 190

Ágis III, rei de Esparta, 245, 254
Ágis IV, rei de Esparta, 267, 273
Ajax, herói mitológico, 89
Albânia, 316, 321, 324-326
Alceu, poeta, 73
Alcibíades, general ateniense, 181-182, 184, 189-190
Alcmeônidas, família ateniense, 84, 86, 90, 93, 112, 147, 167
Alexandria, 237, 280, 284-285, 288-289, 292, 297-298
    Biblioteca, 287, 302
Alexandre, rei macabeu, 327
Alexandre I, rei da Macedônia, 124, 126, 133, 145, 232
Alexandre II, rei da Macedônia, 212, 219
Alexandre III Magno, rei da Macedônia, 228-230, 232-242, 245-248, 250-258, 260, 265, 268, 277, 283-287, 289, 299, 315
Alexandre IV, rei da Macedônia, 250
Alexandre de Feres, tirano de Tessália, 212-213
Aleixo IV, imperador bizantino, 309

Alemanha, alemães, 322, 324-325
Aliates, rei da Lídia, 101-102, 104, 135, 322
Amés II, faraó, 76
Amílcar Barca, general cartaginês, 256-257
Amílcar Magão, general cartaginês, 125, 130
Amintas II, rei da Macedônia, 229
Amintas III, rei da Macedônia, 220, 222
Amon, divindade, 237
Amorgos, batalha, 249
Amósis II, *ver* Amés II
Anábase (Xenofonte), 189
Anacreonte de Teos, poeta, 92
Anatólia, 25
Anaxágoras, filósofo, 150-151, 182, 206
Anaximandro, filósofo, 72
Anaxímenes, filósofo, 72
Anfípolis, 156, 163, 165-167, 221, 225
Anfisa, 226
Angorá, 315, 323
Aníbal Barca, general cartaginês, 271-276
Antálcidas, paz de, 194
Antígono, rei macabeu, 284
Antígono I Monoftalmos, diádoco, 250-255, 322
Antígono II Gônatas, rei da Macedônia, 263
Antígono III Dóson, rei da Macedônia, 268
Antíoco, epônimo, 284
Antíoco III, rei selêucida, 275-276
Antioquia, 284, 290, 296, 310
Antípatro, general macedônio, 234, 245-251, 254, 266, 268
Antístenes, filósofo, 201-202
Apameia, 290
Apolo, divindade, 32, 35, 229
Apolônio de Perga, matemático, 286
aqueus, 15-16, 20-22
    Liga Aqueia, 265-268, 273--277
Aquiles, herói mitológico, 14-16, 20, 22, 82, 89, 211, 258,
"Aquiles e a tartaruga", paradoxo, 132
Arábia, árabe, 103, 241-242, 305--308, 314
Arábico, mar, 305
Arato, tirano de Sícion, 266-268
Arbela, 237
Arcádia, arcadeus, 62-63, 141, 198, 224, 267
Ares, divindade, 83
Argólida, 58, 63, 68, 248-249
Argos, argivos, 11, 15-16, 57-58, 62--63, 69, 115, 124 140-141, 153-154, 166, 168, 192-194, 261, 267, 274
Argos, navio, 13
Árion, poeta, 74
Aristágoras, tirano de Mileto, 111-113
Aristarco, astrônomo, 205-206, 290

Aristides, o Justo, político ateniense, 121-123, 129, 134, 142--144, 184
Aristipo, filósofo, 203
Aristóbulo, rei macabeu, 284
Arístocles, *ver* Platão
Aristodemo, rei da Messênia, 59
Aristófanes, autor teatral, 150, 163, 184, 204
As nuvens, 184
Aristógito, tiranicida ateniense, 92-94
Aristômenes, rei da Messênia, 59
Aristóteles, filósofo, 229-230, 248, 285, 287, 290, 306; *ver também* Atenas (Liceu)
Arquidamo II, rei de Esparta, 141, 160-161, 163, 168
Arquidamo III, rei de Esparta, 245, 257
Arquimedes, cientista, 270-272, 287-288, 307
Arriano da Nicomédia, biógrafo, 299-300
Arses, rei persa, 234
Artaxerxes I, rei persa, 153, 174
Artaxerxes II, rei persa, 186-187, 233
Artaxerxes III, rei persa, 234
Ártemis [Artemisa], divindade, 215
Artemísia, esposa de Mausolo da Cária, 215
Artemísio, 127
Artemísio, *ver* Éfeso

Ásia, província romana, 281
Ásia Menor, 22, 24-25, 31, 40, 44, 50, 55, 68, 71, 99-101, 104, 112--113, 135, 142, 144, 151, 174, 176, 186, 189-192, 194, 202, 205, 214, 228, 235-236, 251-255, 262, 279--281, 283, 286, 291, 296, 300-301, 304-308, 313-315, 322
    período Helenístico, 247, 252
Assíria, assírios, 45-46, 101-103, 188
Astiages, rei da Média, 105
Assurbanípal, rei da Assíria, 101--103
Atalo I, rei de Pérgamo, 280
Atalo III, rei de Pérgamo, 281
Atenas, atenienses, 11, 21, 24, 27-28, 68, 78, 81-84, 86, 88-95, 105, 108, 112-124, 126, 128-129, 133, 139-156, 159-163, 165-178, 181-182, 184-186, 188, 191-192, 194-196, 198-199, 201, 203-207, 209-210, 212, 214-215, 222-223, 225-227, 229, 233, 238, 242, 246--249, 251-254, 262, 266, 280-281, 283, 285, 295-296, 301-302, 309, 313-314, 316-317, 319, 312, 326; *ver também* Pireu,
    Academia, 229, 302
    Acrópole, 84, 90-91, 94, 121, 123, 128-129, 143, 147--148, 176, 194, 325
    Areópago, 83, 86, 88, 120, 145

auge, 145, 152
Confederação de Delos, 142, 145, 147
Era da Prata, 201-206
guerras com a Pérsia, 201
Guerra do Peloponeso, 201, 206-207, 209, 222-223
Longos Muros, 147, 153, 161, 173, 178, 192, 266
Liceu, 229, 285
Partenon, 148, 204, 215, 248, 302, 317
Atenas, Ducado de, 313-314, 316
Atena, divindade, 147-148, 302
Ática, 24, 68, 81-82, 87, 89, 91, 93-95, 116-117, 121-122, 128, 133, 142-143, 161-162, 165, 173, 182, 227, 313
Atlântida, região mitológica, 185
Áulis, 191, 194
Áusculo, batalha, 259-260
Áustria, 317
Áustria-Hungria, 322

Babilônia, babilônios, 71, 102-104, 107, 136, 187, 238, 241, 247, 251-252, 283-284
    Império Caldeu, 103, 106, 283
Bálcãs, 316, 321, 326
Basílio II, imperador bizantino, 307
Bajazeto I, sultão otomano, 315
Benevento, batalha, 260
Beócia, beócios, 21, 24, 27, 31-32, 47, 95, 127, 133, 154-155, 165, 191-192, 194, 196, 226, 248, 313
Berenice de Cirene, esposa de Ptolomeu III, 289
Bias de Priene, filósofo, 106, 113
Bíblia, 49, 236, 296
Bitínia, 279, 281, 313
Bizâncio, 40, 139, 144-145, 175, 226, 230, 303, 306; *ver também* Constantinopla
Bizas, epônimo, 38
Bósforo, estreito, 13, 38, 40, 135, 303, 305
Brásidas, general espartano, 165--166, 168, 170
Breno, chefe gaulês, 261-262
Britânicas, ilhas, 386
Bucefália, 240
Bucéfalo, cavalo de Alexandre, 229, 240
Bulgária, búlgaros, 321-322, 325--326, 304, 314
Byron, Lord, 319

Cadmeia, 194-195, 233
Cadmo, personagem mitológico, 49, 51, 194
Calcedônia, 38, 40
Calcídica, península, 38, 124, 156, 160, 165, 182, 220, 224, 229, 251, 321
Cálcis, calcideus, 24, 38, 43, 59, 95, 113
caldeus, *ver* Babilônia
Calímaco, arquiteto, 215
Calínico, alquimista, 307

Calipo de Cízico, matemático, 205
Cambises II, rei da Pérsia, 107-108
cananeus, povo, 49
Cândia, *ver* Herakleion
Canas, batalha, 271-273
Cares, general ateniense, 214-215, 225, 235
Cária, cários, 214-215
Cartago, cartagineses, 50-51, 96, 125, 130, 133, 207, 211, 242, 256, 260, 269-274, 276-277, 283, 310
    Guerras Púnicas, 269, 271, 273-274, 276-277
Cassandro, rei da Macedônia, 251-254, 258, 313
Catalunha, 314
    católicos, 317
    Sardenha, 51, 106
César, Caio Júlio, estadista romano, 291-292, 299
China, chineses, 51, 106
    Chipre, 113, 154, 177, 190, 202, 252, 296, 317
    após a Segunda Guerra Mundial, 327, 328
    hegemonia britânica, 320, 324
Ciaxares, rei da Média, 103-105
Cibeles, divindade, 301
Cílon, nobre ateniense, 84, 86
Ciméria, cimérios, 100-102, 279
Címon, político ateniense, 143--146, 153-154
cínicos, 202-203,
Cinoscéfalos, batalha (364 a.C.), 213
    batalha (197 a.C.), 274
Cipião, Públio Cornélio, general romano, 273-274, 276
Cipião, o Jovem, general romano, 276
Cipselo, tirano de Corinto, 74
Cirene, 203, 287, 289
Ciro II, o Grande, rei da Pérsia, 105-108, 151, 238, 240
Ciro, o Jovem, rei da Pérsia, 176-177, 186-187, 189
Citera, 58, 165, 167
Cítia, citas, 100, 103, 108
Cítio, 202
Cízico, batalha, 175-176
Clazômenas, 150
Clearco, general espartano, 186--187
Cleóbulo, tirano de Lindos, 73
Cleômbroto, rei de Esparta, 196--197
Cleômenes I, rei de Esparta, 63, 93-95, 112, 115-116, 119, 126, 140-141, 160, 182
Cleômenes III, rei de Esparta, 267-268, 273
Cléon, político ateniense, 163--166, 168
Cleônimo, príncipe espartano, 260
Cleópatra, esposa de Filipe II da Macedônia, 291
Cleópatra VII, rainha do Egito, 291-292

Clístenes, político ateniense, 75, 92-96, 112, 120-121, 147, 255
Clístenes, tirano de Sícion, 75
Clito, soldado macedônio, 239, 315
Cnido, 204
　batalha, 192
Cnossos, 9-12
Codro, rei de Atenas, 83
Cólofon, 131
Colombo, Cristóvão, 298
Colossas, 396
Colosso de Rodes, *ver* Rodes
Conão, almirante ateniense, 177, 190, 19
Conão de Samos, astrólogo, 289
Constantino I, imperador romano, 301, 303
Constantino I, rei da Grécia, 322--323
Constantino XI, imperador bizantino, 316
Constantinopla (Istambul), 303--306, 309-310, 318, 320
　domínio turco, 313-316, 318
Córsega, 51, 130
Córcira (Corfu), 41, 124, 159-160, 309, 327
coríntio, estilo artístico, 74
Corinto, coríntios, 11, 41, 55, 62, 74-75, 78, 87, 114, 124, 126, 141, 153-154, 159-161, 167, 169, 191-194, 209, 211, 226-227, 232, 266-268, 277, 292, 295-296, 309, 317-318
　assembleia (337 a.C.), 227
　golfo de, 11, 15, 22, 24, 32, 35, 41, 75, 141, 154, 226, 266, 292, 309, 318
Congresso de Corinto (481 a.C.), 124, 126
Coroneia, batalha (447 a.C.), 154
　batalha (394 a.C.), 192
Corupédio, batalha, 255
Cós, 151
Cosroes II, rei persa, 305
Crânon, batalha, 249
Crátero, diádoco, 250
Creso, rei da Lídia, 102, 105-106, 215
Creta, 9-12, 16, 25, 49, 124, 248, 296, 304, 309, 314, 317, 320-321, 327
Crimeia, 100, 293, 313
　Guerra da Crimeia, 320
Crisa, 75, 226
cristianismo, cristãos, 83, 295--296, 300-304, 306-307, 308-309, 317
Crítias, político ateniense, 181--182, 184
Crotona, 43, 77, 132
Cruzadas, 308-309, 313
Ctesíbio de Alexandria, inventor, 288
Cumas (Kyme), cidade, 43-44, 50
　batalha, 131
Cunaxa, batalha, 187, 189, 233

Dâmocles, cortesão de Siracusa, 208
Damão e Pítias, história, 209

Danúbio, rio, 108, 261
Dardanelos, *ver* Helesponto
Dario I, rei da Pérsia, 107-108, 111, 113-116, 119, 122, 124, 130, 153, 176-177, 240
Dario II, rei da Pérsia, 174, 176, 186
Dario III, rei da Pérsia, 234, 236-238
Delfos, 32-34, 75-76, 93, 102, 105, 121, 155, 223, 224-226, 262,
    oráculo, 32, 75, 105
Délhi, 315
Délio, batalha, 165, 182
    Delos, 154
    Confederação de Delos, 142, 145, 147
Demarato, rei de Esparta, 115, 124, 126
Deméter, divindade, 82
Demétrio Poliórcetes, rei da Macedônia, 252-256, 258, 263, 268, 285, 289
Demócrito, filósofo, 151-152, 203, 230
Demóstenes, almirante ateniense, 163, 172, 246
    Demóstenes, orador ateniense, 222-227, 229, 233
    Filípicas, 224
    Sobre a Coroa, 246
"Dez Mil", expedição militar, 186-190, 192, 235, 242, 281
Diálogos (Platão), 183-184
Dicearco de Messina, geógrafo, 287

Diocleciano, imperador romano, 302
Diodoro Sículo, historiador, 299
Diofanto de Alexandria, matemático, 298
Diógenes, filósofo, 202, 232, 242
Diógenes Laércio, historiador, 299
Dião, tirano de Siracusa, 209-210
Dionísio I, tirano de Siracusa, 207-211, 220, 222, 256-257, 260
Dionísio II, o Jovem, tirano de Siracusa, 209-210
Dionísio, divindade, 82, 91, 149, 204
Dioscórides, médico, 297
Dióspolis, *ver* Tebas
Dodecaneso, 324, 326
dórico, estilo artístico, 20
dórios, povo, 20-24, 45, 55-57
Doris, 22
Drácon, legislador de Atenas, 84, 86-89

Ecbátana, 238, 242
Édipo em Colona (Sófocles), 149
Edirne (Adrianópolis), 321
Éfeso, 72, 215
    Artemísio, 221, 248
Efíaltes, político ateniense, 145-146
Egeu, mar, 12, 24-25, 34, 38, 76, 99, 101, 108, 113-114, 145, 154, 173, 212, 214, 281, 322-323, 328
Egina, 68-69, 95, 114, 122, 129, 144, 153,

Egito, egípcios, 22, 44-48, 71, 76, 101, 107, 122-123, 136, 153-154, 199, 203, 206, 234, 236-237, 250-242, 255, 266, 268, 280, 284, 287-289, 291-293, 297
    sob os persas, 107, 122--123, 154, 199
    sob Roma, 291-293
    helenístico, 284, 289, 291
    muçulmano, 304-307
Egospótamo, batalha, 177, 181, 190, 249
Eleia, 131, 147,
Elementos (Euclides), 286
Elêusis, 82, 89, 170
Élide, elídios, 34, 58, 168
Empédocles, filósofo, 132-133, 230
Enosis, 327
Eólia, eólios, 21, 24, 31
Epaminondas, militar tebano, 196-199, 212-214, 220, 226, 254, 268
Epicteto, filósofo, 300
Epicuro, filósofo, 203
Epiro, epirotas, 207-208, 228, 258-261, 263, 313-316, 320-321, 325
Eratóstenes de Cirene, geógrafo, 287, 291, 298
Erétria, 24, 38, 113, 116-117
Esfactéria, batalha, 163-166, 168, 193, 319
eslavos, 307
Esmirna (Izmir), 102, 322-323

Esparta, 11, 15, 24, 27-28, 30, 45, 69, 73, 78, 81, 93-95, 112, 115-116, 118-119, 122, 124-126, 128, 13-146, 152-156, 160-161, 163-168, 171, 173-175, 178, 189-196, 198, 199, 209, 211-212, 214, 224, 227, 235, 242, 245-246, 254, 257-258, 261-262, 267-268, 273-275, 277
    ascensão de, 55-64
    Guerra do Peloponeso, 161-178
    guerras com a Pérsia, 111--136
    hegemonia, 181-185
    hilotas, 56, 59-61, 63, 140--141, 144, 146, 153, 198, 267, 273, 309
    periecos, 56, 267
Ésquilo, autor teatral, 148-149
Esquines, orador ateniense, 224--225, 246
Estados Unidos, 28, 87, 209, 325--326
Istambul, *ver* Constantinopla
Estêvão Dusan, rei sérvio, 315
estoicos, 203, 300
Estrabão, geógrafo, 295
Estratão de Lâmpsaco, filósofo, 285
Etna, vulcão, 133
Etólia, etólios, 262, 266, 275-276, 319
    Liga Etólia, 273, 275-276
etruscos, 50-51, 130-131
Eubeia, 24, 38, 95, 116, 127, 155, 165, 248, 319

Euclides, matemático, 204, 286--287, 306
Elementos, 286
Eudoxo, astrônomo, 204-205, 230, 286
Eufrates, rio, 187-188, 237, 284
Eumenes de Cárdia, diádoco, 250-252
Eumenes I, rei de Pérgamo, 280
Eumenes II, rei de Pérgamo, 280
Eupalino, arquiteto, 76
Euribíades, almirante espartano, 128
Eurípides, autor teatral, 149-150, 212
Europa, princesa mitológica, 25, 49
Eurotas, rio, 55, 57
Evans, Arthur John, arqueólogo, 9

Fanar, fanariotas, 318
Farnabasso, sátrapa persa, 174, 191-192
Faro, 288
Farsália, batalha, 291
Fenícia, fenícios, 49-51, 71, 96, 103, 113, 190, 236, 269
Feres, 212-213, 215, 219
Fídias, escultor, 148, 204, 302
Fidão, rei de Argos, 58, 69
File, 182
Filípicas, ver Demóstenes
Fidípedes, corredor, 116, 118
Filipe II, rei da Macedônia, 213, 219-229, 234-235, 238-239, 245--246, 248, 253, 254, 256, 265, 268--269, 274, 291-292
Filipe III, rei da Macedônia, 250--251
Filipe IV, rei da Macedônia, 254, 268-269
Filipe V, rei da Macedônia, 271--276
Filipópolis, 225
Filipos, 221, 296
    batalha, 392
filisteus, 22
Filolau, matemático, 132
Filopêmen, general da Liga Aqueia, 273, 275-276
Filotas, general macedônio, 239
Flamínio, Tito Quinto, general romano, 274-275
Foceia, focenses, 44, 51, 155, 223--225
Fócida, 32-33, 126, 154-155, 223--224, 226, 262, 313
França, 319-321, 324
Frígia, 99-101, 235
Ftiótida, 21

Galácia, gálatas, 280, 315
Galeno, médico, 298, 306
Galípoli, *ver* Trácia (Quersoneso)
gauleses, povo, 261-263, 266, 279--280
Gaugamela, batalha, 237-238, 247
    Gaulês moribundo, O, 280
Gaza, 236
    batalha, 252

Gedrósia, deserto, 241
Gela, 149
Gelão, tirano de Siracusa, 125, 130
Gênova, genoveses, 309, 314
Giges, rei da Lídia, 101
Gilipo, general espartano, 171
Górdias da Frígia, 99
Górdio, 99, 235
Górgias de Leontini, filósofo, 183, 201
Grã-Bretanha, 319-321, 324, 326
Grande Companhia Catalã, 314
Grânico, batalha, 235, 239
Grécia moderna, 319-328
    guerra civil, 326
    guerras
    Guerra do Peloponeso, 159-178
    Batalha de Lâmia, 249, 251, 254
    Guerras Balcânicas, 321
    Guerras Macedônicas, 254, 261, 279
    Guerras Médicas, 152
    Guerras Messênias, 57-59, 61-63, 141
    Guerras Púnicas, 269, 271, 273-274, 276-277
    Guerras Sagradas, 33, 75, 155, 223, 225-226
    Primeira Guerra Mundial, 321-322, 324-325
    Segunda Guerra Mundial, 324, 326-327

Halicarnasso, 135, 151, 214-215
    Mausoléu, 215
Hális, rio, 101, 104-106
Harmódio, tiranicida ateniense, 92-94
Harpalo, tesoureiro de Alexandre Magno, 247-248
Hecateu de Mileto, geógrafo, 106, 112-113, 115
Hefestion, amigo de Alexandre, 242
Hélade, helenos, 16, 32
Helesponto, 13, 38, 91, 124, 135, 140, 151, 192, 234
Heliópolis, 48
Hélios, divindade, 151
Helo, 56
Heracleia, batalha, 259
Heracleia Pôntica, 205
Heráclides, astrônomo, 205, 230
Heráclito, filósofo, 72
Heráclio, imperador bizantino, 305-306
Herakleion (Candia), 309
Herão de Alexandria, engenheiro, 297
Heródoto, 135-136, 161, 214
Heróstrato, incendiário, 216, 221
Hesíodo, poeta, 31, 34, 82
    Teogonia, 31
    Os trabalhos e os dias, 31
Hidaspes, batalha, 240, 254
Hierápolis, 300
Hierão I, tirano de Siracusa, 130--131, 133

Hierão II, tirano de Siracusa, 269-272, 280
Hierônimo, tirano de Siracusa, 272
Himera, batalha, 130, 133, 256
Hiparco, tirano de Atenas, 92
Hiparco de Niceia, astrônomo, 289-290, 297-298
Hípias, tirano de Atenas, 92-94, 112, 114, 116-117, 142
Hipérbolo, político ateniense, 168
Hipócrates de Cós, médico, 151
hititas, 23, 118
Hitler, Adolf, 324-326
Homero, poeta, 13-15, 22-23, 30-32, 34, 57-58, 74, 82, 91, 100, 135, 148, 238
    Ilíada, 14-16, 22-23, 30, 81, 89, 99, 211
    Odisseia, 14, 30-32, 41, 82

Ibérica, península, 271
Ictino, arquiteto, 147
Ifícrates, general ateniense, 193, 221
Ilíada (Homero), 14-16, 22-23, 30, 81, 89, 99, 211
Ílio, *ver* Troia
ilírios, povo, 220
Imbros, 108
Império Bizantino, 306-309, 314-315
Império Caldeu, *ver* Babilônia
Império Latino, 313-314
Império Otomano, 313-328
Índia, 106, 240-241, 315
Indo, rio, 240-241
Inglaterra, ingleses, *ver* Grã-Bretanha
Ío, ninfa mitológica, 41
Ipso, batalha, 254-255, 258
Irã, 241
Ísis, divindade, 301
Islã, 304-308
Islândia, 286
Isócrates, orador ateniense, 222, 224, 227
Issus, 186, 235
    batalha, 236, 245
israelitas, 22
Ítaca, 41
Itália, 307, 324
    colônias gregas, 16, 41, 43-44, 50-51, 77, 125, 128, 131-132, 156, 159, 169, 207, 245, 256-257, 271, 356
    contemporânea, 324-326
    hegemonia de Roma, 258-260, 269, 271
Itome, monte, 59, 141, 198
Iugoslávia, 322, 326
Izmir, *ver* Esmirna

Japão, 325
Jasão, herói mitológico, 12, 15, 40
Jasão de Feres, tirano, 211-213, 215, 219, 229
Jerusalém, 308

Jesus Cristo, 295-296
Jônia, jônios, 22, 24-25, 40, 55, 75, 77, 81, 83, 101-102, 131, 135, 151, 153, 176
    revolta jônia, 111-116, 135, 169
    tiranias, 70-72
Jônicas, ilhas, 41, 320
Jônico, mar, 41
Jordão, rio, 305
Jorge Castriota, líder albanês, 316
João VI, imperador bizantino, 314
Judá, reino, 104
Judeia, 284, 295, 305
Judeus, 104, 284, 296
Jogos Ístmicos, 35, 270, 274
Jogos Nemeus, 35
Jogos Olímpicos, 33-35, 58, 302-303
Jogos Píticos, 34-35, 75, 225
Juliano, imperador romano, 301
Justiniano, imperador bizantino, 302

Kemal, Mustafá, político turco, 323
Kosovo, batalha, 315
Kutchuk, Fazil, vice-presidente de Chipre, 327

Lacedemônia, lacedemônios, *ver* Esparta
Lacônia, 55, 62, 81, 194, 198, 227
Lâmia, 248
    Batalha de Lâmia, 248, 251, 254
Lâmpsaco, 151, 285
Lemnos, 108
Leônidas I, rei de Esparta, 126-127, 134, 165, 197, 262
Leônidas II, rei de Esparta, 267
Leotíquidas, rei de Esparta, 135, 140-141
Lepanto (Naupacto), 309
    batalha, 317
Lesbos, 61, 73, 91, 235, 279, 285
Leucipo de Mileto, filósofo, 151
Leuctra, batalha, 197-198, 212
Liceu, *ver* Atenas
Licurgo, legislador de Esparta, 61
Lídia, lídios, 68, 100-102, 104-106, 111, 118, 214, 280, 315
Liga Aqueia, *ver* aqueus
Liga Etólia, *ver* Etólia
Lisandro, almirante espartano, 176-178, 181, 182, 186, 190-191
Lisímaco, diádoco, 250, 255

Macabeus, governantes judeus, 384
Macedônia, 124, 126, 133, 150, 165, 212-213
    Guerras Macedônicas, 254, 261, 279
    hegemonia, 219-242
    invasão dos gauleses, 361-263, 280
    período helenístico, 247, 252

em poder de Roma, 273-274, 276-277, 281
Magna Grécia, 41, 260
Magnésia, 72, 144
Maomé, 305
Macários, arcebispo e presidente de Chipre, 327-328
Mantineia, 62, 168, 194, 199
    batalha (418 a.C.), 190, 226
Maracanda (Samarcanda), 239, 315
Maratona, batalha, 114, 116-121, 123-124, 134, 143-144, 147-148, 163, 178, 212
Marco Antônio, general romano, 292
Marco Aurélio, imperador romano, 300, 302
Mardônio, nobre persa, 114, 130, 133-134
Massália (Marselha), 44
Mausoléu, ver Halicarnasso
Mausolo, rei da Cária, 214-215, 224, 229
Meandro, rio, 26
Média, medos, 102, 105, 238-239
Mégacles, arconte de Atenas, 84, 86, 93
Megalópolis, 198, 224, 246, 267, 273, 276
Mégara, 74, 76, 78, 84, 86, 89, 153-155, 160, 164-165, 185
Mehmed II, sultão otomano, 316
Mehmed Ali, governador do Egito, 319
Melos, 252
Mêmnon de Rodes, mercenário, 234-236
Menandro, dramaturgo, 204
Menelau, rei de Esparta, 15, 45
Menesteu, rei de Atenas, 81,
Messene, 198
Messênia, messênios, 57-59, 163, 194, 198, 275
    Guerras Messênias, 59-63, 141, 245
Messana (Messina), 60, 269
Metaxas, Ioannis, ditador, 324-325
Micala, batalha, 135, 140, 142, 147
Micenas, micênicos, 11-13, 15, 24, 140
    Período Micênico, 16
Midas, rei da Frígia, 100, 102
Miguel VIII Paleólogo, imperador bizantino, 314
Milcíades, o Jovem, político ateniense, 116-117, 119, 155
Milcíades, o Velho, general ateniense, 90-91, 108, 143
Mileto, milésios, 26, 40, 47, 71-73, 102, 106, 108, 111-114, 156, 296
Minos, rei legendário de Creta, 9-10, 25, 49
Missolonghi, 319
Mitilene, 73
Mitra, divindade, 301
Mitrídates I, rei do Ponto, 281
Mitrídates VI, rei do Ponto, 281, 283-284, 291

Montenegro, 321-322
Moreia, *ver* Peloponeso
Moscou, 315
Múmio, Lúcio, general romano, 377
Musas, personagens mitológicas, 32, 285
Mussolini, Benito, 324-325

Nábis, tirano de Esparta, 273-275
Nabopolassar, rei da Babilônia, 103
Nabucodonosor, rei da Babilônia, 103, 106
Nápoles (Neápolis), 44
Náucratis, 47, 76
Naupacto, 141, 154, 309
Navarino, batalha, 319
Naxos, 116, 119, 145, 196, 249
Nearco, general macedônio, 241
Negro, mar, 12-13, 25, 40, 67, 90, 100, 104, 108, 135, 144, 155, 188, 202, 205, 281, 293, 304, 313, 318
Nemeia, 35
neoplatonismo, 301
Nero, imperador romano, 296--297
Nestor, rei de Pilos, 58
Niceia, Império de, 313-314
Nícias, general ateniense, 163--165, 167-172
    Paz de Nícias, 167, 169
Nicomedes I, rei da Bitínia, 279
Nicomedes II, rei da Bitínia, 281
Nicomedes III, rei da Bitínia, 281

Nicópolis, 300
Nilo, 46-48, 50, 237
Nínive, 45, 103-104, 188, 284
Nino, rei assírio, 45
Niseia, 165
Nuvens, As (Aristófanes), 184

Otaviano Augusto, imperador romano, 292, 293
Odisseia (Homero), 14, 30-32, 41, 82
Odisseu, 14, 31
Olímpia, cidade, 33-34, 148
Olímpia, mãe de Alexandre Magno, 220-221, 228, 250-251, 258, 291
Olimpíadas, *ver* Jogos Olímpicos
Olimpo, monte, 33
Olinto, 220-221, 224-225
    ONU (Organização das Nações Unidas), 327
Orcômeno, 27
Orfeu, personagem mitológico, 82
ortodoxos, 304, 317
Osmã (Utman), chefe otomano, 314
ostracismo, 120-121, 123, 129, 144-146, 168
otomanos, *ver* Império Otomano

Paulo, São, 296, 301
Parmênides, filósofo, 131
Parmênio, general macedônio, 234, 236, 239
Parnaso, monte, 32

Paros, 119
Partenon, *ver* Atenas
Pártia, partos, 304
Pausânias, general espartano, 134, 139-141, 144
Pausânias, rei espartano, 182, 191-192, 197
Pearl Harbor, 325
Pela, 212
Pelópidas, general tebano, 195--196, 199, 213
Peloponeso, 10-11, 13, 15, 21-24, 32-33, 55, 58, 62-64, 83, 93, 95, 119, 128-129, 140-141, 150, 154, 155, 168, 198-199, 227, 245-246, 254, 261, 266, 273, 277, 309, 313-314, 316-317-319
    Guerra do Peloponeso, 158, 161, 169, 172, 177, 182, 186, 187, 189-191, 201, 206-207, 209, 222-223
Pélops, epônimo, 10, 13, 33
Penélope, esposa de Odisseu, 31
peônios, tribo, 220
Pérdicas, diádoco, 250-251
Pérdicas II, rei da Macedônia, 165
Pérdicas III, rei da Macedônia, 213, 219-220
Perga, 286
Pérgamo, 279-281, 298
Periandro, tirano de Corinto, 74--75, 87, 95
Péricles, político ateniense, 146--153, 155, 156, 160-165, 167, 195, 199, 201

peripatéticos, 285
Perséfone, personagem mitológica, 82
Perseu, rei da Macedônia, 276--277
Persépolis, 111, 238
Pérsia, persas, 105, 108, 139-140, 142, 144-145, 147-148, 151, 154, 174-176, 186, 189, 194, 199, 206, 212, 214, 222, 224, 227-228, 232--234, 237, 245-246, 279, 301-302, 305, 325, 328
    "Dez Mil", 186, 188-190, 192, 235, 281
    Guerras Médicas, 111-136
    e Alexandre Magno, 233, 247
Pérsico, golfo, 241
Pidna, batalha, 276
Pilos, 11, 58, 163-164, 167, 172, 222, 319
Píndaro, poeta, 233
Pireu, El, 115, 143, 147, 161, 178, 182, 320
Pirro, filho de Aquiles, 258
Pirro, rei de Epiro, 258-261, 263, 268-269, 274, 293, 313
    Pisístrato, tirano de Atenas, 89-93, 105, 120, 207, 212
Pítaco, tirano de Lesbos, 73, 91
Pitágoras, matemático, 72, 77, 103, 131-132
Pítias da Messália, marinheiro, 286
Pítia, sacerdotisa, 32
Pítias, *ver* Damão e Pítias

Pito, 32; *ver também* Delfos
Plateias, 27, 94-95, 116, 124, 134, 140, 146, 163
 batalha, 135, 139, 148
Platão, filósofo, 183-185, 188, 204--205, 209-210, 229, 285, 301-302
 Diálogos, 183-184
 neoplatonismo, 301
Plotino, filósofo, 301
 Plutarco, historiador, 299
 Vidas paralelas, 299
Políbio, historiador, 276
Polícrates, tirano de Samos, 75--77, 92, 107
Polispercon, diádoco, 250-251
Pompeu, Cneu, general romano, 283-284, 291
Ponto, reino, 281
Poros, rei do Punjab, 240
Posidônio de Apameia, astrônomo, 290-291, 298
Potideia, 160, 221
Praxíteles, escultor, 204
Priene, 106, 156
Propôntida, 13, 38, 175, 226, 279
Protágoras, filósofo, 152, 184
"povos do mar", 21-22, 44, 99
Ptolomeu, astrônomo, 297-298, 306
Ptolomeu I Sóter, rei do Egito, 285, 288, 299
Ptolomeu II Filadelfo, rei do Egito, 288
Ptolomeu III Evérgeta, rei do Egito, 289
Ptolomeu XI Auleta, rei do Egito, 291
Ptolomeu Keraunos, rei da Macedônia, 255, 261, 288
Ptolomeus, dinastia, 266, 285, 291
Punjab, 240

Queroneia, 299
 batalha (335 a.C.), 226-227, 232, 245, 268
 batalha (86 a.C.), 283
Quersoneso, *ver* Trácia
Quílon, éforo de Esparta, 63, 73
Quios, 25, 30

Rodes, rodeus, 73, 215, 246, 253, 266, 274, 289-290, 295, 324, 326--327
 Colosso, 290
Roma, romanos, 16, 50, 257-261, 269-277, 280-281, 283-284, 290--293, 297, 299, 304-307, 316
 Guerras Púnicas, 269, 271, 273-274, 276-277
 Império Romano do Oriente, *ver* Império Bizantino
 Império Romano, 293, 295, 297, 300-306, 308, 310
 ocupação da Grécia, 269, 273-274
 e Pirro, 259-261
Romano IV, imperador bizantino, 308
Rômulo Augusto, imperador

romano, 303
Roxana, esposa de Alexandre Magno, 240, 250
Romênia, 321
Rússia, russos, 304, 315, 318-322, 325

Safo, poetisa, 73
Sais, 46
Salamina, ilha, 89-90
    batalha, 128-130, 133-134, 143-144, 148, 173, 178
Samarcanda, *ver* Maracanda
Samos, 25, 72, 75, 77, 92, 107, 135, 156, 174-175, 181-182, 203, 205
Samotrácia, 252
Sardanápalo, *ver* Assurbanípal
Sardes, 101, 106, 113, 116, 128, 153, 191, 315
Sarônico, golfo, 68, 89
Sasan, epônimo, 305
Sassânidas, dinastia, 304
Saulo, *ver* Paulo, são
Schliemann, Heinrich, arqueólogo, 14
Segesta, 169
Selásia, batalha, 268
Selêucia, 284
Selêucidas, dinastia, 275, 283-284, 291
Selêuco I Nicátor, diádoco, 250--252, 255, 283-284
Selino, 169
seljúcidas, 308
Seljuk, epônimo, 308

Semíramis, rainha mítica, 45
Sérvia, sérvios, 321-322, 304
Sesóstris, faraó, 44
Shakespeare, William, 148
Síbaris, sibaritas, 43, 156
Sicília, 41, 50, 55, 59, 67, 124, 131-133, 149, 152, 167, 171, 173, 185, 207, 209-211, 269-270, 307
    na Guerra do Peloponeso, 169-170
    hegemonia de Roma, 273, 305-306
    lutas entre gregos e cartagineses, 125, 130
    Período helenístico, 256--258
Sícion, 75, 225
Siena, 287
Sete Maravilhas do Mundo, 48, 104, 148, 215-216, 253, 288
Sete Sábios, 63, 73, 75, 87, 101, 106
Sigeu, 91
Sila, Lúcio Cornélio, político romano, 283, 291
Sínope, 202, 313
Siracusa, 41, 125, 130-131, 133, 169--171, 196, 198, 256-257, 260, 266
    auge, 206, 216
    declínio, 269-272
Síria, 22, 103, 236, 283-284, 304-309
Sobre a coroa (Demóstenes), 246
Scanderbeg, *ver* Jorge Castriota
Sócrates, 182-186, 188, 201, 203, 300

sofistas, 152, 183
Sófocles, autor teatral, 149, 310
    Édipo em Colona, 149
Soli, sólios, 40
Sólon, arconte de Atenas, 84, 87-90, 93
Sosígenes, astrônomo, 297
Sóstrato de Cnido, arquiteto, 288
Susa, 111, 238

Tales de Mileto, filósofo, 71-73, 77, 101, 103-104, 113,
Tamerlão, imperador mongol, 315, 323
Tarento (Taras), 44, 132, 245, 257-259
Tarso, 40, 296
Teágenes, tirano de Mégara, 74, 84, 86, 89
Tebas, 11, 21, 27, 47-49, 52, 81, 95, 116, 124, 127, 134, 155, 167, 191-192, 194-199, 209, 212, 214, 219, 225-227, 233, 245, 251
    Hoste Sagrada, 196, 226, 232
Tebas (Egito), 47
    Tegeia, 62-63
    batalha, 140
Temístocles, político ateniense, 115, 121-123, 128-130, 143-145, 249, 319
Teodósio I, imperador romano, 302-303
Teofrasto, filósofo, 285, 287
Teogonia (Hesíodo), 31

Termópilas, 224-225, 227, 248, 262
    batalha (480 a.C.), 126-127, 129, 134, 146, 193, 197
    batalha (278 a.C.), 262
    batalha (191 a.C.), 276
Terpandro, músico, 61
Tessália, tessálios, 21, 34, 124, 126, 165, 181, 192
    auge, 211-213
Tessalônica (Salonica), cidade, 251, 296
Tessalônica, esposa de Cassandro da Macedônia, 251
Tessalônica, reino, 313-314
Teseu, herói mitológico, 11, 81
Téspias, 127
Téspis, poeta, 92, 148
Tigre, rio, 188, 237, 283
Timoleão, estadista grego, 210--211, 256
Tirinto, 11, 15, 24, 63, 115, 140
Tiro, tírios, 49-50, 236, 277
Tirteu, músico, 61
Tissafernes, sátrapa persa, 174--175, 187, 189, 191
Trabalhos e os dias, Os (Hesíodo), 31
Trácia, 108, 113-114, 124, 130, 192, 220, 224-225, 262, 307, 321--322
    Quersoneso, 91, 108, 116--117, 155, 176-177, 225
Trapezonta (Trebisonda), 188, 281, 313

Trassímbulo, general ateniense, 174-175, 182
Trassímbulo, tirano de Mileto, 71, 73
Trebisonda, Império de, 313-314, 316
Trinacria, *ver* Sicília
Troia, 13-16, 20-21, 32, 40, 45, 58, 81, 91, 99, 135, 234-235, 287, 328
Truman, Harry S., presidente americano, 326
Tucídides, historiador, 161-162, 166, 178, 189, 223
Túrios, 156, 159
Turquia, 14, 318-320, 322-324, 327

Ucrânia, 100
Ulisses, *ver* Odisseu
Útica, 50

Veneza, venezianos, 309, 314, 317-318
Venizelos, Elefterios, político, 321-323
Ventris, Michael, arqueólogo, 11-12
Vênus, divindade, 289
Vênus de Milo, 252
Vidas paralelas (Plutarco), 299
Vitória de Samotrácia, 252
Viena, 317

Xenófanes, filósofo, 131
Xenofonte, historiador, 186, 188-189, 191-192, 281, 316
Anábase, 189
Xerxes I, rei persa, 119-120, 122-130, 133, 139, 153, 192, 194, 224, 238, 256, 305

Yarmuk, batalha, 305

Zama, batalha, 274
Zancle, *ver* Messana
Zenão de Cítio, filósofo, 202-203, 263
Zenão de Eleia, filósofo, 131-132, 147, 152, 183, 202
Zeus, divindade, 31-33, 99, 148, 237, 302
Zósimo de Panópolis, alquimista, 299

LEIA TAMBÉM

ISAAC ASIMOV
OS EGÍPCIOS
AS ORIGENS, O APOGEU E O DESTINO DE UMA CIVILIZAÇÃO

Planeta — COLEÇÃO HISTÓRIA UNIVERSAL ISAAC ASIMOV — minotauro

**Acreditamos
nos livros**

Este livro foi composto em Dante MT Std
e impresso pela Geográfica para a Editora
Planeta do Brasil em fevereiro de 2022.